L'ARME DE LA CULTURE

L'Harmattan
5-7, rue de l'École-Polytechnique ; 75005 Paris

www.librairieharmattan.com
diffusion.harmattan@wanadoo.fr
harmattan1@wanadoo.fr

Sous la direction de
Jean-Michel Tobelem

L'ARME DE LA CULTURE

*Les stratégies de la diplomatie
culturelle non gouvernementale*

Préface de Pascal Ory

L'Harmattan

Collection *Gestion de la culture et du secteur non lucratif*
dirigée par Jean-Michel Tobelem

Déjà parus

Luc BENITO, *Les festivals en France. Marchés, enjeux et alchimie*

François MAIRESSE, *Missions et évaluation des musées. Une enquête à Bruxelles et en Wallonie*

Christian BARRÈRE, Denis BARTHÉLEMY, Martino NIEDDU, Franck-Dominique VIVIEN (éditeurs), *Réinventer le patrimoine. De la culture à l'économie, une nouvelle pensée du patrimoine ?*

Jean-Michel TOBELEM (dir.), *La culture mise à prix. La tarification dans les sites culturels*

Jean-Pierre ALLINNE et Renaud CARRIER (dir.), *Gérer la culture en région. Les pratiques des collectivités territoriales en France*

LES AUTEURS

Aude Albigès
Brooklyn Academy of Music, New York

Georges Armaos
Docteur en histoire de l'art, New York

Jeanne Bouhey
AEA, New York

Xavier Carpentier-Tanguy
Université de Coimbra, London School of Economics

Véronique Charléty
Centre des études européennes de Strasbourg

Amélie Charnay
Université de Paris I

Alain Dubosclard
École du Nord, Île Maurice

Catherine Horel
CNRS, Université de Paris I

Brigitte Rémer
Centre culturel français d'Alexandrie

Fabrice Serodes
Université de Tours François Rabelais

Jean-Michel Tobelem
Option Culture

Sommaire

Remerciement : cette publication n'aurait pas vu le jour sans l'amicale complicité de Georges Armaos.

PRÉFACE

PASCAL ORY

La culture comme « arme » ? Le mot paraît redoutable, d'autant plus qu'il est en quelque sorte conforté et confirmé par les débats actuels autour de l'existence – ou pas – de « guerres culturelles ». Mais, justement, il est intéressant de noter que, contrairement à ce que certains pourraient croire, ce dernier concept n'a pas été forgé par un intellectuel français alter-mondialiste, mais par des observateurs américains du débat culturel américain entre la « droite chrétienne » et les « libéraux ». C'est assez dire que ce type de raisonnement en termes stratégiques et, d'abord, pour commencer, à la base, politiques n'a rien d'obsolète ni d'idéologiquement réservé. Il se trouve, tout simplement, que l'initiative idéologique a changé de camp entre les Trente Glorieuses – où elle était clairement située à gauche – et les trente années qui ont suivi la révolution de 1975 – et qu'il faudra bien qualifier un jour.

Parmi les caractéristiques de ce nouveau temps figure le net recul sinon de la réalité de l'étatisme – qui n'est d'ailleurs pas synonyme de « gouvernemental » –, du moins de sa légitimité, au profit d'une valorisation de l'initiative privée. Des États-Unis du *National Endowment for the Arts* dépouillé par l'administration républicaine aux pays d'Europe orientale sevrés sans ménagement d'une culture totalitaire, en passant par une politique culturelle française découvrant sur le tard les charmes et les perversions de la décentralisation, le « non-gouvernemental » occupe désormais une place de choix non plus seulement dans la réalité des politiques culturelles – car ce fut toujours le cas dans les régimes non-totalitaires, à commencer par la France moderne où, si la modélisation fut souvent étatique, l'initiative, le financement et la gestion furent en général locaux –, mais dans le débat sur et autour d'elles. Les textes réunis ici par Jean-Michel Tobelem mettent l'éclairage sur la nécessité qu'il y aura à l'avenir à raisonner aussi du rôle qu'auront à jouer et que jouent déjà les acteurs non-gouvernementaux sur le dernier terrain où certains auraient pensé – ou voulu – les voir agir : la diplomatie culturelle.

Les acteurs en question sont ici aussi bien des musées de statut privé que des festivals, des fondations ou des entreprises « à but lucratif », depuis le tourneur de spectacles façon Lumbroso jusqu'au distributeur de cinéma façon Warner bros. Mais ce sont aussi des institutions strictement étatiques, *State Department* ou Quai d'Orsay, voire *Central Intelligence Agency*. Malgré leur caractère nécessairement erratique, ces contributions ont le mérite du comparatisme. Par les constats convergents qu'on peut tirer de leur lecture, il paraît difficile aujourd'hui de nier qu'une nouvelle configuration se dessine à l'échelle du monde sur le terrain des politiques culturelles.

Sa première caractéristique est, précisément, qu'elle est mondiale, même s'il serait exagéré de conclure à l'enterrement total et définitif de la stratégie nationale – les États-Unis n'auraient-ils pas de stratégie nationale ? Et l'une des manières d'être national, n'est-ce pas d'avoir une stratégie mondiale spécifique ? La seconde caractéristique est qu'elle accordera une part croissante aux initiatives privées – mais, là aussi, pas d'erreur de perspective : plusieurs des textes qui suivent démontrent l'étroitesse des liens entre tel musée, telle entreprise culturelle et soit les pouvoirs publics, soit, tout simplement, les intérêts du pays dont, à des degrés variables, ils sont solidaires. Personne ne peut soutenir que les enjeux diplomatiques sont aujourd'hui secondaires ; on ne voit donc pas comment des acteurs privés ne seraient pas aussi « politisés » que les autres, au motif qu'ils seraient privés.

L'intérêt de ce livre est bien résumé en conclusion de son dernier texte : le paradigme de la Fondation Guggenheim conduit à nuancer l'hypothèse d'une pure et simple économisation, voire macdonaldisation des institutions culturelles : il s'agit aussi de stratégie diplomatique, donc politique. Privée ou publique, la diplomatie culturelle disparaîtra avec les États, seuls ou associés : ce n'est pas demain la veille.

Première partie

Échanges internationaux et mondialisation

Le tourneur et la diplomatie

Un vecteur individuel des transferts culturels internationaux[1]

ALAIN DUBOSCLARD

Depuis longtemps perçu comme une affaire d'État, l'enjeu représenté par la projection et la protection de l'image d'un pays sur scène, dans les médias comme dans les salles de cinéma fut, au XXe siècle, l'une des missions assignées à la diplomatie culturelle. Avec la révolution des transports et celle des communications, le transfert des œuvres d'art connut, dès la Belle époque, une accélération et une transformation majeures dans le domaine particulier du spectacle vivant (musique, théâtre, ballet). L'un des traits les plus marquants des arts de masse n'est-il pas « leur étroite détermination par les conditions techniques ambiantes »[2] ? Le transport des acteurs, du matériel, des décors, la connaissance des lieux de spectacle et la manière de s'y rendre (le savoir juridique et administratif), la connaissance de la presse et des publics étrangers (leur goût, leurs tabous), aussi bien que l'exigence de la rentabilité financière, furent et demeurent des freins puissants aux échanges internationaux dans le domaine des arts de la scène. En période de paix comme en temps de guerre, l'État entendit pourtant de plus en plus utiliser la propagande artistique, celle de la scène notamment.

---

[1] Nous remercions Jacqueline Coubès, Elisabeth Ferry, Pierre Franck, Marie-Odile Gigou, Chantal Hilleret, Jean-Claude Houdinière, Marie-Christine Muchery, Stéphane Négrin, ainsi que le personnel de la BNF, sans qui ce chapitre n'aurait pas pu voir le jour.

[2] Pascal Ory, in Yves Lequin (dir.), *Histoire des Français, XIXe-XXe siècles*, vol. 3, « Les citoyens et la démocratie », Paris, Armand Colin, 1984, p. 239.

L'entrepreneur de spectacle devint alors un partenaire, auxiliaire du diplomate, la pièce maîtresse d'un réseau de lieux culturels interconnectés, complexe et croissant, en Europe d'abord, mais aussi et de plus en plus, hors d'Europe.

Certains imprésarios, d'abord attachés au service d'un artiste dont ils assuraient jusque-là la carrière, négociant pour lui des contrats, pouvaient alors s'enhardir et prendre le risque d'acheter les droits d'un spectacle tout entier pour le produire sur des scènes autres que celles de Paris, Berlin ou Vienne, en province et à l'étranger. Dans un contexte global de libéralisation des échanges des biens et des services, à une époque où les pouvoirs publics entendaient tirer profit de la force de création artistique de la nation, l'intérêt des tournées internationales allait s'imposer d'abord aux yeux des professionnels de la scène (artistes et metteurs en scène), puis à ceux des gouvernants. Devant l'énormité du coût et la difficulté à maîtriser pareille organisation, l'incapacité de l'État à se métamorphoser en entrepreneur commandait qu'il cherchât à confier cette charge à un partenaire plus compétent.

Ces auxiliaires, qui aujourd'hui se désignent volontiers eux-mêmes sous le nom de « tourneurs », et dont l'origine familiale, professionnelle, la culture et la pratique des langues, avaient tôt fait des vecteurs culturels tout désignés, répondirent à l'appel de l'État. Immergés dans le milieu du spectacle et poursuivant leur intérêt professionnel et personnel, ils n'en étaient pas moins conscients de contribuer au « rayonnement » de la culture française à l'étranger, parfois de travailler dans l'intérêt d'un (ou même de plusieurs) États. Qui furent ces techniciens de l'ombre, ces manieurs d'argent, ces dénicheurs de talents, amoureux de la scène ? Quels services rendirent-ils à la diplomatie française et quels types de liens les unirent à elle ?

Telles sont quelques-unes des interrogations qui nous amèneront à dresser, tout au long de ce chapitre, une typologie des tourneurs, non sans avoir auparavant précisé la nature de leur tâche et les conditions de son évolution.

L'entrepreneur de spectacle, intermédiaire obligé de l'artiste ?

Mais revenons au sens des mots. Aujourd'hui, un imprésario n'est pas un tourneur, même s'il fut un temps où les deux mots s'attachèrent bien à la même fonction. Si sa racine latine n'est pas prouvée, le mot « imprésario » provient assurément de l'italien *impresa* (entreprise) ; il indique clairement l'origine mercantile[1]. L'imprésario est un agent qui loue ses services et négocie les engagements, discute les contrats, défend les intérêts d'un artiste ou d'un groupe d'artistes. Il est étranger aux activités de la scène proprement dites. Le tourneur, lui, organise à son propre risque des spectacles dont il a acquis les droits, exclusifs ou non, engageant les artistes à titre provisoire. C'est aussi un entrepreneur culturel qui, à la différence du marchand d'art ou du *condottiere* d'industrie, n'a pas eu jusqu'ici la fortune de retenir l'attention des chercheurs[2]. De volumineuses encyclopédies de l'art l'ignorent[3].

---

[1] Silvio d'Amico, dir., *Enciclopedia dello spettacolo*, Rome, Le Maschere, 1955, vol. VI, p. 515-525.

[2] Cf. l'état de la recherche établie par Pascale Goetschel et Jean-Claude Yon, « L'histoire du spectacle vivant : un nouveau champ pour l'histoire culturelle ? », in Laurent Martin, Sylvain Venayre, dir., *L'histoire culturelle du contemporain*, Centre culturel international de Cerisy-la-Salle, Nouveau Monde éd., 2005, p. 193-220.

[3] Dans le volumineux index (125 p.) de la somme de Guy Dumur intitulée *Histoire des spectacles* (Paris, Gallimard-Pléiade, 1965, 2010 p.), les mots *imprésario* et *tourneur*, comme les noms de Baret, Karsenty, Herbert ou Lumbroso n'apparaissent pas. On constate la même lacune dans

D'après la loi, en France aujourd'hui, « est entrepreneur de spectacles vivants toute personne qui exerce une activité d'exploitation de lieux de spectacles, de production ou de diffusion de spectacles vivants, quel que soit le mode de gestion, public ou privé, à but lucratif ou non, de ces activités »[1]. Cette définition dépasse donc celle de tourneur. Dans la réalité pourtant, ce dernier cumule souvent d'autres fonctions, directeur de théâtre ou metteur en scène par exemple. Tandis que le mot tourneur apparaît en 1933 (*Petit Robert*, 1993), la première occurrence du mot imprésario dans la langue française daterait de 1753[2]. L'imprésario serait-il donc un rejeton oublié du despotisme éclairé européen ? Son apparition comme vecteur des relations culturelles internationales apparaît, en effet, au XVIIIe siècle, au moment de la création en Europe d'un ensemble de lieux de culture (palais, théâtres, opéras…), nouvellement mis en relation les uns avec les autres.

Si les principaux théâtres européens modernes apparaissent au XVIe siècle, à Malaga en 1520, à Paris en 1548 (Hôtel de Bourgogne), à Vicenze en 1585 (*Teatro Olimpico*), c'est au XVIIIe siècle que le mouvement prend une ampleur sans précédent. De Londres à Berlin et Saint-Pétersbourg, des villes italiennes à Paris et Madrid, les cours d'Europe jouent la carte d'un mécénat raffiné et celle du prestige politique comme instrument de puissance[3]. Même si « bien avant les musées et les salles de concerts publics, le théâtre fut la

---

l'Encyclopédie de l'art, Paris, Garzanti-Librairie générale française, rééd. 2000, 1250 p.

[1] Art. 1 de l'ordonnance 45-2339 du 13 oct. 1945 relative aux spectacles, complétée et amendée par la loi 99-198 du 18 mars 1999, publiée au *Journal Officiel* du 19.03.1999, p. 4047.

[2] Jean Dubois, Henri Mitterand, Albert Dauzat, dir., *Dictionnaire étymologique et historique du français*, Paris, Larousse, 1964 (c 1993), p. 386.

[3] Pierre Miquel, *Le pouvoir et l'artiste de Jules II à Mitterrand*, Paris, Belfond, 1994, 246 p.

première institution culturelle à s'émanciper de son lien cérémoniel d'origine avec la fête de cour »[1], la scène des plus grands théâtres consacre le talent et légitime symboliquement la vitalité artistique d'une nation, devenant aussitôt par là même instrument du prestige de l'État à destination des opinions publiques nationale et étrangères. L'essor d'une sociabilité bourgeoise urbaine et cultivée renforce encore le dynamisme des scènes théâtrales en Europe occidentale tout au long du XIXe siècle, la pièce de vaudeville, par exemple, connaissant un succès populaire durable.

Si donc la profession est établie et reconnue des contemporains dès le XVIIIe siècle, sa nature d'intermédiaire, manieur d'argent et technicien du spectacle (l'expression est à la mode mais ne date pas d'hier et recouvre une vaste gamme de métiers) a peut-être nui à sa reconnaissance académique. Le nom commun est peut-être aussi un peu vulgaire[2]. La réussite professionnelle de quelques-uns ne permit que leur reconnaissance partielle et tardive. « Si une part croissante des études est aujourd'hui consacrée à l'internationalisation de la culture, à ses enjeux en termes de création et de pratiques plurielles, l'accent mis sur les réseaux concrets de la diffusion reste relativement faible », notait Emmanuel Négrier[3]. La remarque est juste. Si les tourneurs ont à l'évidence joué un grand rôle aux côtés de la diplomatie culturelle, on s'est peu interrogé sur ces « promeneurs de rêve »[4].

---

[1] Jürgen Kocka, *Les bourgeoisies européennes au XIXe siècle*, Paris, Belin, 1996, p. 363.

[2] De nos jours, dans le milieu du sport notamment, l'imprésario est souvent assimilé à un homme d'affaires indélicat, « un bon vendeur à la mémoire courte », ou même à un « escroc », un « marchand de viande » (*sic*). Alain Azhar, *Agents du foot*, Paris, Solar, 1996, p. 9, 11 et 31.

[3] François Roche, Paul Alliès, Emmanuel Négrier, *Pratiques des échanges culturels internationaux : les collectivités territoriales*, Paris, La Documentation française-ministère des Affaires étrangères-AFAA, 1994, p. 78.

[4] L'expression appartient à l'un d'entre eux et non des moindres : Marcel

Leur rôle dans les transferts culturels, comme la nature de leur lien à la diplomatie, n'ont guère été objet d'analyse.

Dès le début du XIXe siècle, certains virtuoses s'attachent les services d'un ami, proche ou admirateur, qui joue le rôle de secrétaire et assume de fait et de manière désintéressée, encore très artisanale, la fonction d'imprésario[1]. L'auto-organisation des tournées par les musiciens eux-mêmes se poursuit simultanément à l'institutionnalisation progressive du rôle d'imprésario ou d'agent de concert. Avant 1914, Myriam Chimènes remarque qu'Etienne de Beaumont ou la comtesse Greffulhes sont de véritables mécènes organisateurs[2]. À travers les archives privées du pianiste américain Richard Buhlig, l'historien William Weber a, de son côté, bien mis en évidence l'existence, à la fin du XIXe siècle, d'un réseau international d'agents de concert qui relie Europe et Amérique du Nord[3]. Chaque artiste possède son imprésario[4]. Des réseaux et des circuits se dessinent en Europe.

Karsenty, *Promeneurs de rêve. Cinquante ans de tournées théâtrales à travers le monde avec les Galas Karsenty,* Paris, Ramsay, 1985, 356 p.

[1] Malou Haine, « Musicien, mécène et imprésario. Les concerts du violoncelliste Adrien-François Servais et leur promotion par Jules Lardin », in Hans Erich Bodeker, Patrice Veit, Michael Werner, dir., *Le concert et son public,* Paris, éd. de la Maison des Sciences de l'Homme, 2002, p. 93-117.

[2] « Quant à la comtesse Greffulhes, nul doute qu'elle serait un admirable imprésario si elle n'était la comtesse Greffulhes », Myriam Chimènes, *Mécènes et musiciens. Du salon au concert à Paris sous la IIIe République,* Paris, Fayard, 2004, p. 692.

[3] William Weber, « The origins of the concert agent in the social structure of concert life », in H.E. Bödeker, P. Veit, M. Werner, dir., *op. cit.,* p 121-144.

[4] Gabriel Astruc, *Le pavillon des fantômes, souvenirs,* Paris, Mémoire du livre, 2003, 474 p. L'auteur fut lui-même l'imprésario du pianiste Arthur Rubinstein.

Des agents de concerts comme Albert Gutmann à Vienne ou Hermann Wolff à Berlin parviennent progressivement à contrôler des itinéraires balisés, jouent le rôle d'animateurs de la vie musicale ainsi que celui d'arbitres dans la carrière des artistes[1].

Parmi les entrepreneurs de spectacle, quelques-uns se spécialisent donc dans l'organisation de tournées théâtrales, s'appuyant sur un public d'abonnés en partie captif, sur l'exclusivité des spectacles, le vedettariat né du succès obtenu sur les scènes parisiennes ou viennoises que la presse amplifie, parfois aussi sur le monopole des itinéraires[2]. Le décret impérial du 6 janvier 1864 a, en effet, instauré en France la liberté d'entreprendre dans l'industrie du spectacle. C'est « la fin des itinéraires officiels, la possibilité de s'organiser librement, qu'il s'agisse de tarifs, d'abonnements, de contrats, d'association ou de recrutement ; le droit de construire, d'exploiter un théâtre, de donner tous les genres de spectacles ou de recourir à l'ancien répertoire est désormais affranchi de toute autorisation administrative »[3]. Même si la censure demeure sur le choix des pièces et des auteurs et sur les livrets pour quelque temps encore (jusqu'à la loi de juillet 1881), cette décision ouvre des perspectives de profit neuves. Les arts de la scène connaissent, « à l'aube d'un temps diverti »[4], un incontestable printemps culturel.

---

[1] W. Weber, *op. cit.*

[2] « Le premier élément de succès pour une tournée dramatique, c'est un itinéraire dûment raisonné. L'itinéraire, tout est là ! Un bon itinéraire peut sauver une mauvaise pièce mais jamais une bonne pièce n'a sauvé un mauvais itinéraire », Charles Baret, *Propos d'un homme qui a bien tourné*, Paris, éd. non mentionné, 1909, p. 5.

[3] Dominique Leroy, *Histoire des arts du spectacle en France*, Paris, L'Harmattan, 1990, p. 93 et s.

[4] Jean-Pierre Rioux, Jean-François Sirinelli, dir., *Histoire culturelle de la France*, tome IV : « Le temps des masses », Paris, Le Seuil, 1998, p. 75 et s.

C'est le temps où les salons parisiens « ouvrent leurs portes à la musique et attendent avec anxiété l'arrivée des paquebots transatlantiques et des Orient-Express qui amènent à Paris les stars étrangères. (…) L'imprésario fait partie des fournisseurs et sert d'intermédiaire pour l'engagement des artistes, français comme étrangers, au calendrier desquels ces séances privées voisinent tout naturellement avec leurs concerts publics »[1]. Un marché s'ouvre, un public attend, le temps est venu pour les tourneurs.

Le tourneur, auxiliaire du diplomate culturel

Simultanément, l'intérêt de l'État pour ces tournées musicales ou théâtrales, de plus en plus nombreuses, grandit. C'est à la Belle époque que sont entreprises les premières tournées de la Comédie-Française hors de l'Hexagone, à Londres en 1873, 1879 et 1893 ; signe que les pouvoirs publics commencent à s'intéresser à ce nouvel outil d'influence. La Grande-Bretagne est toutefois le seul pays à recevoir la Maison de Molière avant 1914[2]. Reste que si l'État est encore bien timide en matière d'action culturelle extérieure, les professionnels, eux, regardent depuis longtemps au-delà de leurs frontières nationales. Jean Duvignaud fait remarquer que « l'un des traits les plus frappants de la pratique contemporaine du théâtre est son éclectisme ou son internationalisme »[3]. Max Reinhardt se fait connaître en montant Shakespeare en Europe et aux États-Unis, Gordon Craig présente Hamlet à Moscou, Lugné-Poe introduit les Nordiques à Paris.

---

[1] Myriam Chimènes, *op. cit.*, p. 395-396.
[2] Jacques Lorcey, *Comédie-Française*, Paris, F. Nathan, 1980, p. 238.
[3] Jean Duvignaud, *Sociologie du théâtre*, Paris, PUF-Quadrige, 1999, p. 541.

Le mouvement ne fait que s'accélérer jusqu'aux années 1960. Que l'on pense à la carrière de Louis Jouvet : Europe, Moyen-Orient, Amérique latine, États-Unis… Comme si la société industrielle avait ouvert un nouveau marché au théâtre, comme si les publics étrangers offraient à l'artiste ce qu'aucune scène nationale ne pourrait jamais lui donner : la reconnaissance internationale. Très vite, le processus de légitimation symbolique passe en France, premièrement, par la reconnaissance de l'artiste ou de l'œuvre sur une scène parisienne, avant de chercher, deuxièmement, la consécration hors des frontières, auprès de critiques jugés (à tort ou à raison) moins complaisants. L'État joue un rôle dans ce processus en apportant sa caution (symbolique, financière, cérémonielle avec la présence physique de l'ambassadeur à la Première, etc.). Ainsi estampillé, le spectacle comme le tourneur récoltent la préférence d'un certain public attiré par les soirées officielles.

Le premier tourneur à se lancer avec succès dans l'aventure est un fils de pharmacien nantais, ancien ténor d'opérette ayant fait ses débuts aux *Variétés* de Cabourg, Charles Baret (1860-1934)[1]. D'une certaine manière, il invente un nouveau concept d'entreprise culturelle, un nouveau métier aussi. « Le tourneur, nous dit Raymonde Temkine, est un organisateur de spectacles sans théâtre et sans compagnie. Il s'assure l'exploitation d'une pièce ou de plusieurs, à charge pour lui d'organiser un circuit où il les produit ; il engage les acteurs et passe contrat, dans les différentes villes, avec le directeur de la salle apte à la représentation, soit qu'il la loue, soit qu'il négocie son spectacle. »[2] Le tourneur acquiert donc les droits de représentation d'un ou de plusieurs spectacles,

---

[1] Paris Midi, 22.06.1929 ; *L'Intransigeant*, 23.11.1934.
[2] *L'entreprise théâtrale*, Paris, éd. Cujas, 1967, p. 80.

directement auprès de l'auteur ou du producteur, et le(s) vend mis en scène (clé en main) aux directeurs de salles.

Employeur des acteurs et techniciens, il se charge aussi de la billetterie et de la publicité[1]. Il s'appuie en priorité sur les artistes qui ont fait leurs preuves, achète les droits de ce qu'il considère être les meilleurs spectacles et les reproduit, si possible à l'identique, sur les planches de province d'abord, puis à l'étranger (avec le minimum de changement dans la distribution). À en croire Charles Baret, le tourneur connaît souvent déboires et vicissitudes. « Ses fonctions consistent à prévoir l'impossible et à réaliser l'invraisemblable, à déjouer la fatalité, à conjurer la déveine et à raisonner avec le hasard…

La difficulté est son élément, toute sa vie est un défi à la sagesse des nations qui a décrété qu'on ne saurait penser à tout. »[2] Inaugurées en 1880, les *Tournées Baret* connaissent leur apogée durant les Années folles avec, semble-t-il, un maximum atteint en 1926 : 35 tournées différentes dans l'année 1928[3]. Les abonnés représentent alors environ 40 % des spectateurs et l'entrepreneur gère simultanément une vingtaine de tournées comptant chacune environ quatre-vingts représentations[4]. Dans la seule année 1909, il aurait employé six cents acteurs[5]. Comme le note l'académicien Alfred Capus dans le *Livre d'or des Tournées Ch. Baret*, c'est toute l'économie du voyage théâtral que Baret a transformée, en rationalisant ce qui devait l'être et en professionnalisant acteurs et techniciens désormais engagés à l'année[6].

---

[1] Dominique Leroy, *Economie des arts du spectacle vivant*, Paris, L'Harmattan, 1992, p. 58-59.

[2] Charles Baret, *op. cit.*, p. 1-2.

[3] *Comœdia*, 22.11.1934.

[4] Raymonde Temkine, *op. cit.*, p. 87-88.

[5] Dominique Leroy, *Histoire des arts du spectacle en France, op. cit.*, p. 286.

[6] Bibliothèque des Arts et du Spectacle (désormais B.A.S.), Rt 5039, Livre d'or, non paginé.

Bruxelles, Lausanne, Genève, ainsi que les villes alsaciennes sont intégrées aux tournées dès avant 1914, avec la bénédiction des autorités françaises qui y voient un bon moyen de cultiver la langue française sur les marches de la République comme dans les provinces perdues[1].

Charles Baret, surnommé « l'empereur des tournées » par *L'Intransigeant*[2], a clairement conscience d'œuvrer dans le sens des intérêts nationaux. « Tout en faisant ce qui me plaît, je ne m'interdis pas de penser que je rends service à pas mal de braves gens et que, peut-être, je sers la cause supérieure de l'art et les intérêts de mon pays. »[3] Même si les *Tournées Baret* s'échappent encore assez peu de l'espace hexagonal, elles iront tout de même en Europe centrale (Allemagne, Autriche) et même jusqu'en Grèce et en Égypte, dans le premier tiers du XXe siècle[4]. Après sa mort, les successeurs de Baret, Jean Janvier et Raoul Audier, étendent le réseau des tournées aux Balkans et à la Turquie[5]. Plus tard, sous la direction de Jean puis de Jacques Janvier, les *Tournées Baret* iront encore au Moyen Orient (1948-1954), patronnées par l'AFAA. Si les Tournées Baret restent malgré tout très franco-centrées, elles ont montré la voie. D'autres tourneurs apparaissent alors aux côtés des diplomates.

Raphaël Karsenty (1889-1932) fut l'un des tout premiers à exercer ses talents de tourneur au service des intérêts français à l'étranger aux côtés de Gabrielle Réju (dite Réjane)[6].

---

[1] *Petit Bleu*, 9.9.1924, *Comœdia*, 7.11.1923 et *Le Figaro*, 7.11.1923.

[2] 23.11.1934.

[3] Charles Baret, *op. cit.*, p. 138.

[4] Charles Baret, *Cahots et cabots*, Paris, La Renaissance du livre, non daté, p. 3-17 et 57.

[5] B.A.S., Rt 5031 (4) – Tournées Baret, article de Guy-Georges Duret, « Propos sur l'œuvre d'un homme qui a bien tourné », *Demain*, 23.07.1943.

[6] Dès l'origine, les programmes des Galas Karsenty portent la mention

Dès avant la Première Guerre mondiale, la célébrissime chanteuse lyrique se produit à Vienne et Bucarest aussi bien qu'à Istanbul et au Caire. Sa tournée du 20 janvier au 11 mars 1914 passe par Berne, Genève, Lausanne, Brescia, Milan, Venise, Trieste, Agram (Zagreb), Vienne, Bucarest, Istanbul, Athènes, Le Caire et Alexandrie[1]. « Qu'on imagine ce qu'était l'organisation d'une tournée de cette importance à l'époque ! »[2]

Dès les années 1920, les *Galas Karsenty* apparaissent dans certaines villes-étapes comme un événement culturel attendu, offrant à leur clientèle aisée et citadine d'Europe et d'Afrique du nord des soirées sélectes où la bourgeoisie locale se retrouve au théâtre, en présence des autorités locales et du représentant officiel de la France[3]. En attendant que des conseillers culturels existent dans l'organigramme des ambassades, c'est sur les épaules de l'administration consulaire que repose la politique de présence culturelle de la France jusqu'en 1945. Rien ne la prépare à cette tâche d'ailleurs. « Placés sous l'égide de groupements amis, comme l'Association pour l'extension [*sic*] de la langue française, l'Alliance Française, les Amitiés Françaises, les *Galas Karsenty* sont régulièrement suivis par l'élite de grandes villes de Belgique, Hollande, Luxembourg, Suisse, etc. »[4]

Karsenty se fait connaître en rodant ses spectacles en province et en les exportant ensuite hors de France. Son slogan ? « Comme à Paris, mieux qu'à Paris ! » Chez Karsenty,

---

« pour la propagation de l'art français par le théâtre à travers le monde », B.AS., fonds Karsenty (Jacqueline Coubès).

[1] B.A.S., Fonds Karsenty, Boîte n° 1 (D.8704/09), collection de programmes.

[2] Marcel Karsenty, *Les promeneurs de rêves, 50 ans de tournées théâtrales avec les Galas Karsenty*, Paris, Ramsay, 1985, p. 18.

[3] *Comœdia*, 3.4.1925 et 17.12.1932 ; *Le Gaulois*, 18.12.1932.

[4] *Comœdia*, 13.04.1924.

souffler n'est pas jouer : on supprime le souffleur. Un brevet de qualité est recherché, dans la distribution comme pour les décors et les costumes. Raphaël Karsenty est « un homme-orchestre, tourneur mais aussi décorateur, électricien, régisseur, agent de publicité, comptable »[1]. À lire la presse, il est partout, il sait tout. Avec sa disparition en 1932, c'est la période héroïque des *Galas Karsenty* qui s'achève. Quelques mois plus tard, nous l'avons dit, le mot tourneur entre dans le dictionnaire. Cette reconnaissance symbolique offre la preuve que la profession a obtenu droit de cité.

Or, la Première Guerre mondiale a démontré aux plus hautes autorités de l'État que l'action artistique extérieure, et plus généralement l'ensemble des instruments du *soft power*, étaient un moyen raisonnablement efficace de défendre les intérêts français. La création du SOFE (Service des oeuvres françaises à l'étranger) en 1920 et de l'AFAA (Association française d'action artistique, désormais CulturesFrance) en 1922 concrétise cette prise de conscience. Remarquons que le Syndicat national des entrepreneurs de spectacle (SNES) voit lui aussi le jour en 1920[2]. Toutefois, l'organisation des événements culturels de prestige hors des frontières est tout à la fois coûteuse et compliquée. Dans la préface qu'il consacre au livre de souvenirs d'un autre grand tourneur, Philippe Erlanger fait remarquer que « l'action artistique (…) n'avait pas plus les moyens financiers d'organiser seule de telles entreprises qu'elle n'en eut jamais la capacité technique »[3].

Comme l'AFAA n'a pas (les eut-elle jamais ?) les moyens d'atteindre seule ses objectifs, il fallait bien qu'elle sous-traite, en quelque sorte, le travail aux tourneurs. Même si seules

---

[1] Max Gallai, « Une grande organisation : les Galas Karsenty », *Prestige français,* n° 18, juillet-août 1956, p. 30-37.

[2] Son premier Président fut Robert de Flers.

[3] Fernand Lumbroso, *Mémoires d'un homme de spectacles,* Paris, Lieu commun, 1991, 195 p.

quelques tournées de prestige furent effectivement subventionnées, bon nombre de tournées furent concrètement réalisées par les tourneurs avec l'aide, le conseil et l'aval politique du poste diplomatique local ou celui de l'AFAA. « Sous les auspices de l'AFAA (ou de l'ambassade) » est une formule consacrée qui révèle, en pratique, une grande diversité de cas (financement partiel, subvention symbolique, soutien moral, simple accord verbal). De nombreux documents tirés des archives diplomatiques attestent aussi du fait que le label officiel fut, parfois, tout simplement usurpé (preuve que ce label revêtait aux yeux des professionnels une valeur effective).

Dès son origine, l'AFAA est connue comme une société participative qui vit en grande partie des cotisations de ses membres, de dons et souscriptions. Mécènes et banquiers sont invités à se pencher sur son berceau. Ses statuts offrent, à cet effet, toute la souplesse juridique voulue[1]. Pour le financement comme pour l'exécution, l'AFAA est un prestataire de services qui s'appuie sur d'autres pour parvenir au but que le Quai d'Orsay lui fixe. Parmi les entrepreneurs de spectacle qui eurent des relations étroites avec l'État, on ne peut manquer de mentionner le cas (certes exceptionnel) de René Blum (1878-1944), frère du Président du Conseil et personnalité incontournable dans le monde du ballet durant l'entre-deux-guerres[2]. Les soutiers de l'action artistique furent donc nombreux et d'origine très diverse.

Pouvait-il d'ailleurs en être autrement tant la tâche paraît immense ? « Il est certain qu'envoyer une troupe de théâtre

---

[1] *Note sur l'Association Française d'Expansion et d'Échanges Artistiques et sur le Service d'Études et d'Action Artistique à l'Étranger*, Dijon, éd. non mentionné, 1923, p. 13-14 et 20-21, Bernard Piniau, Ramon Tio Bellido, *L'action artistique de la France dans le monde*, Paris, L'Harmattan, 1998, p. 21-45.

[2] *Encyclopaedia Judaica*, Jerusalem, Keter Publishing House Ltd, 1971, vol. IV, p. 1138.

ou un grand orchestre en tournée dans plusieurs pays n'est pas une opération facile. La coordination des services publics entre eux et leur liaison avec les artistes comme avec les institutions étrangères ne sont pas nécessairement toujours parfaites (...) En 1975 par exemple, la DGRCST a réussi à assurer 400 représentations théâtrales au cours de 44 tournées intéressant de nombreux pays, ainsi que 35 expositions en 125 présentations dans une soixantaine d'États et 735 concerts dans 53 tournées. »[1] Des centaines de tournées et combien d'autres événements artistiques ? Aucun organisme centralisé n'y survivrait seul. L'immensité de la tâche, le poids des financements, commandaient donc de partager le fardeau et... le risque financier. Car le tourneur assure non seulement l'expertise, l'organisation matérielle (jusqu'au logement et à la restauration des artistes), mais aussi (au moins en partie) le financement de l'entreprise. Il endosse ainsi une part non négligeable du risque consubstantiel à toute entreprise théâtrale. Il bénéficie en contrepartie du prestige que lui confère la diplomatie, du brevet de qualité des prestations des meilleures troupes françaises, de metteurs en scène ou de chorégraphes de renom et, bien sûr, d'éventuels bénéfices. En termes de publicité, les tournées dans les grandes capitales du monde, sous les auspices de l'AFAA, offrent le même intérêt pour un entrepreneur privé que celle d'un virtuose dans sa quête de reconnaissance internationale[2].

Le processus de légitimation a si bien fonctionné que les *Galas Karsenty*, aujourd'hui encore, sont associés à un label de qualité dans la mémoire collective des professionnels. Né à Oran, Raphaël Karsenty a tout naturellement orienté ses troupes théâtrales vers la Méditerranée (Afrique du nord et

---

[1] Albert Salon, *L'action culturelle de la France dans le monde*, thèse d'État, Paris 1, mars 1981, livre II, chap. X : « Les acteurs privés », p. 1409-1410.

[2] Sur le soutien de l'AFAA aux artistes, cf. *L'action artistique de la France aux États-Unis*, 1915-1969, Paris. CNRS éditions, 2003, p. 201 et s.

péninsule ibérique), tout en conservant les itinéraires traditionnels du Benelux, de Suisse et d'Allemagne. Quelques tournées en Italie se concrétisèrent aussi brièvement à l'aube des années 1930. On comprend mieux qu'à sa mort *Le Gaulois* écrive : « Peu d'hommes de notre temps ont autant servi que lui le théâtre français, en France et à l'étranger. »[1] Lorsqu'en 1936 Édouard Bourdet (1886-1945), d'abord placé à la direction des Beaux-Arts pour réorganiser le secteur théâtral, est nommé à la tête de la Comédie-Française à la suite de la victoire du Front populaire, il confie l'une des premières tournées de la troupe à Marcel Karsenty (1904-1997). Une tournée officielle de la Comédie-Française en Égypte vient d'être décidée. Elle est prévue pour 1938, à l'occasion de l'avènement du roi Farouk et de son mariage[2].

Neveu de Raphaël (décédé prématurément à 43 ans), le jeune Marcel poursuit les efforts de son oncle, aidé de ses deux frères. Il se rend sur place, visite les théâtres du Caire, prend les contacts nécessaires avec les organismes officiels et avec les représentants de la France en Égypte. Il devient alors, avec l'aval du Quai d'Orsay (et pour plusieurs décennies) l'accompagnateur officiel de la troupe du Français dans ses tournées à l'étranger. C'est lui qui conduit la prestigieuse compagnie sur les rives de la Tamise du 28 février au 4 mars 1939, où elle vient souligner l'alliance des démocraties à travers la visite du Président Lebrun au roi George VI, offrant six représentations au public londonien. C'est encore lui qui, démobilisé puis détaché aux Affaires étrangères à la demande personnelle d'Édouard Bourdet, organise la tournée des Comédiens-Français dans les Balkans juste avant l'offensive allemande du 10 mai[3].

---

[1] 17.12.1932.

[2] M. Karsenty, *op. cit.*, p. 77 et *Tribune de Genève*, 23.10.1946.

[3] La troupe quitte Paris le 7 mars 1940. M. Karsenty, *op. cit.*, p. 78-82.

Après son aventure latino-américaine (1941-45), Jouvet, qui est alors devenu l'un des monstres sacrés du théâtre français, fait de lui l'organisateur de ses tournées officielles à l'étranger : en Suisse (1946), Écosse (1947), Proche-Orient (1948), États-Unis (1951). En janvier 1950, les deux hommes ont constitué une société en commandite simple ayant pour objet l'exploitation en tournées de représentations théâtrales en France et à l'étranger[1]. La première tournée de la compagnie de Jouvet dans le réseau des *Galas Karsenty* est placée sous l'égide de l'AFAA. Il faut dire que Louis Joxe (1901-1991) et Philippe Erlanger sont des interlocuteurs de longue date[2], et Pierre Dux un partenaire (à la tête du théâtre de Paris de 1948 à 1952) et un ami[3]. Les comédiens parcourent la Suisse, la Belgique, les Pays-Bas, le Portugal, l'Espagne et l'Afrique du nord trois mois durant (22 février-25 juin 1950)[4]. De janvier 1946, date de la première tournée d'après-guerre, à la fin des années 1980, l'espace couvert variera peu. La « photo de famille », prise au pavillon d'Armenonville le 29 septembre 1960 à l'occasion du quarantième anniversaire des *Galas Karsenty*, montre la position d'interface du tourneur : d'un côté des diplomates de

---

[1] Au-delà de leurs relations d'affaires, Jouvet et Karsenty se sont liés d'une profonde amitié. Le premier n'est-il pas le témoin du second lors de son mariage avec Addy Brachet en mars 1944 ? Jean-Marc Loubier, *Louis Jouvet le patron*, Paris, Ramsay, 2001, p. 285.

[2] On n'insistera jamais assez sur le rôle-clé de Philippe Erlanger (1903-1987), qui règne sur le conseil d'administration de l'AFAA autant par sa culture que par ses relations politiques et ses réseaux dans le milieu du spectacle.

[3] Pierre Dux (1908-1990) exerce brièvement les fonctions d'administrateur général de la Comédie-Française de l'été 1944 à juillet 1945, une responsabilité qu'il retrouve de 1970 à 1979, lorsqu'il succède à Maurice Escande. Son fils, Jean-Pierre, deviendra même un partenaire des frères Karsenty.

[4] M. Karsenty, *op. cit.*, p. 219.

haut rang – Louis Joxe ministre et ex-patron de la DGRC (Direction générale des relations culturelles), qui présidera aux destinées de l'AFAA de 1968 à 1991, entouré de cinq ambassadeurs – de l'autre trois cents auteurs, comédiens et directeurs de théâtre. À cette date, chaque année, l'entreprise des frères Karsenty fait tourner neuf spectacles réalisant chacun un itinéraire d'environ 12 000 km. Depuis 1920, elle aurait employé 5 000 comédiens et monté 300 œuvres devant une vingtaine de millions de spectateurs[1]. La clé de la réussite est là. Il faut savoir séduire et construire ses réseaux dans deux milieux fort dissemblables, celui des saltimbanques et celui des diplomates. Or, à l'image de son oncle, Marcel possède les qualités humaines, la courtoisie, la maîtrise des codes de sociabilité dans chacun d'eux[2].

C'est parce qu'il est parfois subventionné par l'État et que ses programmes se parent systématiquement du sceau diplomatique que la presse lui reproche parfois de verser dans une programmation facile. Trop de vaudevilles, trop peu d'art dramatique, lit-on dans la presse de Paris. « Cet aspect marchand du théâtre ne me choquerait pas outre mesure », écrit Thérèse Fournier dans *Libération*, « si les *Galas Karsenty* ne portaient pas en légende " pour la propagation de l'art français par le théâtre à travers le monde ". N'y a-t-il pas là une contradiction ? Ne pouvait-on pas glisser parmi les six pièces à succès une pièce qui aurait plu un peu moins et qui serait cependant intéressante ? (...) Les tournées théâtrales ne prennent pas de risque.

---

[1] *L'Aurore*, 28.09.1960 ; *Le Parisien libéré*, 20.09.1960.

[2] Léo Lapara le présente comme « la sagesse, l'équité et la pondération mêmes » *(Dix ans avec Jouvet*, Paris, éd. France-Empire, 1975, p. 259), tandis que Louis Jouvet et Madeleine Ozeray louent sa gentillesse. Cf. aussi le portrait brossé par Denis Rolland qui l'a rencontré, *Louis Jouvet et le théâtre de l'Athénée*, Paris, L'Harmattan, 2000, p. 165-167.

Depuis quarante ans, elles exportent les mêmes auteurs, les mêmes pièces avec les mêmes situations et les mêmes personnages pour une clientèle qui n'a pas changé. »[1] Le   ton de la presse de province est, au contraire, souvent très laudatif. Les tournées y apportent un produit rare et d'une valeur sûre. Quoi qu'il en soit, la liste des auteurs joués (comme celle des acteurs mis en scène) est impressionnante[2]. Aux côtés des Labiche, Feydeau, Achard, Guitry et autres Paul Géraldy, on trouve Anouilh, Camus, Claudel, Cocteau, Colette, Dostoïevski, Giono, Giraudoux, Green, Guitton, Hugo, Ibsen, Ionesco, Montherlant, Musset, Pinter, Pirandello, Romains, Roy, Sagan, Sartre, Steinbeck, Strindberg, Tchékhov, Tourgueniev, Valéry, Vildrac sans même évoquer les classiques du Grand siècle.

En cinquante ans, les *Galas Karsenty* ont au moins puisé dans le répertoire de 138 auteurs, français et contemporains pour une très large part. De même, la plupart des acteurs qui participent aujourd'hui de la culture théâtrale et cinématographique populaire contemporaine ont, un jour ou l'autre, « tourné » pour les Galas Karsenty. Toutefois, les liaisons dangereuses de l'État avec ses partenaires privés subventionnés sont longtemps restées source de méfiance et d'aigreurs ; les heureux élus étant soupçonnés d'être les favoris du pouvoir. Il est vrai que lorsque des subventions sont envisagées, l'opinion du directeur de l'AFAA, le rapport de l'ambassade au ministère des Affaires étrangères conditionnent leur attribution[3], d'où les opérations de charme et les amours déçues[4].

---

[1] 30.09.1960.

[2] B.A.S., Fonds Karsenty, Brochure publicitaire-programme, saison 1970-71 (non coté).

[3] Fernand Lumbroso, *op. cit.*, p. 185.

[4] Pierre Franck, partenaire de Georges Herbert dans les *Productions G. Herbert*, se souvient de la cour assidue que les différents tourneurs

Dans l'organisation des tournées internationales, il devient vite essentiel de tenir compte des conseillers culturels et des ambassadeurs en poste.

Car, s'il fut pendant trente ans le principal interlocuteur de l'État, Marcel Karsenty ne fut pas le seul. D'autres tourneurs existent[1]. Les *Productions théâtrales Georges Herbert* fonctionnent et bénéficient elles aussi, à l'occasion, des subsides des Affaires étrangères, tout comme les *Spectacles Lumbroso*, les tournées latino-américaines de Jean Clairjois (alias Joseph Eschweiler[2]) et les tournées de Jean de Rigault sur les campus nord-américains. Ces tourneurs sont de véritables intermédiaires entre deux mondes, des citoyens à trait d'union. Qu'on en juge. Raphaël et Marcel Karsenty sont des Français d'Algérie, Jean de Rigault est né à New York de parents français, Fernand Lumbroso à Alexandrie d'une mère italienne, Jean Clairjois est un Belge expatrié. La plupart d'entre eux est polyglotte. Tous sont passés par Paris, parlent français et possèdent une ouverture d'esprit sur plusieurs aires culturelles, caractère qui fait d'eux des vecteurs naturels de l'action culturelle extérieure de la France.

Mais, s'ils partagent un certain nombre de caractères, ils ont souvent trop de personnalité pour se laisser enfermer dans un modèle-type.

---

faisaient à un Philippe Erlanger maître du jeu des subventions jusqu'en 1969. Entretien avec Pierre Franck, Théâtre Hébertot, 27.07.2004.

[1] En 1970, pour le cinquantenaire du SNES, ils sont 180 tourneurs affiliés (140 en 2004). Outre les trois Grands (Baret, Karsenty, Herbert), on trouve des sociétés plus modestes, celle de Janine Borelli ou celle de Jean-Pierre Martin. Globalement, 80 % de leurs tournées intéressent le territoire français, 20 % l'étranger. *Le Figaro*, 24.06.1970 et entretien téléphonique avec Jean-Claude Houdinière, 28.09.2004.

[2] Denis Rolland, *op. cit.*, p. 253 et s.

Des points communs... plutôt qu'un modèle-type du tourneur

Les tourneurs sont des touche-à-tout formés sur le tas, des caractères risque tout passionnés qui possèdent une capacité certaine d'adaptation aux hommes, aux cultures étrangères et aux circonstances. Esprits ouverts, aux langues et aux œuvres les plus diverses, leur métier révèle leur mobilité personnelle et intellectuelle, constamment entre deux mondes. Aux compétences souvent multiples, ils n'appartiennent pas à la catégorie des diplômés, aiment le risque et ne craignent pas de perdre leur argent. L'un d'eux déclarait un jour à un journaliste en parlant de son métier : « Il y a ceux qui le font pour l'argent, d'autres pour l'amour de l'art, d'autres encore parce qu'ils aiment le jeu. Quand j'ai amené Malcuzynski au Canada pour la première fois, j'ai entièrement perdu mes deux mille dollars. Mais je n'ai jamais joué aux cartes, je ne vais pas aux courses, je ne bois pas, je ne fume pas. Il fallait bien que je fasse quelque chose. Je suis entrepreneur de spectacle. »[1] Plutôt que d'élaborer un modèle-type avec tout ce que cela suppose d'artificiel et de construit *a posteriori*, on soulignera donc plutôt, à grands traits dans chaque parcours individuel, des points communs.

Si l'on sait peu de choses de Clairjois qui organisa des tournées françaises d'art dramatique en Amérique latine des années 1930 aux années 1970 ou du bisontin Jean Huberty, responsable de tournées officielles d'art dramatique au Moyen-Orient dans les années 1950-1960, Jean de Rigault (1922-), lui, n'a pas échappé au *Dictionnaire des hommes de théâtre français contemporain*. Il a étudié à Montréal où il s'est frotté à la mise en scène pendant les années de guerre (1941-45). C'est

---

[1] Interview de Nicolas Koudriavtzeff dans *Music Magazine,* vol. 1, n° 4, juillet-août 1978, p. 23.

au milieu des années 1950 qu'il commence à organiser des tournées théâtrales annuelles en Amérique du Nord. C'est lui qui organise la première tournée du mime Marceau au Nouveau Monde (1955). En plein accord avec la politique des services culturels à New York, et fort de sa connaissance du milieu anglo-saxon, Jean de Rigault se met à roder des itinéraires de plus en plus ambitieux, le plus souvent de côte à côte. En 1960, il organise même une tournée subventionnée par les Affaires étrangères autour du monde avec *Le Misanthrope* : de la Californie à Honolulu, l'Australie, l'Extrême-Orient, puis le Proche-Orient. C'est, lit-on sur le prospectus publicitaire, la première tournée d'une troupe française professionnelle autour du monde depuis les jours héroïques de Sarah Bernhardt en 1891[1].

De 1958, date de la première tournée universitaire aux États-Unis, aux années 1980, le nombre de représentations annuelles ne cesse de prendre de l'ampleur[2]. Il est subventionné par l'AFAA qui le préfère à d'autres imprésarios privés américains plus exigeants en termes de rentabilité commerciale et moins enclins à négocier des itinéraires plus conformes aux objectifs diplomatiques. Ainsi donc, grâce aux *Tréteaux de Paris* puis au *Vieux Colombier*, une troupe hybride dont les acteurs professionnels sont régulièrement renouvelés, la langue française aux États-Unis est soutenue, jusqu'au début des années 1980, par des tournées théâtrales qui peuvent toucher jusqu'à une centaine d'universités par saison. Avec Fernand Lumbroso, les qualités d'un tourneur s'élargissent, bien au-delà de ses compétences habituelles, à la négociation politique.

---

[1] Archives du ministère des Affaires étrangères à Nantes, série Service des échanges artistiques, carton 525, programme de la tournée du *Tréteau de Paris*, 1965.

[2] *L'action artistique de la France aux États-Unis*, 1915-1969, *op. cit.*, chap. XVI : « Le temps des tournées universitaires », p. 253-265.

Il obtient en 1941 du SOFE à Vichy (grâce à René Varin) de quitter le territoire national pour une tournée en Amérique latine. La troupe au complet, composée d'Henri Salvador, Coco Aslan, le trompettiste Pierre Allier et la sœur cadette de Mireille, Micheline Day, débarque à Rio juste avant la Noël 1941. C'est Jean Clairjois qui lui a proposé un contrat de six semaines au Brésil, projet soutenu officiellement par l'ambassadeur René de Saint-Quentin auprès du cabinet de Darlan. Une aventure qui rappelle celle de Jouvet qui l'a précédé en juin de la même année. Après-guerre, Fernand Lumbroso reprend ses activités et emmène « Jean et Jeannot » (Cocteau et Marais) en tournée en Égypte et en Turquie en février 1948 (l'étape du Liban fut annulée au dernier moment en raison de la situation politique)[1]. C'est cette aventure, ponctuée de réceptions diplomatiques et de dîners consulaires, que Cocteau consignera dans un carnet de souvenirs, *Maalesh, Journal d'une tournée de théâtre*[2]. Gisèle Casadesus, Alice Sapritch et bien d'autres artistes ont tourné avec Lumbroso après guerre à travers le réseau diplomatique.

Son amitié pour Georges Soria (1914-1991), comme ses affinités avec le milieu littéraire et intellectuel communiste, notamment avec l'équipe des *Lettres françaises* (Pierre Daix, Jean Kanapa, André Wurmser, Louis Aragon), font de lui un interlocuteur privilégié du Quai d'Orsay dans l'organisation de tournées culturelles en URSS et en Chine populaire dès le début des années 1950. Journaliste à *Ce soir*, journal d'obédience communiste dont Aragon fut le rédacteur en chef, Georges Soria a aussi été l'un des fondateurs, avec André Thomazo, de l'*Agence Littéraire et Artistique Parisienne* (*ALAP*), officiellement créée au début des années 1950 pour

---

[1] La première guerre israélo-arabe débute immédiatement après la proclamation de l'État d'Israël le 14 mai 1948.
[2] Paris, Gallimard, 1949, 234 p.

encourager les échanges culturels avec les pays de l'Est. Le premier voyage de Fernand Lumbroso en URSS vise à organiser la visite en France du violoniste soviétique David Oïstrakh en 1953. Staline s'est éteint en mars. Quelques mois plus tôt, le secrétariat international du *Congrès pour la Liberté de la Culture* a vu le jour à Paris[1]. La Guerre froide culturelle est désormais le décor obligé des tourneurs. Ce premier pas derrière le Rideau de fer (pas encore déchiré[2]) est entrepris en compagnie de Georges Soria (officiellement traducteur).

À ce propos, Lumbroso note dans ses mémoires : « Roger Seydoux et Philippe Erlanger me demandèrent de m'en tenir là (…). " Nous ne voulons pas, disaient-ils, que les artistes soviétiques viennent en France sans qu'il y ait un accord culturel avec l'Union Soviétique, de manière à ce que les artistes français puissent aussi aller là-bas. " »[3] L'accord en question fut signé l'année suivante, la Comédie-Française s'envola aussitôt, et pour la première fois, pour Moscou et Leningrad (1954)[4]. La déstalinisation aidant, des échanges réguliers voient le jour. Reconnu comme un homme de confiance par le Parti et par le Quai, Fernand Lumbroso joue utilement les intermédiaires auprès des Soviétiques et des Chinois pendant toute la durée de la Guerre froide. De l'autre côté du Rideau de fer, le *free flow* des échanges culturels, qui caractérise les États occidentaux, n'est pas de mise, les contacts passent par des imprésarios d'État.

La connaissance (ou la reconnaissance) des créateurs, artistes ou écrivains n'est pas non plus très simple pour les postes culturels qui s'en remettent volontiers à la DGRC. Les

---

[1] Pierre Grémion, *Intelligence de l'anticommunisme*, Paris, Fayard, 1995, p. 53-97.

[2] Le film d'Alfred Hitchcock ne sortira qu'en 1966.

[3] Fernand Lumbroso, *op. cit.*, p. 92.

[4] Un an plus tard, elle se rendit aux États-Unis, également pour la première fois de son histoire.

difficultés d'ordre matériel et administratif sont multiples. Une relation personnelle avec les hommes qui comptent est primordiale[1]. Dans ce contexte, l'aide d'un tourneur, bon connaisseur des milieux artistiques et lui-même officieusement introduit au sein de l'appareil du parti-État, est un atout non négligeable. Lumbroso lui-même souligne l'importance des relations d'homme à homme, rappelant par exemple son amicale et durable relation avec le vice-ministre de la Culture chinois, ancien général de la Longue Marche, Tchang Hsi-Sian. Ses appuis personnels lui furent utiles pour vaincre les tracasseries de tous ordres car, lors des premiers contacts, il n'existe pas encore de service habilité à traiter les voyages des troupes soviétiques hors d'URSS ou l'invitation des artistes étrangers. Il faudra attendre quelques années avant qu'un bureau des concerts soit créé à Moscou, dans l'organigramme du ministère de la Culture.

De fait, à partir du milieu des années 1950, les échanges artistiques franco-soviétiques ne cessent de prendre de l'ampleur jusqu'à l'invasion de l'Afghanistan. « Le choix des troupes soviétiques qui viennent en France, écrit Lumbroso, dépend uniquement du gouvernement soviétique, de mes associés et de moi-même : nous prenons des risques financiers. Mais le choix des troupes françaises qui vont en URSS est le fruit d'une concertation entre le gouvernement soviétique et le gouvernement français, lors d'une commission culturelle qui a lieu tous les deux ans et qui définit le programme des manifestations. Les dépenses sont couvertes en partie par le gouvernement soviétique prenant en charge toutes les dépenses locales, c'est-à-dire le logement, une indemnité de défraiement pour la troupe, la location des salles en ordre de marche avec tout le personnel nécessaire,

---

[1] Pierre Grémion et Odile Chenal, *Une culture tamisée, les centres et instituts culturels français en Europe*, Paris, CNRS Éditions, 1980, p. 2.

les voyages à l'intérieur du pays, la publicité, tandis que le gouvernement français paie les salaires de la troupe et les voyages Paris-Moscou, aller et retour. »[1]

Il est à noter que des conditions très semblables sont pratiquées par l'AFAA, dès 1951, avec l'Amérique du Nord. Lumbroso le tourneur fait donc venir en URSS, outre la Comédie-Française (à cinq reprises de 1954 à 1985), le TNP de Jean Vilar, Colette Renard, Marcel Marceau, Marie Bell, la compagnie Renaud-Barrault, André Barsacq et le théâtre de l'Atelier, le théâtre de la Cité de Villeurbanne de Roger Planchon... En retour, il amène à Paris le Bolchoï et le Kirov, le ballet Moïsseïev (1955), les Chœurs de l'Armée Rouge. « Au début des années 1970, le volume d'échanges d'artistes avec l'URSS représentait [depuis l'origine] 250 manifestations en Union soviétique et autant en France. L'un des points culminants de ces échanges fut probablement, en décembre 1970, la venue de l'Opéra du Bolchoï de Moscou à l'Opéra de Paris (...), opération difficile à mener car le gouvernement français hésitait à programmer une troupe soviétique dans un théâtre d'État deux ans après le Printemps de Prague. »[2]

Malraux trancha. À cette date, la France était le premier importateur de spectacles soviétiques et le premier exportateur de spectacles étrangers en direction de l'Union soviétique. Après le gel temporaire des relations culturelles (1979-1985), vient le temps de la Perestroïka et le redoux dans les échanges artistiques franco-soviétiques. La Comédie-Française et son metteur en scène, Jean-Pierre Vincent, viennent à Moscou, Kiev et Leningrad en 1985, suivis par Daniel Barenboïm et l'Orchestre de Paris l'année suivante, Mireille Mathieu et les ballets de Maurice Béjart un an plus tard. « En trente ans, nos relations avec le bureau des

---

[1] Fernand Lumbroso, *op. cit.*, p. 114.
[2] *Ibidem*, p. 150 et l'article de Nicole Zand, *Le Monde,* 23 avril 1994, p. 21.

concerts soviétique s'étaient beaucoup modifiées. Les déjeuners d'amitié avaient disparu, le choix des troupes se préparait avec l'ambassade soviétique à Paris, les voyages en URSS étaient rapides [à organiser] et se résumaient à la signature des contrats. »[1] Tout est dit. Le métier s'adapte aux nouvelles conditions techniques et politiques.

Du milieu des années 1950 à la fin des années 1980, Fernand Lumbroso établit le même type d'échanges avec la République populaire de Chine, faisant aussi bien connaître en France l'Opéra de Pékin (1955 et 1977) que les cirques de Pékin (1956) ou de Shanghai (1973), la troupe des acrobates de Wu Han (1965) et le Ballet de Shanghai (1975). L'année 1989 a été doublement (mais très diversement) célébrée. Ce fut l'occasion, pour la diplomatie française, de diffuser les valeurs universelles de la Révolution, y compris jusqu'en Chine. Côté chinois, on préféra célébrer cette année-là le quarantième anniversaire de « la victoire de l'Armée du Peuple » et la fondation de la République populaire. La troupe acrobatique de Wu Han revint à Paris, tandis que la France exportait très partiellement son Bicentenaire.

À certaines conditions, le tourneur pouvait donc être l'un des rares privilégiés habilité à franchir le Rideau de fer en procédant à des échanges culturels ponctuels et négociés en amont au plus haut niveau politique. Revers de la médaille, Fernand Lumbroso n'obtint jamais du Département d'État de permis de séjour de longue durée sur le sol américain. Trop marqué politiquement, les portes qui s'ouvraient pour lui à l'est en refermaient d'autres aux États-Unis. Le couple Soria-Lumbroso se révéla donc essentiel, instrumental, pour Philippe Erlanger comme pour ses successeurs à la tête de l'AFAA : André Burgaud et André Gadaud.

---

[1] *Ibid*, p. 168.

N'en déduisons pas non plus que tous les tourneurs de l'action artistique furent français. Fernand Lumbroso lui-même le devint sur le tard[1]. La diplomatie française s'appuya aussi sur des entrepreneurs de spectacle étrangers. Ce fut particulièrement vrai dans des pays-continents où un marché du spectacle existait. Le caractère quasi-monopoliste de certains de ces marchés et la complexité de leurs réseaux rendaient nécessaire une connaissance fine du milieu local. Ce fut le cas au Brésil avec Dante Viggiani (1915-), en Argentine avec José Pedro Caramba[2], aux États-Unis avec Solomon Hurok (1888-1974) ou au Canada avec Nicolas Koudriavtzeff (1895-1980). Les deux derniers, Russes exilés installés en Amérique du Nord, ont travaillé en étroite collaboration avec les représentants français à New York comme à Paris. Hurok devient en 1953 chevalier de la Légion d'honneur sur proposition du ministère des Affaires étrangères, pour service rendu à la France. Un grand nombre de tournées parmi les plus prestigieuses furent organisées par les deux hommes, parfois en collaboration, des années 1950 aux années 1970.

Sol Hurok avait fui les pogroms antisémites de la Russie impériale dans la première décennie du siècle, Nicolas Koudriavtzeff, après avoir fui la révolution d'Octobre, avait séjourné à Paris pendant l'entre-deux-guerres et appris le français. Il accompagna les *Ballets de Monte-Carlo* en Amérique en 1937 et s'y installa définitivement juste avant la guerre, d'abord à New York puis au Canada[3]. Selon Marcel Karsenty,

---

[1] Il obtiendra la nationalité française tardivement (en raison d'un casier judiciaire peu glorieux). Décret du 19 juin 1975 publié au *Journal Officiel* du 6.07.1975.

[2] Denis Rolland, *op. cit.*, p. 260-263.

[3] Harlow Robinson, *The Last Impresario : The Life, Times, and Legacy of Sol Hurok*, New York, Viking Press, 1994, 521 p. ; Sol Hurok (en collaboration avec Ruth Goode), *Impresario. Souvenirs de Sol Hurok*, Paris, éd. O. Pathé, 1947, 308 p. ; *Variety Obituary*, 17.09.1980 ; Porter McKenzie, « What it takes to be an impresario », *Maclean's*, 01.11.1953, p.

Koudriavtzeff et sa société (Canadian Concerts, Inc.) auraient organisé toutes les grandes tournées d'artistes français au Canada dans les années quarante (celles de Luis Mariano, Charles Trénet, Fernandel, Bourvil, Georges Guétary, Maurice Chevalier, Tino Rossi, plus tard Bécaud, etc.), avant de faire tourner des troupes dramatiques au Canada[1].

Avec le personnage haut en couleur de Fernand Lumbroso, comme avec les silhouettes forgées par leur siècle de Koudriavtzeff et Hurok, on perçoit une autre facette du tourneur, celle de négociateur politique. Placé au cœur de l'équilibre géostratégique d'États concurrents, parfois même adversaires, le tourneur monte quelques fois des projets morts-nés, se voit interdire ou au contraire faciliter telle ou telle aventure pour des motifs de nature politique. Au gré de l'actualité, il doit monter, corriger ou annuler au dernier moment une tournée à Moscou ou au Moyen-Orient. Sa marge de manœuvre varie grandement selon les périodes et les pays partenaires avec lesquels il travaille. La rentabilité des tournées à l'étranger correspond rarement aux exigences diplomatiques C'est une pierre d'achoppement durable entre l'un et l'autre des partenaires.

La fin des tourneurs ?

Pourquoi les tourneurs ne jouent-ils plus aujourd'hui le rôle d'auxiliaires qu'ils ont tenu aux côtés des diplomates jusqu'à la fin des années 1980 ? La réponse est à coup sûr plurielle. Elle est d'ordre économique (dépression et effets sur

---

14-15 et 70-73 ; Antony Ferry, « A stampede to Russia », *Maclean's*, 26.01.1963, p. 45 ; l'article « Canadian Concerts & Artists Inc. » in Gilles Potvin, ed., *Encyclopedia of Music in Canada,* Toronto, University of Toronto Press, 1992, p. 198.
[1] B.A.S., Fonds Jouvet, LJ Ms 95, Rapport n° 3 de M. Karsenty à L. Jouvet, 1.06.1950.

un marché circonscrit), technique (révolution informatique et numérique des communications) et culturel (choc imposé par la culture médiatique, déclin du français), mais la redéfinition de la politique artistique de l'AFAA y est aussi pour beaucoup.

En 1951, Georges Herbert (1915-2000), le metteur en scène Pierre Franck (1922-) et Raymond Hussenot, beau-frère et imprésario de l'actrice Danièle Darrieux, unissaient leurs efforts pour créer une entreprise de spectacles concurrente des Galas Karsenty. Elle absorbait en 1956 *France-Monde Productions,* une modeste et toute jeune société de spectacles dramatiques, créée en 1952 et dirigée par le duo Elvire Popesco (1894-1993) – Hubert de Malet (1916-1988).

Pourtant, en 1954 déjà, indice que les temps ne sont pas si favorables, les trois principaux tourneurs (Janvier, Karsenty et Herbert) parviennent à un *gentlemen's agreement* pour éviter entre eux une concurrence néfaste étant donnée l'étroitesse du marché. Dix ans plus tard, alors que les Tournées Baret vivotent, les deux autres sociétés fusionnent sous le nom de *Galas Karsenty-Herbert* (1965)[1]. Plusieurs raisons expliquent la fusion et la réduction d'activité qui en découle (de douze à dix tournées par an). La création des Maisons de la Culture et la décentralisation des troupes subventionnées ne laissent qu'une part infime aux théâtres privés. Les tournées en province, déjà concurrencées par le cinéma et la télévision, connaissent une réduction très sensible de leur activité durant les « trente piteuses ».

Et si, à l'aube des années 1970, les *Galas Karsenty-Herbert* donnent encore mille représentations annuelles, aussi bien en France qu'à l'étranger, et que leurs dix compagnies continuent

---

[1] L'acte de cette fusion ne se trouve ni dans le fonds Karsenty déposé à la BNF, ni dans le fonds Herbert à la Bibliothèque historique de la ville de Paris. La fusion est pourtant commentée dans la presse. Cf. *Combat,* 24.12.1968 et *L'Aurore,* 19.12.1971.

de parcourir environ 450 000 kilomètres par an, le marché diminue lentement mais sûrement[1]. En France, car d'autres types de biens culturels le concurrencent ; à l'étranger, parce que les publics francophones se raréfient. Le format des Galas sera cependant maintenu pendant vingt ans encore[2]. Dans les années 1990, si les itinéraires sont moins nombreux, le marché global des tournées théâtrales représenterait encore 15 % des recettes de la société des auteurs compositeurs dramatiques[3].

La conjoncture économique et la décentralisation ont donc pesé sur le marché du théâtre. En 1972, Jacques Rosny, Loïc Vollard et Jean-Claude Houdinière fondent ce qui est aujourd'hui la plus importante société de diffusion théâtrale en France et à l'étranger, *Les Nouvelles Productions Théâtrales*, rebaptisées à partir de 1978, la société *Théâtre Actuel*, puis en 1994 *Atelier-Théâtre Actuel*[4]. Leur société récupère progressivement le marché des tournées en France et à l'étranger[5]. La plupart des tourneurs, qui a toujours été solidement ancrée dans le milieu artistique parisien où certains ont débuté comme acteurs (Ch. Baret, G. Herbert, J.-C. Houdinière), se retranche aussi sur l'autre activité qu'ils ont presque toujours pratiquée : la direction des théâtres parisiens. À l'heure où l'inflation rogne les budgets de l'AFAA et où la langue française subit de plein fouet la concurrence de l'anglais, de

---

[1] *Tribune de Genève*, 18.10.1971.

[2] Les *Galas Karsenty* comme les *Tournées Baret* disparaissent au début des années 1990. Entretien avec Jean-Claude Houdinière, 28.09.2004.

[3] Bernard Roux, *L'économie contemporaine du spectacle vivant*, Paris, L'Harmattan, 1993, p. 49.

[4] Jean-Claude Houdinière (1938-) fut élève au lycée Henri IV puis au Conservatoire National Supérieur d'Art Dramatique de Paris, avant de devenir comédien pendant une quinzaine d'années. Il est aujourd'hui le président du Syndicat national des entrepreneurs de spectacle.

[5] Entretiens avec Pierre Franck et Jean-Claude Houdinière, *ibid.*

l'espagnol, mais aussi d'autres langues, l'activité des tourneurs ne s'est pas repliée sur la France.

Au contraire, ils exportent des succès classiques, jugés trop commerciaux par l'AFAA (*Le roi se meurt* de Ionesco avec Carole Bouquet, par exemple). Rémi Renoux, Gérard Maro, Frédéric Franck ou encore René Gonzalès font connaître les spectacles dramatiques français à l'étranger, mais ces tournées sont de plus en plus rarement subventionnées depuis quinze ans. Les spectacles coûtent cher à l'étranger, l'environnement (décor, acoustique, lumières) étant de plus en plus élaboré. Tandis que le tourneur peut compter sur 20 ou 25 représentations mensuelles lors d'une tournée en France, il doit se satisfaire de 10, 12 ou 15 représentations au maximum à l'étranger. Trop de projets avortent, trop de fours, de risques...

Comment accepter longtemps de partir, sans contrat, pour les beaux yeux de Marianne ? Comment bloquer telle ou telle période calendaire, « caser au dernier moment une tournée absolument impérative », louer les services des acteurs, prendre les contacts nécessaires, engager des frais, pour une tournée finalement abandonnée ? Encore une fois, l'impératif de rentabilité contredit l'impérieuse nécessité politique de l'État. Est-ce pour cette raison que la Comédie-Française possède désormais, pour organiser ses tournées à l'étranger, son propre délégué aux relations internationales ? Les tourneurs poursuivent donc leurs activités mais se sont éloignés de l'AFAA. C'est une redéfinition de la politique artistique officielle qui se dessine aujourd'hui.

Le rapport Rigaud (1979)[1], prenant acte de l'émiettement de l'action culturelle extérieure et du manque de moyens, suggérait déjà la recherche de partenariat et le recentrage de la

---

[1] Jacques Rigaud, *Les relations culturelles extérieures*, rapport au ministre des Affaires étrangères, Paris, La Documentation française, 1980, 112 p.

programmation sur des objectifs politiques et géographiques plus ciblés. La création par Jack Lang d'un Service des Affaires internationales au sein du ministère de la Culture (1981) et la nomination de Catherine Clément à la tête de l'AFAA (1982-89) orientent l'action culturelle extérieure plein sud. « L'AFAA envoie Georges Lavaudant travailler en Inde, Jérôme Savary en Turquie et Alfredo Arias en Argentine. Roger Planchon se fait l'écho de cette ouverture : " Derrière la Comédie-Française qui véhiculait l'image d'une troupe officielle, le TNP de Villeurbanne était la troupe que l'on envoyait en éclaireur dans les pays à risques… La culture avait un rôle à jouer aux avant-postes. " »[1]

Certes, mais les tournées de prestige touchent à leur fin. Celles qui sont organisées sont de plus en plus négociées par les conseillers culturels avec leurs homologues ou directement par les ambassades étrangères auprès de l'AFAA (qui compte, sous la direction d'Olivier Poivre d'Arvor depuis 1999, environ quatre-vingts personnes à son siège de l'avenue de Villars)[2]. Les itinéraires sont désormais balisés et les communications plus faciles. Même si les tournées n'ont pas disparu, le temps des grands tourneurs est passé. Pour Pierre Franck comme pour Jean-Claude Houdinière, les ponts avec la diplomatie sont aujourd'hui virtuellement rompus.

Aux tournées de prestige l'AFAA préfère désormais d'autres concepts. « L'installation d'un événement » dans une ville ou dans un pays, par exemple, rassemblant pour une ou

---

[1] *Artistes sans frontières. Une histoire de l'AFAA,* Paris, ministère des Affaires étrangères-AFAA, 2002, p. 45.

[2] Chaque année sont retenus environ 1 500 projets, tous domaines artistiques confondus. La DGRCST comptait, au milieu des années 1990, environ 360 fonctionnaires à l'administration centrale tandis que la Direction des ressources humaines du ministère des Affaires étrangères déclarait de son côté gérer 1 400 emplois culturels (dont 1 040 à l'étranger).

plusieurs semaines « un plateau d'artistes » appartenant à des champs différents de la création contemporaine. Soit qu'elle mette à l'honneur à Paris un pays ou une culture[1], soit qu'elle participe à des festivals étrangers en y envoyant artistes et œuvres d'art, l'AFAA mène désormais des opérations plus ponctuelles. Il est symptomatique que la tournée la plus importante de ces quinze dernières années soit l'opération *Cargo 1992* en Amérique latine, à bord d'un navire aménagé pour l'occasion en un quartier miniature d'une ville de France. Elle célébra le 500ᵉ anniversaire de la découverte du continent américain par les Européens, c'est-à-dire l'acte de naissance des relations culturelles entre les deux continents. Une telle opération, jamais tentée auparavant et née d'un concept original, n'eut pas de lendemain malgré son véritable succès. Les restrictions budgétaires obligent à des choix parfois douloureux.

Il est pourtant d'autres raisons qui expliquent le relatif éloignement du tourneur envers la diplomatie. Happés par le cinéma, les artistes français sont aussi moins nombreux à se consacrer aujourd'hui au théâtre. Peu d'entre eux sont prêts à quitter Paris pour une période de plusieurs semaines, voire plusieurs mois. Les publics francophones à travers le monde sont aussi plus épars et permettent moins qu'hier de faire tourner des spectacles en langue française avec des chances raisonnables de succès commercial. De ce point de vue il faut souligner, par exemple, la diminution de 30 % des effectifs étudiant la langue française aux États-Unis dans la seule décennie 1970. Elisabeth Ferry, chargée de mission au département des arts de la scène à l'AFAA, souligne

---

[1] Congo (1992), Saison tunisienne (1995), Imaginaires irlandais (1996), France-Égypte : horizons partagés (1997-98), Printemps palestinien (1997), Israël au miroir des artistes (1998), Maroc (1999), Saison tchèque (2002), Djazaïr (2003), l'année de la Chine (2004), du Brésil (2005) ou de l'Arménie (2006)…

cependant les bons résultats récents de la technique du surtitrage, placé sur scène dans le haut du décor, et dont la réalisation est confiée à une entreprise privée, *Media Writers and Translaters*[1]. Mais la guerre des langues est impitoyable et la racine du mal sans doute difficile à guérir. Au final, sans cesser de prêter son concours au diplomate de manière ponctuelle, le tourneur est aujourd'hui plus enclin à privilégier ses propres réseaux commerciaux.

« La figure centrale du marchand conquérant s'érigea à la fin du XIXe siècle : intuitif, aimant le risque, batailleur, fidèle aux avant-gardes et marchant étroitement avec l'artiste dans sa lutte. (…) Le marchand se chargeait d'inventer et de cultiver une clientèle pour l'artiste ; l'artiste, en retour, acceptait un contrat d'exclusivité qui le liait étroitement à son défenseur. »[2] La nature de la relation qui lia l'acteur et l'entrepreneur de spectacle apparaît, à bien des égards, très semblable à celle qu'entretinrent le peintre et le marchand d'art. La création sur scène peut-elle se concrétiser sans l'aide du grand argentier qui monte le spectacle, sans l'employeur qui fait vivre l'acteur et permet finalement de dévoiler l'œuvre au public ? À la différence du marchand cependant, ou du simple mécène, la compétence du tourneur va bien au-delà de la reconnaissance du génie ou de la promotion du talent. Il sait manier l'argent aussi bien que les hommes, c'est un découvreur d'horizons (géographiques, esthétiques, culturels), un éternel voyageur, un technicien du spectacle et un fin négociateur.

---

[1] Entretien téléphonique avec Elisabeth Ferry, 24.08.2004.

[2] Laurence Bertrand Dorléac, « L'artiste », in J.-P. Rioux et J.-F. Sirinelli, dir., *La France d'un siècle à l'autre, 1914-2000*, Paris, Hachette-Pluriel, 1999, tome II, p. 273.

C'est cette dernière qualité qui lui vaut d'avoir été un auxiliaire précieux de la diplomatie française au XXe siècle. Prenant à sa charge une partie du risque, il apporta sa connaissance du milieu de la scène et un mode d'organisation itinérant qui avait, depuis longtemps, fait ses preuves. Pour l'État, chaque réseau de tourneur, à la condition qu'il véhicule une œuvre, un metteur en scène ou des artistes français, fut (est toujours) un démultiplicateur naturel de l'action officielle. Subventionner l'un ou l'autre de ces réseaux permit de fidéliser des hommes qui s'étaient révélés très tôt indispensables pour produire, en certaines circonstances, des événements culturels exceptionnels, et dont la mise en scène n'était pas tout entière sur les planches.

Bien sûr, ces tournées dramatiques renforçaient l'étude de la langue française à travers le monde, ce qui reste toujours, jusqu'à preuve du contraire, la pierre angulaire de la politique culturelle de la France à l'étranger. Est-ce parce que les positions du français se sont effritées que de pareilles tournées, coûteuses par ailleurs, sont plus rares ? Ou, au contraire, est-ce l'abandon d'une politique artistique de longue haleine qui contribue à expliquer, entre autres facteurs, le reflux relatif et circonscrit à certaines aires géographiques des effectifs des classes de français à travers le monde ?

Les tourneurs, eux, n'ont pas disparu. Leur aide est seulement moins primordiale qu'elle ne le fut pour l'AFAA, tant en raison de la redéfinition de l'action artistique elle-même qu'en raison de l'évolution des modes culturelles et des pratiques organisationnelles de la diplomatie. Si le théâtre conserve un prestige incontestable, les arts de la scène sont, par ailleurs, durement concurrencés et souffrent d'un handicap originel : ils sont coûteux. L'âge des festivals internationaux a désormais remplacé celui des tournées de prestige, reléguant du même coup les tourneurs dans l'ombre de coulisses qu'ils connaissent bien.

Diplomatie culturelle et impératifs muséologiques
Le cas d'*Arts de Corée* au Metropolitan Museum of Art

AUDE ALBIGÈS

Premier musée américain par la richesse de ses collections et sa fréquentation, le Metropolitan Museum of Art de New York est un établissement indépendant de statut privé et à caractère non lucratif. Soumis aux directives de son conseil d'administration, l'institution n'a pas d'obligation ni de rôle de représentation à l'égard de l'État américain, qui ne lui apporte qu'un soutien marginal. Pourtant, le musée s'implique régulièrement dans des projets dont la finalité artistique se double d'un caractère diplomatique. Le cas d'*Arts de Corée*, à la fois projet d'ouverture d'une galerie consacrée aux arts coréens et projet d'exposition inaugurale, illustre comment et à quelles fins le musée devient un acteur de la diplomatie culturelle dans la réalisation de ses missions.

La politique étrangère américaine ne comprend pas de volet culturel déclaré en dehors de l'accueil de nombreux artistes et universitaires étrangers. La représentation artistique des États-Unis à l'étranger repose sur la présence de ses industries créatives, assurée par l'ouverture des frontières et la négociation des droits de propriété intellectuelle et industrielle. L'effort diplomatique se concentre sur la protection des intérêts des entreprises privées : soit vers plus de flexibilité, telle que la demande de suppression des politiques jugées protectionnistes qui privilégient la création européenne et sa distribution au sein de l'Union ; soit, à l'inverse, en luttant contre le « piratage » sous peine de sanctions économiques.

Ses acteurs culturels se sont pas investis de missions de représentation et de négociation, reflet de mentalités sceptiques quant à la validité même d'une diplomatie culturelle, quelle que soit la tendance partisane des gouvernants : les conservateurs s'arrêtent devant l'impossibilité de quantifier l'impact d'une telle politique ; les libéraux questionnent la légitimité d'un gouvernement à choisir les acteurs et œuvres représentatifs d'une culture américaine.

Ce désengagement va de pair avec l'absence de soutien direct aux arts et à la création, l'État fédéral se limitant à maintenir un environnement favorable en exonérant de l'impôt la philanthropie, les dons des individus comme ceux des entreprises privées n'étant pas taxés. Des politiques culturelles plus engagées virent le jour ponctuellement, d'abord dans les années trente, dans le cadre des grands travaux de l'administration Roosevelt. La *Work Progress Administration*, créée en 1939, développa pendant quatre ans une politique de soutien actif à la littérature, à la musique, au théâtre, aux arts visuels et aux recherches à caractère historique et documentaire. Convaincue que le rôle de l'État est de combler le manque de soutien à l'art délaissé par le secteur privé, elle s'efforça de favoriser une création plus représentative de la diversité des cultures présentes sur le sol américain selon le principe de la « démocratie culturelle »[1].

La peur grandissante du communisme, puis la Seconde Guerre mondiale, mirent fin à cette première expérience de politique culturelle américaine, remplacée dans les années

---

[1] L'expression de « démocratie culturelle » naît dans l'ouvrage de 1920 de J. Drachsler, *Democracy and Assimilation : The Blending of Immigrant Heritages in America*. L'auteur appelle à la mise en place d'une politique culturelle complétant les applications économique et politique de la démocratie américaine, en donnant la possibilité aux communautés de trouver une forme de représentation fidèle aux souhaits de leurs membres.

1960 par la mise en place des *National Endowment for the Arts* (NEA) et *National Endowment for the Humanities* (NEH). Ces deux agences ont pour vocation d'encourager les travaux de qualité artistique exceptionnelle et de développer la connaissance des arts et leur pratique dans la diversité des communautés, en soutenant programmes culturels et universitaires de recherche, de diffusion et de protection des œuvres. Elles perdirent à leur tour leurs moyens d'action, le budget fédéral alloué se réduisant drastiquement à partir de 1980[1]. Les musées de la Smithsonian Institution (ainsi que leurs programmes d'expositions itinérantes « clés en mains ») et la National Gallery à Washington restent des exceptions dans ce système, l'État américain étant propriétaire et gestionnaire de ces institutions et de leurs collections, même s'il tend de plus en plus à développer des partenariats privés pour financer leurs rénovations et leurs opérations.

La frilosité du gouvernement fédéral trouve des relais à tous les niveaux administratifs. Les États se limitent pour la plupart à l'exonération de taxes pour les organisations à caractère non lucratif ; les plus impliqués soutiennent indirectement la création en allouant des fonds

---

[1] Ces agences ont récemment développé une pratique de la concurrence entre les projets artistiques et choisissent de ne subventionner que les meilleurs, les critères portant sur les caractères éducatif et innovant du projet. La candidature à cette participation de l'État implique un lourd travail administratif, tant pour rédiger les demandes de subvention que pour rendre compte de leur application. Mais les musées font parfois la démarche, car la subvention allouée par ces agences constitue une carte de visite appréciée pour solliciter des dons privés de montants supérieurs. Le principe de collaboration avec le secteur privé est d'ailleurs suggéré par les agences qui ont élaboré un principe de subventions accordées sous réserve qu'une somme au moins équivalente soit apportée par le secteur privé (*challenge grants*). Il semble que la sélection opérée par le NEA et le NEH établisse dans les faits des normes de qualité, mais l'évolution des moyens dont ces agences disposent les marginalise dans le financement de la vie culturelle.

supplémentaires aux disciplines artistiques des universités publiques ou en contribuant partiellement aux coûts de fonctionnement de certaines institutions culturelles. Les villes, pour leur part, s'engagent rarement dans le soutien à la création ; elles lui préfèrent généralement la prise en charge plus invisible et moins controversée des coûts de fonctionnement et d'entretien des bâtiments d'institutions établies et reconnues.

Les pouvoirs publics n'ayant ni la volonté d'une diplomatie culturelle ni les moyens d'un soutien continu aux structures culturelles et artistiques, celles-ci bénéficient, par défaut, d'un statut privé. Responsables devant leur conseil d'administration et leurs donateurs, elles sont relativement libres de définir leurs missions et projets ainsi que la structure de leurs opérations. Leur précarité financière, due à la multiplicité et à l'instabilité de leurs ressources, les dispense de tout rôle de subordination et de représentation.

Le Metropolitan s'inscrit dans ce contexte américain : pour poursuivre ses activités, le musée est contraint d'élaborer un système de financement complexe mêlant plusieurs sources de revenus puisqu'aucune d'entre elles ne peut couvrir seule la totalité des besoins d'une institution de cette ampleur. Trois grands types de financement coexistent ; à chacun correspond une stratégie de gestion qui comporte des risques pour l'intégrité de la politique culturelle de l'établissement et sa réalisation au quotidien. Les visiteurs contribuent aux ressources de l'institution à hauteur de 29 %[1] en s'acquittant des droits d'entrée, devenant membres adhérents ou consommant aux activités commerciales annexes (boutiques, restaurants, parking).

---

[1] Chiffres pour l'exercice 1998-1999.

Leur apport va de pair avec la politique de diffusion de l'établissement : la mission muséale d'élargissement et de fidélisation des publics se double d'un impératif financier qui pose constamment un risque de dérive commerciale où le musée programmerait ses activités dans le but d'attirer un public plus large, plus sensible à l'événement, ce potentiellement aux dépens de l'acquisition de nouvelles connaissances et d'une expérience muséale de qualité. La philanthropie privée contribue pour sa part à hauteur de 58 %, cumulant dons ponctuels (35 % des revenus) et revenus de dotations en capital sur le principe de l'*endowment* (23 % des revenus)[1]. Si la tradition philanthropique américaine garantit une certaine distance entre le donateur et le bénéficiaire, les dons d'entreprises peuvent poser plus de difficultés : le musée se transforme en outil de marketing pour ses sponsors, qui tendent à vouloir contrôler la visibilité que la communication relative à un programme ou à une exposition leur apporte. La ville de New York, enfin, consciente de l'importance de ses institutions culturelles pour le tourisme et l'économie locale, contribue à l'entretien des bâtiments et aux salaires des gardiens, couvrant 13 % des besoins du musée.

Cette contribution publique, relativement exceptionnelle dans le contexte américain, n'est cependant pas garantie : la municipalité, confrontée à ses propres problèmes financiers, peut avoir à réduire les effectifs et moyens normalement mis

---

[1] En parallèle avec des dons ponctuels de type investissement ou pour financer une exposition en particulier, le musée reçoit des contributions dont il ne peut disposer que des intérêts financiers, une fois ces contributions placées sur les marchés. Impliquant des frais de gestion importants et restant tributaires des fluctuations du marché, ces revenus représentent une source de financement à hauteur de 25 % environ des revenus et garantissent de ce fait une certaine autonomie de fonctionnement par rapport aux financeurs ponctuels.

à disposition, contraignant le musée à fermer certaines salles par manque de gardiens et à repousser des projets de rénovation essentiels à la bonne conservation des œuvres ou au confort de visite.

Les risques d'ingérence et d'éparpillement liés à la diversité des sources de financement ont amené le Metropolitan à définir ses missions à plusieurs reprises. À sa création, à la fin du XIXe siècle, le musée déclare vouloir diffuser l'art et la création auprès du grand public, dans un but philanthropique et éducatif. Au début du XXe siècle, la constitution d'une collection de qualité devient la priorité et au fur et à mesure du siècle, les missions du musée restent proches des problématiques d'acquisition et de conservation, même si les démarches éducatives deviennent parallèlement de plus en plus innovantes et systématiques. À partir des années quatre-vingt, les musées connaissent aux États-Unis une importante phase d'expansion, devenant un lieu de loisir et de tourisme culturel fréquenté par un public plus nombreux mais aussi plus volatil, une destination grand public en concurrence avec une multitude d'industries créatives. La fréquentation du Metropolitan croît et ses activités se multiplient : expositions à succès, concerts, séminaires, classes…

L'effort en levée de fonds s'intensifie pour financer ces activités, le musée structurant ses relations philanthropiques et développant de nouveaux partenariats, mettant en place une recherche perpétuelle de nouveaux prospects, de leur identification à leur implication dans la vie du musée, qui tend à fidéliser les donateurs et à attirer de nouveaux donateurs potentiels, selon une logique de réseau constamment exploitée. Confrontées à ce même phénomène, nombre d'institutions sont contraintes de faire des compromis qui favorisent les intérêts des investisseurs parfois aux dépens de leur autonomie et de la qualité de l'attention portée aux collections, à la recherche et aux publics.

Devenus indispensables à la survie du musée et de ses activités, les donateurs peuvent en effet directement ou implicitement influencer la programmation et les missions au sein de la structure. Mais le Metropolitan, par son ampleur et la multitude de ses donateurs, parvient à modeler ses ressources financières en fonction de ses besoins et à garantir l'intégrité de ses missions, qu'une fois encore, à la fin des années 1990, la direction du musée, comme nombre d'autres aux États-Unis et en France[1], éprouve la nécessité de redéfinir : la conservation, la recherche, la diffusion et la formation sont évoquées en premier lieu. La collection doit être valorisée, par le biais de recherches et d'acquisitions supplémentaires, et rendue toujours plus accessible et accueillante pour le public, porteuse d'émotions, de découvertes artistiques et de connaissances en histoire de l'art. Cet effort se décline avec les visites guidées destinées aux individus, groupes et scolaires, les audio-guides et les conférences. Les publications participent de la même volonté de sensibilisation et de médiation de l'expérience esthétique, de pair avec l'acquisition de connaissances.

L'exposition temporaire est un outil particulièrement porteur au service de cette diffusion puisqu'elle parvient à créer un événement médiatique et à attirer un public

---

[1] Cette redéfinition des missions est apparue comme une nécessité absolue pour les musées dans les dix dernières années pour des raisons distinctes en France et aux États-Unis, mais qui ont pu aboutir à une démarche internationale relayée par l'Association américaine des musées (*American Association of Museums*) et le Conseil international des musées (*International Council of Museums*, ICOM). En France, cette démarche fut amorcée en 1992 par la Direction des musées de France qui incitait les musées à redéfinir leurs projets et finalité à l'égard de leur public. Aux États-Unis, les conseils d'administration ont cherché à décrire les missions de chaque structure par souci de préserver l'autonomie et l'intégrité des musées, notamment face aux risques de dépendance financière envers les mécènes et particulièrement les entreprises privées.

normalement inexistant au musée, dans l'espoir de lui faire aussi découvrir ses collections permanentes. La qualité de la collection est encore mise en avant, le musée facilitant les recherches des conservateurs, l'organisation d'expositions, les publications et en menant une politique active d'achat et de revente d'œuvres[1]. Le musée emploie pour ce faire quatre-vingt-huit conservateurs et près de quatre-vingts personnes surveillent l'état des œuvres et les restaurent. Enfin, le rôle de musée généraliste à vocation encyclopédique devient partie intégrante des missions. Acteur majeur et de référence parmi les grandes institutions muséales et en histoire de l'art, le Metropolitan déclare vouloir représenter toutes les tendances artistiques de l'Égypte ancienne au XXe siècle et couvrir la diversité des arts visuels quels que soient leur origine géographique et leur support.

En 1970, le musée entreprend un projet d'expansion qui prévoit le doublement de sa surface d'exposition pour permettre de présenter des collections progressivement enrichies par une politique d'acquisition soutenue, alors que le bâtiment est resté inchangé depuis 1926. Cet agrandissement permet la restructuration et la réorganisation des espaces, notamment des salles dédiées aux arts asiatiques, jusqu'alors peu représentés comparativement à la place qu'ils occupent dans les collections du musée. Priorité est donnée aux salles consacrées aux arts de la Chine, du Japon, de l'Asie du Sud et du Sud-Est, tant pour la richesse de ces collections que par un motif financier et de retombées médiatiques. Ces espaces achevés en 1995, la réalisation d'une galerie consacrée aux arts

---

[1] Les revenus de la vente d'œuvres d'art sont exclusivement utilisables pour le rachat d'œuvres, selon les directives déontologiques de l'Association américaine des musées, au risque de se retrouver marginalisé de la communauté des musées et ainsi de s'annihiler les prêts d'œuvres, les partenariats d'exposition ou l'obtention de fonds.

de Corée est envisagée, étape finale du plan directeur de reconstruction de l'aile asiatique. La rénovation des espaces d'exposition est sous la responsabilité du département des arts asiatiques, qui en assure la conservation, la connaissance et la diffusion.

La démarche initiale consiste à expertiser la collection du Metropolitan. Dans ce but, le département fait appel au directeur du musée national de Corée, Chung Yan-mo, expert en arts coréens spécialisé dans les céramiques. Il observe que la collection, malgré la valeur exceptionnelle de certaines œuvres, n'est pas représentative de toutes les périodes ni de tous les supports artistiques traditionnels coréens (peinture, céramique, sculpture, ferronnerie, laque, soie). Si elle présente des éclairages de qualité sur l'histoire et les arts de la Corée, laissant imaginer la richesse de ce patrimoine culturel et son ancienneté, elle ne rend pas compte de la multiplicité des styles et des évolutions entre les époques. De cette expertise naît la négociation d'un partenariat avec le musée national de Corée qui offre un prêt important, notamment de ses « Trésors nationaux », rarement exposés à l'étranger, pour venir compléter temporairement la collection du Metropolitan. Les principes de l'exposition inaugurale sont définis : donner à voir au public une sélection d'œuvres particulièrement représentative des différents styles, périodes et supports artistiques, dans le but de lui donner des repères et une connaissance générale qui lui permettront par la suite d'apprécier les collections appartenant au musée.

Le département des arts asiatiques s'atèle dès lors à la recherche de partenariats financiers. En effet, le statut privé du musée et la raréfaction des moyens face à la diversification et à la multiplication de ses activités l'a contraint à impliquer l'ensemble du personnel dans la recherche de fonds. Chaque département attire les donateurs en fonction de ses propres activités, créant ses cercles de mécènes regroupés autour du conservateur responsable, qui dispose au sein du musée d'une quasi-autonomie sur la création, la nature et la gestion de son réseau. La participation des donateurs consiste idéalement en une relation de confiance et de soutien continu à l'institution, chaque individu trouvant sa place en fonction de ses propres intérêts artistiques. L'implication de chaque département dans les problématiques de financement est complétée par l'effort transversal d'un service de levée de fonds qui explore, intensifie et systématise les sources de revenus potentielles de l'institution et finalise les partenariats amorcés par les départements de conservation. Pour *Arts de Corée*, le département des arts asiatiques s'adresse, dès l'amorce du projet, aux agences d'État coréennes, auprès desquelles il trouve une réponse particulièrement favorable, dans un contexte où les pouvoirs publics coréens intensifient leur effort diplomatique et cherchent une meilleure visibilité de leurs relations avec les États-Unis.

La Corée du Sud, née de la Guerre froide mais héritière de cinq mille ans d'histoire, a connu un développement économique et politique accéléré, fragilisé cependant au début des années 1990. Trois décennies de dictature militaire et de progrès économique propulsé par l'aide américaine, puis les plans quinquennaux gouvernementaux et une main d'œuvre bon marché, semblent toucher à leur fin. Les révoltes étudiantes, les scandales politico-financiers et une opposition gouvernementale active imposent progressivement des mesures de libéralisation du régime politique, qui aboutissent en 1987 à l'élection de Roh Tae-woo puis en 1997 à celle de Kim Dae-jung, première véritable alternance démocratique. Ancien opposant aux régimes militaires, il bénéficie d'un préjugé favorable dans l'opinion publique mais doit faire face à une situation économique difficile, marquée par la réorganisation des conglomérats industriels pour tenter de résorber leur endettement, rendre leur gestion plus transparente et réduire leur taille pour relancer leur compétitivité sur le marché international.

La réussite économique de la Corée du Sud se fait parallèlement, en interne, à une démocratisation progressive qui a amené sa population à se former et occuper des postes décisionnels dans l'entreprise et, en externe, à une compétitivité accrue des investissements dans les autres pays de la zone Asie, plus particulièrement avec la Chine. Les entreprises coréennes ont peu à peu délocalisé leurs activités vers la Chine et l'Europe de l'Est, provoquant un endettement sous-estimé lorsque la crise financière de l'Asie du Sud-Est atteint la Corée en décembre 1997. La Corée est contrainte de faire appel au Fond monétaire international qui, en retour, lui impose des mesures économiques d'austérité, le pays sombrant dans la récession et son taux de chômage augmentant rapidement.

Sur le plan diplomatique, les relations avec la Corée du Nord, malgré les efforts constants et le pacifisme affiché par le président Kim Dae-jung, restent largement conflictuelles, les missions d'espionnage et les entreprises militaires de la Corée du Nord mettant à mal les tentatives d'ouverture des frontières et le regroupement largement médiatisé des familles. Les tensions avec le Japon persistent également, tant relatives aux normalisations des relations après la colonisation de la Corée par le Japon qu'à cause de rivalités économiques, puisque la Corée du Sud cherche à attirer les investissements et les partenariats japonais mais reste tributaire des fluctuations du Yen. Les rapports avec les différents pays d'Europe comme ceux avec la Chine se normalisent avec la multiplication des partenariats économiques. La Corée du Sud acquière une reconnaissance diplomatique, entrant à l'Organisation des Nations unies en 1991, obtenant un mandat de deux ans au Conseil de sécurité et devenant le

29ème pays membre de l'Organisation de coopération et de développement économiques.

Mais la dépendance à l'égard des États-Unis reste l'élément le plus significatif de la politique étrangère de la Corée du Sud. Constant depuis la fin de la guerre de Corée, le contrôle de Washington s'exerce en termes de sécurité et de coopération : présents militairement sur le territoire, les États-Unis négocient parallèlement l'ouverture et la régulation des frontières économiques pour créer un climat favorable à leurs investissements. Dans ce contexte, la Corée du Sud s'efforce de mettre en place une politique étrangère qui protège ses intérêts dans ses rapports avec Washington, pour les faire évoluer vers plus de flexibilité et de partenariat et tenter d'amoindrir le décalage inhérent à un contrôle unilatéral des États-Unis, de règle depuis la Guerre froide.

La Fondation de Corée, fondée en 1991, participe activement à cet effort. De financement d'État, elle a pour objectif le développement des échanges entre la Corée et le reste du monde et la promotion d'une meilleure connaissance du pays. Elle organise et finance des programmes d'échanges culturels, colloques internationaux, centres de recherche et favorise la coopération avec des organisations universitaires et culturelles. Elle soutient une coopération rapprochée entre la Corée et la communauté internationale, dans des domaines aussi diversifiés que l'économie, la politique ou la culture. Elle a notamment financé en 1998 le cinquième sommet États-Unis – Corée qui avait pour objet de réfléchir aux évolutions diplomatiques et économiques entre les deux pays à la veille du XXIe siècle et dans le contexte de la crise financière asiatique. Les fonctions de la Fondation de Corée dépassent ainsi largement ses missions purement universitaires et culturelles et s'inscrivent dans une démarche diplomatique soucieuse de visibilité internationale, surtout à l'égard des États-Unis.

Son implication dans le projet de galerie consacrée aux arts coréens au Metropolitan participe de cet effort, en s'associant avec une institution qui lui offre à la fois prestige et visibilité. Le souhait du musée de représenter les arts coréens dans leur spécificité et, en même temps, de les faire contribuer à la richesse des tendances et influences multiples au sein des arts asiatiques est particulièrement significatif pour la Fondation de Corée, qui cherche à promouvoir une perception du pays fondée sur une identité renouvelée, celle d'une nation engagée dans l'environnement géographique et économique asiatique, mais dont la culture s'impose par sa spécificité ; comme pour symboliser la particularité d'une réussite économique qui participe au développement global de la zone Asie tout en se spécialisant dans les industries de pointe et les techniques de l'information.

La structure financière du projet se met en place avec la consolidation de plusieurs partenariats en parallèle. L'exposition des collections implique la finalisation du plan directeur et, pour ce faire, un investissement ponctuel massif. La recherche sur les collections, la conservation et les coûts de fonctionnement sont en revanche des frais à moyen et long termes qui conditionnent la pérennité du projet et des missions. La Fondation de Corée dispose de moyens importants et souhaite s'associer au Metropolitan avec le plus de visibilité possible, mais elle ne peut s'engager sur le long terme aussi librement qu'un partenaire privé. Elle prend en charge les dépenses d'investissement (construction et installation) et les frais d'organisation de l'exposition (transports, assurance, mobilier temporaire). LG, entreprise coréenne d'électronique et de chimie, vient s'associer à cet apport ponctuel.

Société de haute technologie, elle n'a encore qu'une activité philanthropique réduite, essentiellement locale, et sa stratégie de mécénat culturel est encore peu définie. Elle s'associe à *Arts de Corée* et contribue à l'exposition inaugurale, cherchant à bénéficier de la visibilité de l'événement au moment où elle consolide son implantation sur le marché américain de la téléphonie mobile.

Pour le financement à moyen et long terme du projet, le Metropolitan et la Fondation de Corée réussissent ensemble à intéresser la Fondation Samsung pour la culture *(Samsung Foundation for Culture)*. Créée par le conglomérat coréen Samsung au début des années 1970, la fondation souhaite sensibiliser la population coréenne aux arts, qu'il s'agisse de l'héritage culturel national ou des styles artistiques étrangers, soutenant des programmes universitaires de recherche sur l'art et finançant des publications. Elle entend également depuis peu agir en vue d'une meilleure connaissance internationale de l'art coréen et, pour ce faire, participe aux projets d'expositions temporaires et permanentes de grands musées. Ainsi, *The Samsung Gallery* a été inaugurée au Victoria & Albert Museum, tandis que sont soutenus les projets du musée Guimet à Paris et du British Museum, analogues à celui du Metropolitan.

Dans le cas d'*Arts de Corée*, la Fondation Samsung accorde une dotation en capital dont les revenus participeront à payer le salaire d'un nouveau poste de conservateur consacré aux arts coréens et à effectuer des travaux de conservation mineurs sur les œuvres. Fidèle à ses missions de publication et de recherche en histoire de l'art, la Fondation Samsung prend par ailleurs en charge de manière ponctuelle le financement du catalogue de l'exposition temporaire, publié par le Metropolitan sous la direction éditoriale du conservateur chargé du département des arts asiatiques.

Conçu comme une source d'information pour tout visiteur désireux d'approfondir sa compréhension des arts coréens, le catalogue se veut également un ouvrage de référence en langue anglaise à l'intention d'un public de chercheurs, pour faire le point sur les connaissances en arts coréens. Il offre une confrontation de points de vue au travers de six articles de spécialistes coréens et américains qui viennent compléter l'introduction, la reproduction des œuvres, les descriptifs et outils de repérage (carte géographique, chronologie). Le catalogue est aussi un outil de visibilité et de prestige : conçu comme un livre d'art de grand format, aux reproductions de qualité et à la mise en page élaborée, l'ouvrage est un signe d'hospitalité pour les entreprises et partenaires du projet qui veulent se manifester auprès de leurs invités et prospects diplomatiques ou économiques.

Au-delà des missions revendiquées par le Metropolitan et ses partenaires, *Arts de Corée* offre potentiellement un outil de communication adapté à la visibilité que recherchent tant le musée que ses associés coréens. Fréquenté par 5,5 millions de visiteurs, le musée attire le tourisme étranger et américain, mais aussi une population locale dont le comportement varie entre une fréquentation exceptionnelle, liée au phénomène d'exposition, et une fréquentation régulière, tant des collections permanentes que des accrochages temporaires. Les services de communication, culturel, pédagogique et des adhérents établissent chacun leur stratégie en fonction de la diversité de ces publics, désireux de toucher systématique-ment le public le plus large possible et de remplir leur mission de diffusion et d'éducation. L'effort de diffusion envisagé par le Metropolitan pour *Arts de Corée* s'appuie sur le caractère événementiel de l'exposition inaugurale pour asseoir la visibilité médiatique du projet dans son ensemble.

Parallèlement, le service culturel, soucieux d'élever le niveau des connaissances sur les arts coréens et de participer à une diffusion à plus long terme, prévoit d'élaborer un programme éducatif complexe au-delà de l'événement.

La Fondation de Corée, intéressée tant par l'effet médiatique que par l'apport de connaissances, accepte de prendre en charge la totalité de ces coûts, donnant à de multiples programmes les moyens d'exister : l'information relative à *Arts de Corée* circule par les voies de diffusion habituelles du musée, avec la parution de quatre pages spécialement consacrées au projet dans l'édition d'automne 1998 du programme du musée ; il est mis à la disposition du public dans le hall d'entrée et envoyé à l'ensemble des adhérents du musée, touchant environ 300 000 lecteurs. Ces quatre pages sont en outre imprimées séparément et insérées dans les envois d'une édition du *New York Times* à ses abonnés, soit 55 000 personnes pour la ville de New York et ses environs. Une bannière surplombant le fronton de l'entrée principale de l'établissement annonce également l'événement. Elle est accrochée pendant tout le mois de juin et à plusieurs reprises dans le courant de l'automne 1998.

La campagne d'information auprès de la presse inclut la réalisation et l'envoi massif d'un dossier de presse à près de 5 000 agences de presse nationales et internationales, en tentant de cibler plus particulièrement les médias proches de la communauté d'origine coréenne. Elle est complétée par l'achat d'espaces publicitaires répétés, dans le *New York Times* essentiellement, journal déterminant de la vie culturelle et artistique new-yorkaise, tant par le profil de son lectorat que par l'autorité de ses critiques et analyses. Cet effort pour toucher un large public se double d'une attention plus spécifique à la communauté coréenne. La population d'origine asiatique est particulièrement peu représentée dans le public du Metropolitan[1] ; *Arts de Corée* est donc l'occasion de cibler plus particulièrement la communauté coréenne.

---

[1] La faible représentation de la communauté asiatique dans le public du Metropolitan est constatée par le service d'études des publics (*Office of Research and Evaluation*) dans son rapport « Une étude des visiteurs de

Le service culturel entre en contact avec l'ambassade de la Corée du Sud dans le but d'approcher les sociétés et les associations capables d'identifier les lieux fréquentés par la communauté d'origine coréenne, notamment les écoles, lieux de culte, associations et centres de loisirs. Le Metropolitan assemble pour chacun de ces établissements une documentation et un programme d'activités aussi ciblés que possible. Les études de publics ont montré l'importance de cette spécialisation dans l'approche de chaque public potentiel, conscient que l'information sur un événement culturel passe souvent, au sein d'une communauté identifiée, par le bouche-à-oreille. La Fondation de Corée parvient ainsi à renforcer, grâce à l'exposition, la présence de la Corée du Sud dans la conscience américaine tout en créant un lien avec sa population expatriée ou émigrée. La soirée d'inauguration est le point culminant de cet effort de médiatisation et rend compte de l'importance diplomatique de cette manifestation pour le pays. Organisée par le département des arts asiatiques, elle se veut un événement de prestige qui rassemble les hauts dignitaires coréens et les participants au projet, associant réseau diplomatique et partenaires économiques. Entièrement financée par la Fondation de Corée, la soirée comprend un dîner de cinq cents convives, en présence du président de la Corée du Sud Kim Dae-jung.

Celui-ci évoque sans détour dans son discours inaugural les motivations de son pays, insistant sur les relations

---

Splendeurs de la Chine Impériale, exposition au Metropolitan, mai 1996 ». Environ un tiers du public avait des origines asiatiques, chinoises pour la plupart, et déclarait venir au Metropolitan pour la première fois spécifiquement pour voir l'exposition, ne sachant pas que les collections permanentes incluent une importante section consacrée aux arts asiatiques. Interpeller et intégrer ce « non-public » devient un effort constant, tant des départements de conservation que des services culturels, éducatifs et de la communication.

diplomatiques, économiques et financières qui unissent la Corée aux États-Unis, aujourd'hui complétées par la coopération culturelle et universitaire. Il souligne les difficultés de la Corée dans son développement économique, frappé par la crise financière, mais aussi la « ténacité du peuple coréen à travers les épreuves, qui permettra au pays de retrouver le développement » des dernières décennies, avec le soutien de la communauté internationale, dont la Banque internationale pour la reconstruction et le développement, le Fonds monétaire international (FMI), et surtout avec l'aide des États-Unis.

Il apparaît ainsi que la structure de financement élaborée par le Metropolitan parvient à impliquer ses partenaires en intégrant chacun en fonction de ses motivations, acceptant les rôles implicitement tenus par le musée dans ce projet, qu'il soit vitrine de prestige, support de communication ou outil de diplomatie culturelle. Mais le Metropolitan n'en reste pas moins fidèle à ses missions revendiquées de conservation, recherche, diffusion, formation, ainsi qu'à sa vocation encyclopédique. L'attention particulière portée à la collection reste la priorité, tant sa valorisation que sa médiation. Finalement, le projet *Arts de Corée* constitue une réussite pour la Corée du Sud, qui mène à bien sa démarche diplomatique en faisant du Metropolitan l'outil de sa politique diplomatique et la vitrine de ses relations avec les États-Unis ; mais aussi pour le musée, et plus particulièrement pour son département des arts asiatiques, qui parvient à faire aboutir son projet et ses priorités.

Les passeurs de la culture
De la professionnalisation à la confrontation des savoir-faire

BRIGITTE RÉMER

Au cœur du sujet culturel, la question de la professionnalisation des responsables culturels se pose d'entrée de jeu. Tous les pays qui élaborent ou confirment leurs politiques culturelles font face à cette problématique de la formation et ne sont pas toujours armés pour y répondre. C'est pourquoi des solidarités se sont développées dans différentes régions du monde entre les personnes, les structures, les réseaux, pour échanger les savoir-faire. La France s'est quant à elle traditionnellement illustrée comme un pays emblématique dans l'affirmation de ses politiques culturelles et la protection de l'art et des artistes[1], un pays *d'exception*, un pays regardé. L'art et la culture y ont depuis longtemps droit de cité, démocratie aidant. Le combat est d'en préserver l'éthique de service public en régulant le secteur des industries culturelles et d'en garantir l'accès à tous.

Autour de ces mêmes enjeux, les organisations intergouvernementales ont joué un rôle majeur dans la prise de conscience et l'incitation des pays à conduire leur destin, en prenant en compte le développement culturel, la définition du statut de l'artiste, l'élaboration des politiques culturelles. Elles ont érigé la culture comme facteur de cohésion et de paix. Dès les années 1970, le Conseil de l'Europe et l'UNESCO, tels des gardiens de phare, ont stimulé les initiatives, privées et publiques, en liaison avec la société civile, et accompagné culturellement les bouleversements du

---

[1] Pourtant, le mouvement des intermittents du spectacle pourrait permettre de mettre en doute cette affirmation.

monde. Plateformes de réflexion, ces deux organisations proposent ponctuellement des forums, des séminaires de formation et jouent un rôle fédérateur par rapport aux structures qui interviennent dans ce champ. C'est à partir des années 1990 que la Commission européenne a commencé à envisager – et à faire figurer dans ses textes – la reconnaissance de sa responsabilité en matière de culture. Elle a emboîté le pas à ses consoeurs intergouvernementales, à la nuance près qu'elle possède le nerf de la guerre, c'est-à-dire la capacité financière. Elle a ainsi stimulé les partenariats à partir d'une offre de programmes fondée sur le principe de subsidiarité, programmes aux procédures encore peu transparentes en termes de critères et d'évaluation.

C'est à ces trois niveaux, France, Europe et monde que nous proposons, à partir des acquis, cette réflexion sur l'articulation entre art, culture, politiques culturelles et formation. Or quand on parle d'art et de culture, il s'agit avant tout de volonté politique. La diplomatie non gouvernementale n'y est guère de mise et la courbe des formations suit celle des budgets des affaires culturelles. Autant parler de disparités extrêmes d'un point du monde à l'autre ; car si la question des politiques culturelles occupe dans certains pays une place de premier plan, dans d'autres elle peut être soit contrôlée soit inexistante.

Politique culturelle et professionnalisation

Le coup d'envoi de l'élaboration d'une politique culturelle en France, née d'une volonté politique affirmée, fut donné en 1959 lors de la création par le général de Gaulle du ministère chargé des Affaires culturelles, à la tête duquel il nomma comme ministre d'État André Malraux, écrivain et grand résistant.

Nous n'étions pas dans un désert culturel ; l'action culturelle qui émergeait dans les années 1960 des itinéraires de la décentralisation théâtrale avait pour source les mouvements d'éducation populaire, là où se croisaient l'instruction, l'éducation et l'art dès la fin du XIXe siècle, avec un fort développement au moment de la Libération et dans les années 1945-1950. Avant 1959, un certain nombre d'actions avaient été entreprises au sein de la sous-direction des Beaux-Arts, marquées notamment par l'engagement de la mythique Jeanne Laurent ; mais à cette date les Beaux-Arts se séparent du ministère de l'Instruction publique, qui les abritaient, et donnent une extraordinaire impulsion vers le décloisonnement des groupes sociaux. La notion de pluridisciplinarité, apportée par Malraux dans son ambitieux projet des maisons de la culture, est une donnée nouvelle présidant à la question des formations et de la professionnalisation, qui d'emblée se posent.

Lorsqu'il inaugure la maison de la culture d'Amiens en 1966, Malraux – pour qui la culture est « ce qui répond à l'homme quand il se demande ce qu'il fait sur la terre » – met l'accent sur le « changement absolument total de civilisation » auquel nous allons devoir faire face : « Non seulement la civilisation nouvelle a détruit les anciennes conditions du travail, mais elle a détruit la structure des anciennes civilisations qui étaient des civilisations de l'âme. Elle a remplacé l'âme par l'esprit, et la religion non pas par la métaphysique, mais par la pensée scientifique, la signification de la vie par les lois du monde.[1] » Dans un premier temps, il s'agit de former les animateurs culturels qui agiront dans ces nouveaux établissements.

---

[1] *Discours prononcé par Monsieur André Malraux*, ministre d'État chargé des Affaires culturelles, à l'occasion de l'inauguration de la Maison de la culture d'Amiens, le 19 mars 1966.

Le rapport général du Ve Plan (1966-1970) en évalue le nombre à 10 000 : « En l'absence d'un centre de formation, la commission recommande la mise au point d'un système souple de formation faisant très largement place à des stages dans les maisons de la culture existantes, au contact du public et des œuvres.[1] » L'Association technique pour l'action culturelle (ATAC) – groupement à caractère corporatif créé en 1966 pour fédérer les directeurs de centres dramatiques et de compagnies théâtrales et leur offrir un lieu de rencontre, de documentation et un outil de travail – devient tout naturellement ce lieu de formation. Elle remplit un rôle d'accompagnement et de recherche de bourses, pour une circulation sur le terrain et un apprentissage sur le tas destiné à des professionnels en train de construire leurs parcours.

Le développement des formations suit celui de la politique culturelle et du budget qui lui est imparti : de 0,3 % du budget de l'État consacré à la culture en 1964 et 0,43 % en 1968, au doublement du budget en 1981 à l'arrivée de François Mitterrand comme président et de Jack Lang comme ministre de la Culture, jusqu'à la presque conquête du 1 %, *leitmotiv* depuis lors, plus ou moins atteint selon les domaines pris en compte. L'Association technique pour l'action culturelle poursuit sa réflexion sur la nécessité de se professionnaliser et l'offre de formation qu'elle propose se développe autour du projet de chaque professionnel retenu dans le dispositif, dans l'interaction entre théorie et pratique. Le problème de la reconnaissance du travail culturel et de la légitimation du travailleur culturel s'est vite posé, avec à la clé un complexe dû au déficit de diplôme et à la tension entre les concepts d'animation et de création. Ce fut l'enjeu des débats suivants au moment où, en 1981, la culture engendrait la création de

---

[1] Sophie Cathala-Pradal, *Table ronde sur la médiation culturelle*, non daté.

structures et d'emplois et mettait sous les projecteurs la notion d'économie de la culture.

La mise en œuvre des grandes lois de décentralisation ouvrait par ailleurs sur d'autres types de métiers. Quels diplômes, quelles typologies des professions, quel marché du travail ? Autant de questions régulièrement posées mais qui se trouvent souvent en décalage avec les fluctuations de l'économie générale du pays, avec celles de l'économie culturelle en particulier, et qui mériteraient probablement d'être redéfinies en permanence. En 1987 l'Atac change de nom et laisse place à l'Association nationale pour la formation et l'information artistique et culturelle (ANFIAC). Son cahier des charges initial – développé sous la houlette de la nouvelle délégation au Développement et aux Formations du ministère de la Culture qui veille, au plan national, à la recherche de cohérence dans les créations de programmes en administration culturelle – est la formation. Elle sera le pôle de référence des formations à la gestion culturelle, développées ensuite en partenariat avec l'université de Bourgogne, jusqu'à sa fermeture ambiguë en 1993. À partir des années 1990 le paysage culturel s'est singulièrement modifié, au plan national comme international. Cela se traduit en France par une série de signes tels que la baisse des ressources pour la culture ; le désengagement de l'État ; la montée en puissance des collectivités territoriales et les enjeux que représente la culture dans leurs territoires, au risque de l'instrumentaliser ; la recherche de fonds propres et de partenariats obligés ; l'augmentation du volume de la production artistique, notamment dans le domaine du spectacle vivant ; le développement des échanges culturels internationaux après l'ouverture du Rideau de fer, même si la réciprocité n'est pas toujours de mise ; le poids des industries culturelles ouvrant sur l'économie de la musique, du livre, de l'audiovisuel ; etc. En bref la prolifération des propositions.

Les formations à l'administration culturelle

En relation avec ces mutations, en France comme à l'étranger où l'activité culturelle dans nombre de pays s'est développée ou doit se prendre en charge, gérer et administrer l'art et la culture est devenu un impératif. Se former, se professionnaliser en est le corollaire ; c'est promouvoir une attitude constante de veille. Dans le contexte de nos sociétés mondialisées, on sait que rares seront ceux qui exerceront le même type d'activité tout au long de leur vie et que se pose le problème de la validité et de la permanence d'un statut professionnel ; que la souplesse, la flexibilité et l'adaptabilité devront donc être la base d'une politique de formation.

Entre l'annonce et la réalité

Le champ des formations à l'administration culturelle ne peut se développer que si trois conditions sont réunies : qu'il y ait une volonté politique, qu'il y ait un schéma de l'administration publique et une politique culturelle, qu'il y ait une perspective de débouchés et donc un marché de l'emploi. Depuis le début des années 1990, on se forme en France soit dans les universités, soit dans le privé, surtout si l'on n'a pas le niveau de diplôme requis. Dans tous les cas, on est loin du militantisme et du corporatisme qui ont présidé à la mise en œuvre des premières formations. Le département des Études et de la Prospective du ministère de la Culture, qui a réalisé en 1991 une enquête sur « Les formations à l'administration et à la gestion dans le domaine culturel en France », dégageait quatre groupes : les formations publiques et privées propres au domaine culturel ; les formations des agents des collectivités territoriales ; les formations assurées par les écoles de gestion et de commerce ; les formations universitaires.

La force corporative et les réseaux professionnels qui étaient au cœur même de la définition des formations culturelles au sein de l'Association nationale pour la formation et l'information artistique et culturelle sont loin pour une matière, l'administration culturelle, qui ne peut se réduire à l'acquisition de données utilitaires : « Les formations privilégient les politiques culturelles, les conditions économiques, sociales, institutionnelles, juridiques, etc., de la création et de sa circulation. Elles ne donnent pas les armes suffisantes aux futurs responsables, non seulement pour être de vrais complices (au sens artistique !) des artistes engagés dans la création, mais encore pour encourager, en tant que gestionnaires, les artistes dans de vraies politiques artistiques. Les formations sont très perméables aux impératifs du public, des attentes des tutelles et divers pouvoirs publics, des politiques culturelles du moment » ; telle est l'analyse de Michel Simonot, énoncée à partir de son expérience de formateur, sociologue et directeur de l'ANFIAC (Simonot, 2001 : 179). Un certain nombre de questions se posent de manière récurrente : les formations doivent-elles être généralistes ou spécialisées, sectorielles ? Au-delà de la formation initiale, comment prendre en compte les acquis et reconnaître les compétences ? Comment associer davantage les étudiants à leurs parcours ? Comment réguler le flux emploi/formation en ces temps d'explosion de l'offre de formations et de rétrécissement de l'emploi culturel ? Comment placer le débat entre université et culture, deux univers bien différents, alors que le ministère de l'Éducation nationale délivre des habilitations de diplômes sans grande cohérence et que le ministère de la Culture a, en quelque sorte, « jeté l'éponge » après avoir été un actif conseiller en la matière en termes d'implantation géographique, de qualité de la proposition et de spécificité du programme, cherchant à éviter chevauchements et concurrence ?

Qui est évaluateur de ces formations ? Sans parler de l'offre privée, attirante mais coûteuse, plus instrumentale que chargée d'une pensée culturelle, souvent à la recherche de reconnaissance par le moyen d'homologations ou de diplômes en tous genres, dont il faudrait vérifier la pertinence. Entre l'annonce et la réalité existent certaines discordances, dans le secteur privé comme public.

La standardisation des programmes

Le point qui d'entrée de jeu est à déterminer, lorsqu'il s'agit de formations, touche à la définition des objectifs, permettant de mieux concilier la diversification des contenus avec la cohérence de ces objectifs. Le premier lieu de tension dans le montage d'une formation, au-delà de la difficulté de construire le programme entre disciplines transversales – les grands thèmes génériques – et disciplines sectorielles – les différents champs des industries et biens culturels –, vient de l'interaction et de la recherche d'équilibre entre réflexion et action, deux niveaux souvent antagonistes : le domaine des idées, de la réflexion théorique, de la transmission des connaissances fondamentales et de l'acquisition du jugement critique face au domaine du concret, de la pratique, de l'action. Les professionnels, d'une corporation à l'autre, s'observent souvent avec une grande suspicion : pour l'universitaire, le praticien est rarement le garant d'une grande crédibilité et *vice versa*, l'universitaire ennuie souvent le praticien qui, au demeurant, n'est pas forcément très pédagogique.

C'est par l'échange et la transmission des savoir-faire, par la confrontation des points de vue, par ce va-et-vient entre théorie et pratique, que se construit l'identité du médiateur culturel chargé d'encadrer la création en gérant production et diffusion, de favoriser l'accès à la vie culturelle, de développer l'infrastructure et le cadre législatif et financier des activités, participant par là même à la mise en œuvre d'une politique culturelle. Or, si l'on analysait les propositions de programme, on trouverait une certaine similitude dans tous les cursus qui, de plus, puisent dans le même bassin de formateurs. On se trouve ainsi, au point où nous en sommes, face à une sorte de « formatage » et de standardisation des formations.

Une politique d'accueil

La mobilité fait partie des priorités inscrites par les instances intergouvernementales, dont la Commission européenne : mobilité des étudiants comme des enseignants. Force est de constater que la France a toujours été pionnière dans l'accueil des étudiants étrangers, auxquels elle a ouvert ses portes de tout temps. Elle en accueille 175 000 par an, ce qui est important en termes d'image, positive et négative, puisque beaucoup repartent dans leur pays, voyagent avec cette image et la véhiculent. Un sur huit environ est boursier du gouvernement français, mais il n'est pas sûr que nous soyons les meilleurs en termes de qualité d'accompagnement, et les difficultés administratives pour l'obtention de visas, d'inscriptions et d'hébergement sont grandes.

Le ministère des Affaires étrangères propose une batterie de programmes de bourses pour développer cette politique d'accueil et donner la priorité à la formation des élites étrangères en France. Édufrance, groupement public, créé en partenariat avec les ministères de l'Éducation nationale et des Affaires étrangères, participe de cette politique. Il est chargé de promouvoir dans le monde le système français de formation, d'améliorer l'accueil des étudiants étrangers en France et de coordonner et exporter l'expertise française dans le domaine de l'ingénierie éducative. Le Centre national des œuvres universitaires et scolaires (CNOUS), ainsi qu'Égide, sont gestionnaires des bourses et veillent à la qualité de l'accueil. Le CNOUS bénéficie, par ses centres régionaux, d'un véritable réseau relais sur tout le territoire.

Le ministère de la Culture a fait de l'accueil des professionnels étrangers, depuis le début des années 1990, un enjeu politique. C'est ainsi qu'il a créée en 1991 un intéressant prototype, la *Formation Internationale Culture*[1], programme en conception, décision et gestion culturelles, qui s'est développé pendant douze ans, en dépit des changements politiques, avant de subir un remaniement structurel tel que le prototype s'est dissous. À croire que la France n'aime guère être créative[2]. Cette activité, articulée autour d'un programme long, a fait école, le ministère de la Culture proposant, à partir de 1992, une offre de stages et programmes courts à l'intention des professionnels étrangers, par régions géographiques puis par disciplines, dans une offre dispersée de laquelle le jeu diplomatique n'était pas absent.

L'accueil des professionnels de la culture étrangers, principalement étudiants et artistes, « qui contribuent de façon décisive au rayonnement international de la France », reste une priorité affichée du ministère de la Culture, en liaison avec le ministère des Affaires étrangères et celui de l'Intérieur : « De l'accueil des artistes et des professionnels étrangers en France dépendent pour une large part notre audience internationale et notre effort de rayonnement culturel. Si nous souhaitons être écoutés du monde, il nous

---

[1] *La Formation Internationale Culture* fut créée à l'initiative de Boris Marcq, alors chef du Département des Affaires Internationale au ministère de la Culture. La signataire de cet article en fut la directrice, de sa création en 1991 à sa *normalisation* en 2003.

[2] Dans le même esprit, le *Master européen en management des entreprises culturelles* et son antenne de Bucarest, fondé sur un partenariat avec l'École supérieure de Commerce de Dijon, a subi une restructuration qui en a écarté de même Corina Suteu qui avait porté et développé le projet pendant plusieurs années.

faut nous mettre d'abord à son écoute » déclarait ainsi un ancien ministre de la Culture (Bellet, 2004).

Un prototype mort au champ d'honneur

C'est peu de temps après la chute du mur de Berlin, en 1991, que fut créée *la Formation Internationale Culture*, à l'initiative du ministère de la Culture, en partenariat avec le ministère des Affaires étrangères : son cahier des charges, l'élaboration et la mise en œuvre d'un programme de dix mois diplômant, dédié à des professionnels étrangers ; sa logique, la mise à disposition de l'expérience française auprès d'un monde culturel en mouvement, en transition, en questionnement sur l'élaboration de ses politiques culturelles, avec la volonté politique d'une solidarité affirmée ; ses modes opératoires, une plate-forme multiculturelle hors les murs et un partenariat avec une université.

Douze générations de professionnels se sont succédées, venant d'Afrique, d'Asie, d'Amérique latine, d'Europe orientale et centrale, porteurs de la diversité même : de tous profils, fonctionnaires ou opérateurs *free lance* ; de toutes disciplines, des musées à l'audiovisuel ; de toutes générations, allant de vingt-cinq à cinquante-cinq ans, de toutes géographies et de tous systèmes politiques, y compris peu démocratiques, là où le désarroi est discret et côtoie souvent une prodigieuse force de vie. En 1991, ce programme était un défi : même si l'Europe gagnait du terrain, la notion d'altérité avait du chemin à faire pour marquer le pas à la mondialisation qui se confirmera, pour le meilleur comme pour le pire, quelques années plus tard.

La base de travail s'est construite à partir d'une étude de faisabilité, point d'arrivée d'une réflexion collective menée avec les institutionnels et professionnels culturels engagés dans le domaine international, un territoire de travail sous bonne garde… L'activité fut très naturellement confiée à l'association qui possédait le *leadership* en formation, était un partenaire proche du ministère de la Culture et fut locomotive dans l'évolution de l'idée, l'Association nationale pour la formation et l'information artistique et culturelle. Ce portage, judicieux au départ, privera l'activité de la personnalité juridique, pêché originel qui lui coûtera cher tout au long du parcours puisque l'activité sera en quelque sorte *gagée*, c'est-à-dire remise entre les mains de différentes associations – cinq en douze ans.

Concevoir une formation dans un contexte pluriculturel, c'est au départ la page blanche, un public virtuel ; il s'agit de construire un cadre de référence et un lexique communs pour que l'échange puisse avoir lieu et se nourrisse de la diversité des langues, de l'histoire des pays et des cultures ; garder une vigilance à l'autre, à ses rythmes, à la distance de communication proposée ; dégager des espaces formels et informels pour que se tissent des liens ; utiliser le potentiel de chacun et favoriser l'échange des savoir-faire et la réciprocité. Accueillir un public multiculturel c'est aussi faciliter les démarches administratives et offrir un cadre de vie correct, bourses, logements, cartes de séjour à la clé, laissez-passer en tous genres qui permettent la fréquentation de la vie artistique et culturelle ; c'est aider à décoder les règles du jeu social dans le pays d'accueil, informer des échelles de valeur, expliquer la ville et son fonctionnement. C'est un réel travail d'accompagnement au cas par cas qui requiert attention et générosité ; de la haute couture, du cousu main.

L'objet d'étude repose sur la gestion et l'administration des activités culturelles, la mise en œuvre des politiques culturelles à partir de l'observation du cas de la France que les participants pétrissent sous tous ses aspects, fréquentables et infréquentables : comment définir des priorités et éviter l'ethnocentrisme, l'eurocentrisme même ?

La question reste ouverte, les réponses se cherchent en permanence. L'édifice se construit dans une logique transversale, autour des grands thèmes génériques comme l'approche des différents champs artistiques et des pratiques culturelles, les conditions socioéconomiques des politiques culturelles, les outils et méthodes des interventions culturelles, les structures et relations culturelles internationales ; et dans la verticalité par une approche sectorielle se répartissant entre industries et biens culturels. Sa clé de voûte repose sur la collaboration avec l'université qui accepte un parcours hors les murs et respecte l'identité du dispositif, ses activités spécifiques. Elle délivre un diplôme d'études supérieures spécialisées pour une option spécifique en *Politiques culturelles internationales et gestion des arts*[1], un plus dans la proposition.

L'offre de programme ne se réduit pas à quelques recettes ou instruments, elle reste en marche et travaille sur la mise en comparaison des systèmes, des méthodes. De nombreux intervenants sont mis à l'épreuve, chercheurs, responsables politiques, opérateurs culturels, artistes, français et étrangers, échangent leurs points de vue et créent le débat. Cette médiation passe par un réseau de personnes ressources, en France et à l'étranger, des complicités de travail. Études de cas, rencontres avec artistes et professionnels dans leur environnement et leurs structures, présentation et analyse des grands débats culturels dans les pays, voyages d'étude en France et à l'étranger[2], temps d'observation personnel sur le

---

[1] L'université de Bourgogne fut son premier interlocuteur, l'université d'Avignon et des Pays du Vaucluse, sous la conduite d'Emmanuel Ethis, son partenaire pour les trois dernières années.

[2] En ce qui concerne l'étranger, après Glasgow, Lisbonne, Cassel, Londres et Venise, un partenariat avec l'Office franco-québécois pour la jeunesse, bureaux de Paris et de Montréal, a permis, pendant plusieurs années, l'étude *in situ* des politiques culturelles au Québec. Le ministère de la Culture et des Communications québécois avait même exprimé l'intention de modéliser la FIC.

terrain se calent autant que faire se peut sur la demande et la sensibilité de chaque participant, et de l'ensemble. Les sujets se déclinent à l'infini et renseignent sur le paysage artistique et culturel de nombreux pays, entraînent au coeur de la complexité linguistique où les concepts n'ont pas le même sens d'un lieu à l'autre, où le répertoire des métiers de la culture est très aléatoire, où les artistes peuvent ou doivent aussi être des administrateurs culturels. À la lumière du géopolitique et des mémoires collectives, nous parcourons le monde culturel, entre passé et présent, entre espoirs et désespoirs, dans des rapports au temps, à l'espace et aux réalités, très différents.

À côté du programme et pour mettre en relief la vitalité professionnelle de chacun, brisant ce temps entre parenthèses au cours duquel les participants n'ont plus de réelle identité professionnelle, puisqu'ils ne sont pas vraiment des étudiants et ne sont plus momentanément des professionnels en action, des projets ont été montés, comme autant d'exercices pédagogiques : la rédaction et la diffusion d'une lettre d'information, *Ubiquité* ; l'organisation de débats publics et de tables rondes, au Parc et à la Grande Halle de La Villette, au Festival d'Avignon ; le montage d'un séminaire à Paris, *Cultures au faubourg*, rassemblant le réseau des ex-participants, avec le soutien des ambassades de France à l'étranger et celui des grands établissements publics, comme la Bibliothèque nationale de France, le musée du Louvre, le Studio-Théâtre de la Comédie-Française, la Maison européenne de la photo, etc., sur le thème : *Coopérations culturelles, entre local et international, des espaces à inventer* ; la préparation et la participation au forum et à l'assemblée générale des Centres européens de formation d'administrateurs culturels organisés à Paris par la *Formation Internationale Culture* sur le thème : *Dix ans après la chute du mur de Berlin, quelle dynamique culturelle ?*

Autant d'événements qui ont dynamisé la formation et permis de nouvelles rencontres.

La formation, telle que nous la comprenons, est un temps d'expérimentation et d'observation, loin de toute réponse stéréotypée, un temps de l'inquiétude. C'est la confrontation des problèmes comme méthodologie et l'acquisition d'un regard critique. C'est un espace de liberté qui élargit le champ de la réflexion et travaille sur le choc des concepts. C'est un laboratoire qui s'évalue en permanence, où évolue la notion de transmission, cherchant à faire coïncider au mieux l'offre et la demande. C'est une philosophie, un état d'esprit nécessitant l'engagement de l'équipe d'encadrement et celui des participants. C'est un défi dans la mesure où il s'agit de construire des langages communs. La formation que nous défendons met en relation des cultures et oblige à la déconstruction des attitudes qui empêchent de prendre en compte l'autre. Entre le local et l'international, elle repose sur l'interaction, la synergie et l'altérité. *Pourrons-nous vivre ensemble, égaux et différents*, s'interroge le sociologue Alain Touraine dans un ouvrage portant ce titre ? Comment travailler ensemble, *dans nos sociétés fragmentées*, comme les nomme Michel Wievorka ? Comme d'autres, nous cherchons la réponse en creusant nos sillons.

La suite, car le programme ne s'arrête pas là, se poursuit dans les pays. La force démultiplicatrice d'un réseau comme celui-ci a permis de faire reconnaître la *Formation Internationale Culture* comme un lieu ressource et d'expertise, et conduit à faire appel à elle afin de l'associer à des forums et des congrès internationaux, ou encore d'accompagner des démarches nationales dans la création de programmes, le montage de séminaires, l'animation d'ateliers. Dans leurs différents pays, certains ex-participants regroupent leurs énergies et se constituent en communautés de travail ; d'autres construisent des collaborations transfrontalières ; d'autres encore montent en commun d'ambitieux projets comme deux expositions, la première sur *l'Art russe et soviétique des années 1900 à 1930* où se côtoient Chagall et Malevitch, Rodchenko et Kandinsky, la seconde sur *les Icônes*, à partir des oeuvres de la prestigieuse Galerie Tretiakov transportées à Bogota, au musée de la fondation Banco de la Republica, par la conviction et l'énergie de deux ex-participants de la formation, autant de formes nouvelles de coopération qui prolongent le programme.

La *Formation Internationale Culture* fut une force de frappe dans le meilleur sens du terme, un effet miroir permanent, une grande leçon de vie et d'humilité face à des professionnels qui travaillent dans des contextes difficiles dans la plupart de leurs pays ; un lieu emblématique sur la capacité de créativité de chacun, un lieu d'altérité. Son développement ne fut pas paisible – les tutelles ne l'ayant finalement jamais légitimée – il fallut emprunter beaucoup de chemins de traverse. Ce *bateau ivre* a pourtant essaimé quelque deux cents professionnels de la culture en activité dans le monde, qui continuent à cultiver les liens qu'ils ont tissés entre eux ainsi qu'avec les professionnels français. Mais sur l'échiquier politique, il n'était rien face à la puissance de certains lobbys associatifs et au discours incertain de quelques fonctionnaires.

L'activité fut finalement rayée d'un trait de plume en 2003, après douze ans d'un travail intense, son programme remis dans l'institution universitaire, normalisé en quelque sorte, marquant la fin de l'élaboration d'une offre de formation spécifique et la mort d'une plateforme multiculturelle vivante et singulière.

Des perspectives nouvelles[1]

Les nouveaux programmes européens

Forte de la dynamique et des groupes de pression des réseaux, des artistes, des opérateurs culturels, des pouvoirs publics, des politiques, la Commission adoptait deux textes, le 9 mars 2004 : *La nouvelle génération des programmes d'éducation et de formation* et *La citoyenneté en action*, qui donnent les grandes orientations des programmes communautaires destinés à remplacer, à compter de 2007, ceux qui seront alors obsolètes comme Socrates, Leonardo da Vinci, Tempus, Jeunesse, Culture 2000 et Media Plus. L'objet est de dessiner un véritable espace commun en termes de mobilité et de permettre aux institutions, dans les domaines de l'éducation, de la formation et de la culture, de mieux coopérer entre elles.

On peut retenir, en termes d'éducation et de formation professionnelle, qu'il n'existera qu'un seul et unique programme intégré ; en termes de culture, que le programme qui doit succéder de même en 2007 à *Culture 2000*, devra tenir compte de l'extraordinaire diversité de la coopération culturelle en Europe, qui se caractérise par des milliers d'acteurs de taille très variable d'un État membre à l'autre. Le futur programme sera centré sur quelques priorités, à savoir : l'encouragement à la mobilité transnationale des professionnels du secteur culturel, la circulation des œuvres, y compris les œuvres immatérielles, et le développement du dialogue interculturel. Quelques objectifs chiffrés ont été proposés, tel le soutien annuel à quelque cinquante réseaux ou organisations culturelles transeuropéens et le financement, sur

---

[1] *Vers la nouvelle génération des programmes d'éducation et de formation et la nouvelle vision de citoyenneté : la Commission a adopté deux nouvelles communications*, « Flash n° 6 », ENCATC, 11 mars 2004.

la période post-2006, d'environ 1 400 projets de coopération culturelle dans l'Union élargie.

Le processus de Bologne[1]

L'un des grands enjeux de la politique européenne en termes de formation touche à la réforme de fond nommée *processus de Bologne*, très polémique et qui entraîne une mutation profonde des systèmes de l'enseignement supérieur, toutes disciplines confondues. L'administration culturelle y est donc incluse. C'est un processus institutionnel ambitieux qui a pour objectif de construire l'Europe de la connaissance, en réformant les systèmes de l'enseignement supérieur. Vingt-neuf pays ont adhéré à ce projet commun en 1999 à Bologne ; onze autres pays les ont rejoints à la fin de l'année 2003, portant à 40 le nombre de membres adhérant au processus.

Ce processus entre dans la logique de la mobilité, de la reconnaissance et de la comparabilité des diplômes – dont la réforme des *LMD*, licences, mastères, doctorats – et des temps d'étude passés à l'étranger qui se traduisent en *crédits*. Il oblige, au-delà du partage des méthodologies, à la réflexion sur la question des *normes* communes, difficilement compatibles avec la sensibilité vive de la diversité culturelle défendue par de nombreux pays, dont la France comme porte-drapeau. Il vise au transfert de compétences, au développement de partenariats et de coopérations, à l'élaboration de programmes conjoints entre les universités de différents pays et table sur la mise en réseau. Le programme *Socrates*, fondé sur la reconnaissance, la mobilité des enseignants et des étudiants, la dimension transnationale et la

---

[1] Séminaire organisé par le *Réseau européen des centres de formation d'administrateurs culturels*, Bruxelles, novembre 2003.

garantie de qualité, en est, d'après les responsables européens, l'instrument privilégié.

Le processus de Bologne inquiète, à juste titre, puisqu'il codifie d'une manière bureaucratique les spécificités de chacun, gomme les caractéristiques nationales, ouvre sur la normalisation et la standardisation des programmes. La mobilité sera récompensée certes, mais comment évaluer l'aspect qualitatif d'enseignements *modulisés*, voire *instrumentalisés* ? Cette mobilité dépend par ailleurs de la capacité financière offerte, donc des programmes de bourse, aspect vital de la réforme, et ne garantit pas la qualité de l'accueil et de l'accompagnement. Entre la déclaration d'intention et la réalité, que de distance, d'autant plus en l'absence de cadrage national. Enfin, comment hiérarchiser les matières à enseigner ou les acquisitions de base indispensables, au regard de la fluctuation permanente d'un secteur, la culture, toujours en mouvement, et de la disparité des systèmes de politique culturelle demandant une adaptation permanente pour en accompagner le mouvement ?

Au-delà de l'Europe, le transfert des connaissances

Le Centre régional d'action culturelle de Lomé, Togo. L'une des structures phares de formation qui a fait la fierté de l'UNESCO et s'est maintenue épisodiquement fut au Togo le *Centre régional d'action culturelle* (CRAC de Lomé). Il fut créé en 1976 par l'Institut culturel africain. L'UNESCO, l'Agence intergouvernementale de coopération culturelle et technique, l'Organisation de l'unité africaine et l'Union européenne soutiennent sa démarche et participent à son financement. C'est une institution intergouvernementale de formation des cadres supérieurs et agents d'action et de développement culturels en Afrique, qui a aussi pour mission l'ingénierie et la recherche.

Chaque participant est envoyé par son pays, qui prend en charge le financement de sa formation. Plus d'une vingtaine d'États africains en sont membres ou associés. La plupart de ces États étaient acquis à la nécessité de l'élaboration et de la mise en œuvre de politiques culturelles. L'UNESCO et l'Organisation de l'unité africaine[1] venaient d'organiser la conférence panafricaine sur les politiques culturelles, *Africacult*, et préparaient pour 1977 le festival des arts africains *Festag* qui devait se tenir à Lagos, au Nigeria. Les jeunes ministères de la culture qui se mettaient en place avaient besoin de personnels qualifiés pour la conception, l'élaboration, la planification, l'exécution et l'animation de leurs politiques culturelles.

Au départ, les stagiaires étaient recrutés parmi les fonctionnaires déjà en poste dans la fonction publique de leurs pays et parmi les étudiants sortis des universités pour devenir, après la formation, des administrateurs ou conseillers culturels, en fait des animateurs et des administrateurs culturels, « ces deux agents du développement culturel fréquemment perçus comme un couple inséparable et parfois même comme des jumeaux difficiles à distinguer l'un de l'autre[2] ». De 1976 à 1991, le programme a subi des réaménagements et des réadaptations. Il a gardé sa sensibilité de service public mais dans une vision plus ouverte et suivant l'évolution en Afrique, passant d'une gestion fortement centralisatrice à une approche de décentralisation qui laisse

---

[1] Faut-il rappeler que la *Charte culturelle de l'Afrique*, adoptée lors du treizième sommet de l'OUA à Port-Louis, reconnaissait, dans son préambule, que la colonisation avait mené à une dépersonnalisation des peuples africains ? Faut-il rappeler également le *Discours sur le colonialisme*, d'Aimé Césaire ? (éditions Présence Africaine, Paris, 1955).

[2] Pierre Moulinier, *La formation des administrateurs culturels*, éditions de l'UNESCO, coll. Développement culturel, Dossier documentaire n° 28-29, Paris, 1983.

plus d'initiative aux régions, aux collectivités locales, à la société civile, aux organisations associatives[1]. Il travaille sur trois grands axes – culture et développement, économie de la culture et management des entreprises culturelles – et a diversifié ses cycles de formation. Il subit régulièrement les nombreux contrecoups politiques d'un pays peu démocratique et d'une région instable, ce qui le freine dans son évolution, alors que la demande de formation est grande.

Le réseau des Chaires UNESCO. Il fut créé en 1991 à l'initiative de Federico Mayor, directeur général de l'UNESCO à l'époque, pour « créer et renforcer les centres d'excellence dans les pays en développement », et fédère les initiatives et structures de formation en gestion et administration de la culture afin de créer des solidarités et des complémentarités. Il propose « une approche novatrice en faveur du transfert des connaissances et l'aide au développement institutionnel de l'enseignement supérieur » et encourage la mise en place de réseaux inter-régionaux entre les institutions d'enseignement supérieur dans le monde. Sorte de jumelage d'établissements, il vise à encourager la mobilité des professeurs et les partenariats entre pays en développement, privilégiant la relation *sud sud* afin de freiner la fuite des compétences. Près de quatre cents chaires, tous secteurs confondus comme l'environnement, les sciences sociales, la culture, les sciences de l'éducation, la communication, sont affiliées au réseau. On sait que l'UNESCO n'a pas la capacité financière d'intervenir dans ce type de programme, sauf exception, mais a le *leadership* de son animation et de sa coordination. Elle donne comme un label, qui aide à la reconnaissance : « J'avais conscience du défi que représentait cette nouvelle activité et de l'ampleur de la tâche

---

[1] Source : Cosme Adébayo d'Alméida, *Argumentaire de la réingénierie du programme du CRAC*, Lomé, 1999.

à mener en un temps où l'aide internationale au développement dispose de ressources réduites » reconnaissait Federico Mayor en 1998. Un certain nombre de pays, sur tous les continents, ont créé leur chaire UNESCO, en Afrique, en Amérique latine, en Europe orientale et centrale.

De la réunion organisée par l'UNESCO, en 2000, sur le thème *politiques culturelles, formation et coopération internationale*, réunissant les centres constitués en chaires UNESCO pour la gestion culturelle, plusieurs pistes de réflexion ont été ouvertes : l'importance de la pluridisciplinarité et la confirmation de l'intérêt de former des généralistes, sachant que la culture se doit d'être l'exemple même d'une politique transversale et ne pas se subordonner au secteur économique et financier d'un pays ; la nécessité de la liaison entre l'activité culturelle et l'activité sociale ; l'importance du multiculturalisme comme approche de formation ; la nécessité pour les pays d'Europe orientale et centrale de former des gestionnaires capables de s'adapter au financement des arts et aux lois du marché, de rechercher des fonds, et de rechercher un nouveau langage en gestion culturelle qui établisse le lien entre les générations ; la prise en compte de la recherche intégrée et de la recherche action.

Développement et formation

On pourrait aussi parler des forums et des rencontres internationales qui ont ponctuellement rassemblé des professionnels du domaine culturel et artistique, des nombreux programmes de formation en gestion culturelle qui se sont créés un peu partout dans le monde, sur tous les continents, de Medellin à Vilnius, de Ouagadougou à Buenos-Aires, le plus souvent adossés à une université. C'est une avancée sérieuse sur le chemin de la professionnalisation, pourvu qu'ils aient du sens dans leur contexte et soient adaptés au marché du travail local, pourvu qu'ils puissent s'inscrire dans la durée. Nous retiendrons deux exemples.

Les rencontres interprofessionnelles de Bafoussam, au Cameroun. Comme quasiment partout ailleurs, la culture est, dans ce pays, reconnue comme un facteur de développement dans le vécu quotidien des hommes. Ferdinand Léopold Oyono, ministre d'État chargé de la Culture, l'a confirmé dans son discours d'introduction au 6ᵉ Festival national des arts et de la culture et aux Rencontres interprofessionnelles de Bafoussam, en décembre 2002 : le patrimoine est comme « le message singulier de chaque peuple » et la culture comme « un catalyseur de bien-être et de développement social à l'intérieur, un instrument de rayonnement et d'insertion au plan de l'économie mondiale, à l'extérieur ». Lors des *rencontres interprofessionnelles de Bafoussam* organisées à l'initiative du ministère camerounais de la Culture[1], une réflexion sur les métiers de la culture fut lancée en présence d'opérateurs culturels, d'artistes et de responsables politiques de plusieurs pays africains. La directrice du ballet national du Tchad y définissait l'entrepreneur culturel comme « créateur de lien social entre l'artistique et le social, comme accompagnateur et interface avec la population, les milieux institutionnels, les hommes du terrain ». Il est celui qui « pense le projet de A à Z », tout en indiquant que « dans le contexte africain la fonction est mal définie » et que, dans la pléthore d'opérateurs culturels, « il est difficile de discerner le vrai du faux ». Il est vrai que le manque de compétence et de valorisation de l'expertise se pose avec encore plus d'acuité dans un pays où l'on trouve beaucoup d'initiatives isolées, ainsi que le problème de la légitimation et de la reconnaissance ; sachant que, même formés, les opérateurs et

---

[1] Élaboration et coordination Blaise Etoa, conseiller du ministre, directeur du projet *Espace culturel African Logik à Yaoundé*, ex-participant de la *Formation Internationale Culture* à Paris.

conseillers culturels font souvent un travail de bénévolat, de *docker* et servent parfois de caution.

L'Instituto de previsión social del trabajador cinematografíco y cultural (INPREC), au Venezuela. C'est, à Caracas, une structure de référence dans le domaine des droits sociaux, pour les travailleurs culturels et leurs familles, qui œuvre en termes de solidarité et d'assistance par la prévention, le soutien financier, la formation. Dans ce cadre fut proposé un programme de *Spécialisation en gestion culturelle* réalisé en partenariat avec l'université nationale expérimentale Simón Rodríguez[1]. Porté par toute une dynamique de réflexion sur les politiques culturelles, avec l'assentiment des pouvoirs publics du moment, ce programme a fait l'objet, dès sa première année, en 1998, d'une forte demande et a remporté un franc succès. Il n'a pu cependant se poursuivre au-delà de deux promotions, la structure porteuse, l'INPREC, s'étant vu couper les vivres de par la volonté politique du gouvernement Chavez.

Conclusion

La formation, c'est apprendre la complexité des choses et ne pas les réduire à une seule dimension. Avant les années 1980 des praticiens, souvent formés sur le tas, intervenaient dans le milieu culturel. Depuis, la définition du rôle de l'université dans ce contexte reste ouverte et la problématique de la formation des formateurs se pose. Le constat s'impose en ce qui concerne le domaine de l'administration culturelle, une approche classique de formation fondée sur une simple transmission d'information étant insuffisante, voire

---

[1] À l'initiative d'Iraida Tapias, présidente, et de María Irene Urdaneta, coordinatrice, ex-participante de la *Formation Internationale Culture,* avec le soutien de l'Ambassade de France au Venezuela et l'expertise de la *Formation Internationale Culture.*

inefficace : au-delà d'une technicité, la formation doit permettre la rencontre avec l'ensemble du champ culturel et artistique, et en particulier les artistes.

Plus de professionnalisation peut mener à plus d'instrumentalisation, alors que la culture doit être le lieu du débat. La sensibilisation à la dimension culturelle se précise : « Elle joue sur un changement de systèmes de valeurs. Elle joue aussi sur un changement de comportements fondé sur l'écoute, l'élucidation, l'analyse des comportements, des actions, des logiques d'acteurs » (Desjeux, 1994 : 29). La formation aux rapports interculturels sur laquelle on s'interroge désormais passe « autant par l'apprentissage de la question du *choc des cultures* que par l'élucidation de la part de ce qui est légitimement acceptable dans notre refus de l'autre » (Desjeux, 1994 : 160).

Le débat actuel sur le processus de Bologne dénote une grande ambiguïté dans son application au domaine culturel, un processus mal adapté à la matière en fusion qu'est l'administration culturelle. Sa définition repose sur la mobilité en formation ; il n'est pas sûr qu'elle soit suivie de la même mobilité en termes du marché du travail. Les nouveaux défis sont fondés sur les tensions entre la mondialisation et le respect des identités culturelles, le défi technologique et la nouvelle symbolique de la société multimédia, le défi social et la nécessité de travailler sur et avec la société civile. Il reste à définir une *éthique* mondiale, de nouvelles règles du jeu dans cette simultanéité du temps et de l'espace, la recherche d'un rôle nouveau pour l'État nation. Dans cette transformation de schémas de pensée, il nous faut inventer de nouvelles manières d'être ensemble. La culture, avec son pouvoir de résistance et son engagement militant, peut y contribuer.

Bibliographie

Ouvrages

Abdallah-Pretceille, Martine, 1999, *L'éducation interculturelle*, éditions PUF, coll. Que sais-je ? Paris.

Abdallah-Pretceille, Martine, Porcher, Louis, 1996. *Éducation et communication interculturelle*, éditions PUF, coll. Education et Formation, Paris.

Barbero, Jesús Martin, 2002, *Des médias aux médiations. Communication, culture et hégémonie*, CNRS éditions, Paris.

Benat Tachot, Louise, Gruzinski, Serge et al., 2001, *Passeurs culturels, mécanismes de métissage*, éditions de la Maison des Sciences de l'Homme, Presses universitaires de Marne-la-Vallée, Paris.

Desjeux, Dominique, 1994, *Le sens de l'autre*, éditions de l'UNESCO, L'Harmattan, col. Logiques sociales, Paris.

Gomel, Bernard, 2003, *Les emplois jeunes dans la culture*, éditions Documentation Française, Paris.

Gournay, Bernard et Wangermée, Robert, 1988, *La politique culturelle de la France*, programme européen d'évaluation, Conseil de la Coopération Culturelle du Conseil de l'Europe, éditions La Documentation Française, Paris.

Lamizet, Bernard, 1999, *La médiation culturelle*, éditions de L'Harmattan, Paris.

Menger, Pierre-Michel, 2002, *Portrait de l'artiste en travailleur*, éditions du Seuil, col. La République des idées, Paris.

Morin, Edgar, 1990, *Penser l'Europe*, éditions Folio, coll. Actuel, Paris.

Moulinier, Pierre, 1980, *La formation des animateurs culturels*, éditions de l'UNESCO, collection Développement culturel, Dossiers documentaires n° 18-19.

Moulinier, Pierre, 1983, *La formation des administrateurs culturels*, éditions de l'UNESCO, collection Développement culturel, Dossiers documentaires n° 28-29.

Simonot, Michel, 2001, *De l'écriture à la scène*, éditions Frictions théâtre-écritures, Théâtre Dijon-Bourgogne, hors série n° 1, Col. Entre/Vues, Dijon.
Warnier, Jean-Pierre, 2003, *La mondialisation de la culture*, éditions La Découverte, col. Repères, Paris.

Journaux, rapports et documents
Adébayo, Cosme, 1999, *Argumentaire de la réingénierie du programme du CRAC*, Centre Régional d'action culturelle d'Alméida, Lomé, Togo.
Agence Socrates Leonardo da Vinci, 2001-2002, Lyon, *Rapport d'activité*.
Arts administration and management training, 1998, Commission Européenne, Bruxelles, European Commission Phare, Programme BG 9606-3, en partenariat avec le ministère bulgare de la Culture.
Balibar, Etienne, 2003, *La citoyenneté à venir*, propos recueillis par Léa Gauthier, *Mouvement*, n° 24.
Bellet, Harry, 2004, Des mesures pour améliorer l'accueil des professionnels de la culture étrangers : des bourses et des résidences seront offertes à des étudiants et à des artistes, *Le Monde*, 6 février 2004.
Cultures d'Europe, Champ – Contrechamp, Dix ans après la chute du Mur de Berlin, quelle dynamique culturelle ?, 1999, Formation Internationale Culture, Actes du séminaire réalisé pour l'Assemblée générale des Centres européens de formation d'administrateurs culturels au Parc et à la Grande Halle de La Villette, éditions Formation Internationale Culture, Paris.
Déclaration d'Ars et Senans, 27 mai 1997, éditions du Conseil de l'Europe – Conseil de la Coopération Culturelle, Direction de l'Education, de la Culture et des Sports.
Déclaration du Conseil de l'Europe sur la diversité culturelle, 2001, éditions du Conseil de l'Europe.

Déclaration finale d'Ars et Senans, 1972, dans le cadre du colloque « Prospective du développement culturel », Conseil de l'Europe, Strasbourg.

Déclaration universelle de l'UNESCO sur la diversité culturelle, 2002, Série Diversité culturelle n°2, éditions de l'UNESCO.

Dessiner le futur programme de coopération culturelle de l'Union Européenne après 2006, 2003, Direction générale de l'éducation et de la culture, Document de consultation publique.

Financing cultural practises in South East Europe, 2003, Fondation Soros, Varbanova, Lidia, Budapest.

Fondation européenne de la Culture, 2002, *Rapport d'activité*, Amsterdam.

Fondazione Fitzcarraldo, 2001, Informal European Theatre Meeting, *Les réseaux raisonnés*, éditions Conseil des Arts de Finlande, Helsinki.

Inventaire des formations en administration et gestion culturelles en Europe, 1995, Fondation Marcel Hicter, éditions du Conseil de l'Europe, Strasbourg.

Jourde, Pierre, 2003, Ce qui tue l'Université française, *Le Monde Diplomatique*, septembre 2003.

Klaic, Dragan, 2003, *Cultural perspectives of the EU enlargement.*

La culture au cœur, 1997, contribution à la réflexion sur la culture et le développement en Europe, éditions du Conseil de l'Europe, Strasbourg. Version complète et version abrégée.

Lang, Jack, 2003, L'absence de lisibilité crée un sentiment d'abandon, *Le Monde*, 22 novembre 2003.

Le Cardinal, Gilles, 1989, *L'homme communique comme unique, modèle systémique de la communication interpersonnelle finalisée*, Thèse de doctorat, Université de Bordeaux.

Malraux, André, 1966, *Discours d'inauguration*, Maison de la Culture d'Amiens, éditions MC Amiens.

Notre diversité créatrice, 1995, éditions de l'UNESCO, Paris.

Ralite, Jack, 2000, *Lettre à Lionel Jospin, Premier Ministre*, « Un goût naturel pour la liberté : démocratie et culture », *Ubiquité*, n° 17, éditions Formation Internationale Culture, Paris.

Reading, Viviane, 2003, *Un nouvel envol Leonardo da Vinci*, brochure éditée par la Commission européenne.

Simonot, Michel, 1994, *L'artiste, l'œuvre et le gestionnaire*, Séminaire sur « Les perspectives de la formation des gestionnaires et des administrateurs culturels en Europe », éditions du Conseil de l'Europe.

Soleo, 2003, revue de l'Agence Socrates Leonardo da Vinci.

Training in Cultural Policy and Management, International Directory of Training Centres, 2003, European Network of Cultural Administration Training Centres, Bruxelles, réalisé par Encatc en coopération avec l'UNESCO, éditions de l'UNESCO, Paris.

Vers la nouvelle génération des programmes d'éducation et de formation et la nouvelle vision de citoyenneté : la Commission a adopté deux nouvelles Communications, 2004, Flash, n° 6.

Wulf, Christoph, 2003, *Nouvelles missions des formations universitaires*, Série Diversité culturelle n° 1, éditions de l'UNESCO.

Deuxième partie

Politique et idéologie

Deux capitales diplomates : Budapest et Prague
Continuités historiques et nouveaux messages

CATHERINE HOREL

Anciennes capitales des royaumes de Hongrie et de Bohême, Budapest et Prague ont été soumises durant plusieurs siècles à la tutelle de l'empire des Habsbourg. Riches d'un patrimoine culturel et artistique, elles ont certes maintenu leur existence de municipalité, mais dans un cadre étatique imposé par une puissance extérieure. Dès le début du XIXe siècle, le renouveau national hongrois passe par une affirmation de la capitale du pays face à l'Autriche ; embellir et développer Budapest revient à montrer le génie hongrois. La progressive mais irréversible transformation de la ville en bastion national vient à l'appui de cette ambition : en quelques décennies, les Allemands et les Juifs s'assimilent.

La conclusion en 1867 du Compromis austro-hongrois parachève cette évolution ; certes la Hongrie n'est point encore souveraine, mais son autonomie est suffisamment grande pour que Budapest devienne l'alliée du gouvernement hongrois. Vitrine brillante des réussites magyares, elle est — grâce à ses trois composantes unifiées en 1873 — un ambassadeur de choix pour l'État dont elle sert la politique de concurrence vis-à-vis de Vienne. Prague est alors encore loin de cet objectif, qui ne sera réalisé que dans l'entre-deux-guerres. Avant 1918, elle lutte pour son identité, que deux voire même trois communautés se disputent. Dans les dernières décennies du XIXe siècle, le conseil municipal est conquis par les Tchèques, qui vont dès lors faire de Prague le flambeau du combat national, là encore face à Vienne.

Les acteurs de cette diplomatie municipale sont multiples : élus, personnages publics de la ville, professeurs des universités, monde associatif, artistes et écrivains. Tous se relaient pour faire connaître et diffuser l'image de la ville, non dans un simple but touristique mais afin de porter un message au monde. Les villes de l'empire des Habsbourg ont joué un rôle considérable dans la découverte et l'affirmation des consciences nationales des différents peuples de la monarchie.

Aucune d'entre elles n'est monolingue ou monoculturelle, même si certaines tendent à s'homogénéiser, comme précisément Budapest ; la plupart rassemblent deux composantes ethno-linguistiques, mais souvent davantage. À Prague, on voit la communauté juive passer ainsi de l'expression germanique (culture et langue) à l'identité tchèque. La ville devient pour les uns une forteresse assiégée et pour les autres un bastion à emporter. Les luttes politiques viennent se superposer à ce préalable national. Capitale de *Land* ou de royaume, la ville fait sens dans l'identité non seulement de ses habitants, mais bien au-delà et tous participent à la construction de son nouveau visage.

La croissance de la population urbaine est dans ces années très largement due à l'apport migratoire : Prague se couvre d'industries qui attirent la main-d'oeuvre tchèque des environs, et il en est de même à Budapest où affluent non seulement des Hongrois, mais aussi des Slovaques, ce qui fait d'elle en 1910 la plus grande ville slovaque. Le patriotisme régional, *Landespatriotismus*, est généralement associé à la ville-capitale et peut donc être partagé par des nationalités différentes, sans que la forme de l'État central n'intervienne. Les choses ne changent que lorsque la municipalité est entre les mains d'un seul groupe, même si celui-ci n'est pas forcément l'allié du pouvoir (Italiens de Trieste, Polonais de Lemberg, etc.).

Les traditions historiques sont instrumentalisées au profit d'une communauté qui fait de la ville son berceau national. Grâce au développement des moyens de communications modernes, les hommes, les biens et les informations circulent plus vite entre la ville et le reste du monde. L'activité touristique n'est plus seulement réservée à quelques aristocrates ou aventuriers, elle se démocratise et se diffuse par l'intermédiaire de la publicité, elle aussi en plein essor. L'organisation des expositions universelles, internationales ou nationales, a mis l'Europe en branle ; les premiers guides touristiques ont rapidement donné naissance à un genre à part entière. Les municipalités découvrent ce nouvel aspect de leurs attributions, elles bâtissent de nouveaux espaces de représentation et des infrastructures urbaines destinées aux potentiels visiteurs. Non contentes de se donner à voir chez elles, elles tentent d'exporter leur discours, ce qui les fait entrer dans le jeu international.

Budapest et Prague avant 1918

Le Millénaire hongrois de 1896 : le triomphe de Budapest

En 1881, la diète hongroise avait été saisie d'un projet visant à commémorer le millénaire de l'arrivée des Hongrois dans le bassin des Carpates. Elle avait d'abord envisagé d'ériger à Budapest un monument à la gloire des tribus d'Árpád, puis elle se rendit compte que rappeler le souvenir de l'entrée des Hongrois en Europe lui donnerait l'occasion de s'affirmer face à l'Autriche et aux autres nations européennes. Elle décida donc de démontrer la continuité historique du royaume de Hongrie à travers un ensemble de manifestations prestigieuses, dont les plus représentatives devaient se dérouler dans la capitale. Après bien des débats, la Diète fixa la commémoration en 1895 et opta pour la tenue d'une grande exposition, mais aussi pour des travaux d'amélioration des infrastructures urbaines. Les délais impartis pour les exécuter se révélant trop courts, une nouvelle loi repoussa la commémoration à 1896[1].

Les fêtes du Millénaire commencèrent le 1er janvier 1896. À côté de l'exposition nationale, qui devait être durant six mois le pôle d'attraction des fêtes du Millénaire, un florilège de manifestations fut imaginé, pour montrer la ville de Budapest dans toute sa splendeur, souligner les valeurs du progrès technique et de la modernité, délivrer un message d'optimisme pour le futur[2]. Le jour de l'inauguration, les cloches des églises de Budapest sonnèrent à toute volée pour annoncer le début de l'année millénaire. Le programme des festivités débuta le 2 mai 1896, avec l'inauguration solennelle de l'exposition nationale par le couple royal, suivie d'un impressionnant cortège qui réunit des membres de la maison impériale et royale, le corps diplomatique et le corps consulaire de Budapest, les membres du Parlement et du gouvernement hongrois, les représentants du corps législatif et du gouvernement autrichien et toutes les personnalités de la ville. Le lendemain, François-Joseph assista à un service d'actions de grâces dans l'église du Couronnement. Le 10 mai, un *Te Deum* fut célébré dans toutes les églises de Hongrie et le même jour la ligne du « tramway souterrain » fut inaugurée à Budapest. Quatre semaines plus tard, la couronne de Hongrie et les emblèmes de la royauté hongroise – le manteau, l'épée et le sceptre – furent emmenés dans un carrosse de cristal, datant de l'époque de Marie-Thérèse, dans l'église du Couronnement où ils restèrent exposés pendant un mois. Le 6 juin fut posée la première pierre des fondements du futur château royal de Buda (en

---

[1] Catherine Horel, 1999, *Histoire de Budapest*, Fayard, Paris p. 184.
[2] Catherine Horel, 2004, *De l'exotisme à la modernité : un siècle de voyage français en Hongrie, Budapest*, ELTE, p. 105.

fait, les travaux de reconstruction duraient déjà depuis plusieurs années).

Le 8 juin, jour anniversaire du couronnement de François-Joseph à Budapest en 1867, les membres du parlement défilent devant le château royal pour présenter au roi les hommages de la nation. Un long cortège composé des représentants des comitats et des villes du pays en tenue de gala, nationale ou régionale, s'ébranle, précédé par les *Banderia* de Hongrie, anciennes unités militaires créées par l'empereur Sigismond, conduites par le ministre de l'Intérieur. Ils se rendent à l'église du couronnement, d'où un carrosse à six chevaux escorté par les dignitaires de la couronne conduit les emblèmes de la royauté sous la coupole du parlement à peine terminée. À l'issue de cette cérémonie, le cortège reprend sa marche et remonte l'avenue Andrássy jusqu'à l'entrée de l'exposition. Les festivités continuent les jours suivants : le 20 août, pose de la première pierre de la statue équestre de saint Étienne ; trois jours après, inauguration du palais de Justice ; le 4 octobre, mise en service du pont François-Joseph ; et enfin une semaine plus tard, ouverture du musée des Arts appliqués (*Iparművészeti Múzeum*).

L'exposition, qui est installée dans le parc de Városliget, comprend deux grandes sections. La section historique, logée dans une reconstitution du château médiéval de Vajdahunyad en Transylvanie, fief de la famille Hunyadi, rassemble deux mille exposants et présente aux visiteurs l'histoire de la Hongrie. Célébrant la gloire du génie hongrois, elle s'efforce de prouver l'appartenance de la Hongrie chrétienne à l'Europe occidentale. L'ambassadeur de France à Vienne, Henri-Auguste Lozé, semble apprécier le message : « La partie historique, admirablement présentée, domine l'ensemble. On trouverait difficilement ailleurs une réunion d'objets anciens et de souvenirs d'une valeur artistique et historique aussi considérable. »[1] Quant à la section moderne, son ambition est bien sûr de montrer les progrès accomplis par la Hongrie, notamment dans le domaine des sciences et des techniques. Elle compte vingt thèmes qui évoquent tous les aspects de la production nationale ; les sections industrielles ne regroupent pas moins de 5 571 exposants, auxquels s'ajoutent 9 278 participants croates. L'exposition, qui accueillit 24 174 exposants, est complétée par des expositions temporaires d'animaux vivants, d'horticulture, et même une exposition consacrée au travail. En six mois, elle devait recevoir six millions de visiteurs, mais malgré la publicité, sans précédent pour l'époque, et les tentatives de séduction de la clientèle occidentale à qui l'on offrait des prix attractifs sur la ligne Paris-Budapest, soixante mille étrangers seulement la visitèrent, venant surtout de Cisleithanie[2].

Le millénaire devait aussi être marqué par l'érection d'un monument dédié aux fondateurs de la nation hongroise. Certains imaginèrent d'édifier une statue équestre d'Árpád sur le mont Gellért. La citadelle était depuis 1849 le symbole de la défaite et de l'oppression et ses canons, tournés non vers un éventuel agresseur mais vers Pest, lui avaient valu le surnom de « Bastille ». Depuis le Compromis avec l'Autriche, elle était devenue inutile, et l'idée qu'avait eue le comte István Széchenyi de la transformer en panthéon national resurgit. Ce projet fut abandonné en raison du coût prohibitif de sa réalisation, mais une partie de la citadelle fut symboliquement rasée en 1897, ce qui la rendit encore plus laide. Finalement, c'est à l'extrémité de l'avenue Andrássy, les « Champs-Élysées » de Pest, que l'on décida de placer le monument célébrant Árpád et ses tribus, qui vint couronner la

---

[1] Catherine Horel, 1993, « Les fêtes du Millénaire de la Hongrie vues par la France », in *Cahiers d'Etudes Hongroises*, n° 5, Paris, p. 165.
[2] Catherine Horel, *Histoire de Budapest, op. cit.*, p. 188.

prestigieuse avenue. On en profita pour créer une place ouvrant sur le parc de Városliget, où se tenait l'exposition – elle sera baptisée place des Héros en 1932. Le monument qui se dresse aujourd'hui au centre de la place est hautement symbolique : l'obélisque est surmonté de la statue de l'archange Gabriel portant la couronne hongroise et la croix de Saint-André ; sur son socle, face à l'avenue Andrássy, les statues équestres d'Árpád et des six chefs des tribus hongroises montent la garde. En arrière-plan, deux colonnades semi-circulaires ferment la perspective, en laissant une ouverture vers Városliget. Les colonnades sont coiffées d'allégories : d'un côté la guerre, le travail et l'abondance, et de l'autre la paix, la science et la gloire. En-dessous, les espaces entre les colonnes abritent les grands personnages de l'histoire hongroise.

De part et d'autre de la place, deux bâtiments presque identiques se font face, oeuvres d'Albert Schickedanz et de Fülöp Herzog. Comme la maison des artistes (*Műcsarnok*), dans l'avenue Andrássy, n'offrait pas d'espace pour organiser de grandes manifestations d'art contemporain, Schickedanz compléta la place par deux halles d'exposition symétriques. Inaugurée pour les fêtes du Millénaire, la première abrita une exposition de peintures et de sculptures célébrant le millénaire de la Hongrie. La seconde, qui était alors en construction, devait accueillir les collections du musée des Beaux-Arts (*Szépművészeti Múzeum*), jusque là à l'étroit dans l'Académie des sciences. Après leur transfert en 1904, le nouveau musée des Beaux-Arts ouvrit ses portes deux ans plus tard, en présence de François-Joseph[1]. Enfin, c'est également l'année du millénaire, le 10 mai, que fut inaugurée la première ligne de métro du continent. Sa construction avait suscité bien des hésitations. Longue de 3,7 kilomètres et

---

[1] *Ibid.*, p. 191.

entièrement souterraine, la ligne partait de la place Gizella (Vörösmarty), en face du salon de thé Kugler (aujourd'hui Gerbaud), et aboutissait à Városliget. On accédait aux stations par des petites maisonnettes, aujourd'hui disparues, à l'architecture et à la décoration soignées. Il existait alors dix stations, distantes d'environ trois cents mètres et les trains, formés de wagons en bois peints en jaune, parcouraient la ligne en dix minutes. Ce chemin de fer souterrain du Millénaire (*Millenniumi Földalatti Vasút*) éveilla l'admiration des étrangers : « Signalons notamment l'élégant tramway électrique, si confortablement organisé sous l'avenue Andrássy et que nos conseillers municipaux, qui sont allés aux frais de la ville de Paris visiter l'Exposition de Budapest, auraient bien dû étudier sur place pour nous en faire profiter. »[1]

Buda a joué un rôle important dans la réussite des fêtes du Millénaire. Délaissé par la municipalité depuis des années, l'ancien château royal est rénové et agrandi. En 1870, Miklós Ybl avait déjà ajouté un « Bazar » sur les quais du Danube, puis un kiosque aménagé en café (et aujourd'hui reconverti en casino), qu'il installa en bordure d'une allée menant au château. Après la mort de Ybl en 1891, Alajos Hauszmann continua les travaux en se consacrant surtout aux bâtiments du château ; la partie centrale, surmontée de la coupole, est son oeuvre. Toujours à Buda, l'architecte Frigyes Schulek restaura l'église paroissiale Notre-Dame, qui prit le nom du roi Mathias (*Mátyás templom*). Schulek, élève de Friedrich von Schmidt, est le Viollet-le-Duc hongrois. Adoptant un « style transitoire roman-gothique primitif », il détruisit les maisons qui étaient accolées à l'église et dessina un parvis et une place. Les paroisses catholiques de la ville ne purent financer l'entreprise et l'absence de crédits ralentit les travaux, mais ils

---

[1] Jehan de Witte, 1897, *En Hongrie*, Paris.

furent achevés à temps pour que l'église puisse abriter dignement les cérémonies du Millénaire.

Les fresques glorifiant les grandes figures de l'histoire chrétienne de la Hongrie sont l'oeuvre des peintres historicistes qui ont laissé leurs noms dans tous les bâtiments de la ville : Károly Lotz, Gyula Benczúr et Bertalan Székely. Pour couronner les travaux du Millénaire, Schulek imagine à l'arrière-plan un rideau de scène pour la statue de Saint-Étienne : le Bastion des pêcheurs. Construite entre 1899 et 1905, cette promenade, formée de galeries couvertes et de tours crénelées, offre un point de vue unique sur la ville. Du haut de ces murailles factices Budapest, ville moderne et prospère, s'affirmait simultanément capitale d'un État sûr de lui et volontiers dominateur[1].

Prague et Paris : des relations très politiques

Lieu de la lutte politique entre Allemands et Tchèques, le conseil municipal de Prague est progressivement dominé par les seconds à partir des années 1880, au point qu'à partir de 1888 plus aucun Allemand n'y sera élu. Non contents de prendre le contrôle de la capitale de la Bohême, les politiciens tchèques s'emparent également de la majorité à la diète[2]. Forts de cette position, ils sont en mesure de peser sur la politique autrichienne et ne cessent de revendiquer une adaptation des structures dualistes à leur profit ; la monarchie serait alors sur la voie de la fédéralisation, ce que l'empereur se refuse à accepter. Les Tchèques dénient dès lors aux Allemands leur droit au *Landespatriotismus*, c'est la fin de ce que l'on appelle l'utraquisme tchèque, qui faisait des Allemands et des Tchèques des compatriotes en Bohême-

---

[1] Catherine Horel, *Histoire de Budapest, op. cit.*, p. 193.
[2] Bernard Michel, 1998, *Histoire de Prague*, Fayard, Paris p. 267.

Moravie. Acteur principal de cette confrontation, la ville de Prague se tchéquise de plus en plus : en 1892, un arrêt du conseil municipal met fin au bilinguisme des plaques des rues qui sont désormais libellées en tchèque uniquement. Après la scission de l'université en 1882, le monde culturel pragois se polarise encore davantage, les associations également, l'espace public même se scinde entre promenades, cafés, restaurants et bals tchèques et allemands. Dans le même temps, le poids démographique des Allemands décline, en raison d'une part de l'augmentation de l'âge au mariage et de la baisse de la fécondité, d'autre part de l'afflux d'ouvriers tchèques qui viennent s'embaucher dans les nouvelles industries de la capitale. Mais contrairement à Budapest, où les Allemands se sont assimilés très vite, faute notamment de passé territorial comparable à celui de leurs compatriotes de Bohême, ils résistent à Prague et contribuent à donner de la ville au début du XXe siècle une image contrastée : statistiquement, il y a moins d'habitants allemands à Prague qu'à Budapest, or ces derniers sont quasiment invisibles socialement, tandis que les Allemands de Prague donnent encore le ton dans certains domaines, notamment en matière culturelle et économique.

Maîtres dans leur cité et à la diète, les Tchèques ne jouissent cependant pas encore d'une autonomie politique semblable à celle des Hongrois ni même des Croates ou des Polonais de Galicie ; ils demeurent un pays héréditaire de la monarchie autrichienne. Hostiles aux Allemands d'Autriche, ils le sont encore plus aux Allemands du *Reich* et désapprouvent l'alliance des deux maisons impériales. Armés de leur dynamisme politique et de leur culture symbolisés par leur réussite à Prague, ils vont tenter d'influencer Vienne en allant chercher ailleurs des appuis qui se veulent tout d'abord intellectuels, mais pourraient devenir politiques. Il n'est pas encore question d'indépendance, mais d'un rééquilibrage de la monarchie qui respecterait le droit des nations historiques. Ce droit de la Bohême, il faut le populariser et le faire entendre : Paris s'impose d'emblée comme capitale de la France républicaine et révolutionnaire, mais aussi pour sa modernité affichée en matière d'urbanisme et de créativité artistique.

À l'origine ce sont donc les artistes qui mènent le mouvement ; ils sont familiers depuis longtemps déjà des écoles artistiques parisiennes où nombre d'entre eux sont allés étudier. L'impressionnisme, puis le symbolisme, ont séduit le public tchèque, qui s'accoutume très bien de cette ouverture vers l'extérieur qui compense des perspectives politiques sans issue. Le relais artistique est transmis au sport, qui connaît alors un grand essor et rencontre cette fois la cause nationale tchèque par l'intermédiaire du mouvement du *Sokol* (faucon), association gymnique rapidement transformée en rassemblement national. Le mouvement sportif français était né après 1870 du traumatisme de la défaite et il était animé par l'esprit de revanche. L'annexion de l'Alsace-Lorraine avait été condamnée par un vote de la diète de Bohême ; il n'en fallait pas plus pour sceller des liens entre les deux groupes qui prirent l'habitude de se rencontrer à partir de 1889. Des délégations françaises participent régulièrement aux *Slet* (congrès) et les Tchèques se rendent à plusieurs reprises en France lors de fêtes semblables[1].

S'appuyant sur le *Sokol*, la municipalité de Prague se lance dans une véritable politique de relations extérieures, pionnière pour l'époque, et devient selon la formule de Bernard Michel « une sorte de ministère des Affaires étrangères de la politique tchèque »[2]. Elle rencontre l'assentiment de la France, qui espère toujours affaiblir

---

[1] Pavla Horska, 1990, *Prague-Paris*, Orbis, Prague p. 74.
[2] Bernard Michel, *Histoire de Prague, op. cit.*, p. 282.

l'alliance austro-allemande et voudrait voir l'Autriche-Hongrie se séparer de l'Allemagne. Le gouvernement français prend deux initiatives importantes en 1897 : l'ouverture d'un consulat à Prague, dont les attributions il est vrai sont surtout économiques et visent à permettre une percée française dans l'industrie tchèque ; l'implantation dans plusieurs villes tchèques de l'Alliance française, fondement de la francophonie et de la francophilie tchèques, vivaces jusqu'en 1938. Mais la France n'est pas seule et le poids et l'influence de Prague ont suscité l'ouverture d'autres consulats, qui restent cependant étrangers aux conflits politiques.

Si les Tchèques regardent vers Paris, ils sont également attirés par le néo-slavisme et la solidarité slave, mais celle-ci se manifeste essentiellement sur le plan financier et industriel. Les relations entre les villes de Paris et de Prague demeurent une exception et au vu de leur régularité ; on peut même parler d'une tradition, non exempte d'arrière-pensées diplomatico-politiques. Mais la mairie de Paris ne parle pas au nom de la France et elle lui fait même du tort, car une grande partie des délégués qu'elle envoie ou qui se rendent spontanément à Prague sont des représentants de la droite nationaliste française mus par un anti-germanisme violent, souvent accompagné d'antisémitisme, que les Tchèques ne perçoivent pas, feignent de ne pas voir ou parfois approuvent.

Les résultats concrets de cette diplomatie parallèle furent alors négligeables, ils fondèrent néanmoins dans les deux pays des relations durables, surtout intellectuelles, renforcées par la pénétration de la francophonie. Prague séduisit des générations de créateurs français et donna naissance en France à un mythe entretenu par de nombreux artistes ayant fait un séjour sur les bords de la Vltava ; à cet égard on a donc bien affaire à la naissance d'une diplomatie culturelle, qui allait mûrir dans l'entre-deux-guerres et dont les fruits amers allaient être récoltés en 1938.

Souveraineté nationale et diplomatie municipale

En 1918, les deux capitales se retrouvent à la tête de deux États souverains, mais leur situation est bien différente, presque à l'opposé de la période précédente. La Hongrie est dans le camp des vaincus, Budapest ne représente plus la modernité, l'urbanisme audacieux et la suprématie magyare : elle est tout à la fois stigmatisée comme ayant été une « prison des peuples » avant 1918, un foyer bolchevique après la révolution de 1919 et le siège du pouvoir réactionnaire de l'amiral Horthy à partir de 1920. Cela fait beaucoup pour une seule ville, d'autant que le régent qui s'y installe en novembre 1919 la considère comme une « pécheresse », coupable justement de trop de modernité, de dynamisme et de cosmopolitisme et lui dénie dans un premier temps la fonction de représenter la Hongrie. Prague, quant à elle, jubile. Capitale de la Tchécoslovaquie, elle règne sur un État théoriquement binational mais en fait dominé par l'élément tchèque dont elle est l'ambassadeur cette fois pleinement accrédité. Durant tout l'entre-deux-guerres, une quasi adéquation s'instaure entre la volonté étatique tchèque et la municipalité de Prague.

À Budapest en revanche, on remet en vigueur une vieille pratique médiévale d'opposition entre le château et l'hôtel de ville, que l'on retrouve d'ailleurs à Vienne. D'un côté comme de l'autre, la ville est un enjeu bien compréhensible puisque l'importance historique, culturelle et économique de Budapest en fait un outil que chaque camp veut s'approprier pour étayer son discours politique. Les élections de 1926 écartent définitivement la gauche du pouvoir ; l'opposition persiste néanmoins et se manifeste par l'intermédiaire de sa presse et des parlementaires sociaux-démocrates ; en revanche, le parti communiste est contraint à la clandestinité.

Le gouvernement instaure un « délit de presse », mais dans la pratique les journaux prolifèrent et bientôt la censure est levée : la radio, qui émet à partir de 1925, n'est pas inféodée au régime. Voulant s'assurer une plus grande marge de manoeuvre, le gouvernement hongrois réduit l'autonomie des comitats et des villes, notamment à Budapest où l'opposition est la plus forte, puisqu'en 1925 près de la moitié du conseil municipal appartenait à la social-démocratie. Quatre ans plus tard, le pouvoir fait voter une loi qui, sous prétexte de moderniser une administration sclérosée, vise surtout à implanter plus largement les partis de la coalition gouvernementale dans la municipalité ; dans le même esprit, quatre nouveaux arrondissements sont créés en 1930 (XIe, XIIe, XIIIe et XIVe).

Avec le retour d'une atmosphère plus détendue à la fin des années 1920, qui voient aussi un certain essor économique, les autorités municipales découvrent les bienfaits du tourisme. La ville recommence le jeu de séduction appris lors des fêtes du Millénaire et se pare de lumière en illuminant ses ponts et le bastion des pêcheurs : c'est à partir de 1937 que le *Lánchíd* (pont des chaînes), éclairé de milliers de petites ampoules, devient le symbole de Budapest. Un bureau municipal du tourisme s'ouvre dans le centre de Pest, qui édite plans et guides en plusieurs langues. Les visiteurs affluent, surtout l'été, attirés hier comme aujourd'hui par le site, les bains, le patrimoine architectural et culturel. Ils se chiffrent par dizaines de milliers. Derrière la démarche touristique se cache une intentionnalité politique qui veut séduire par delà les simples visiteurs : depuis 1921, le régime s'est considérablement stabilisé et libéré des excès de la réaction consécutive à la république bolchevique.

La Hongrie a reconquis une audience internationale, est entrée à la SDN, et la reprise économique sensible dès 1928 doit autant au génie national qu'aux prêts consentis par la France et la Grande-Bretagne. Le gouvernement du comte István Bethlen est certes toujours mû par l'argumentaire révisionniste, mais ce dernier est devenu plus discret et plus subtil.

Prise au piège d'un système d'alliances élaboré contre elle dans l'immédiat après-guerre, la Hongrie ne se jette pas la tête la première dans les bras de Mussolini et de Hitler et maintient de bonnes relations avec les Occidentaux afin de les convaincre de la validité de sa cause. Malgré l'aversion qu'il éprouve pour elle, le régent Horthy met Budapest au service de sa politique. On aboutit au paradoxe d'une capitale officiellement décriée par l'idéologie dominante, et qui pourtant sera favorisée par le régime. L'élan urbanistique des années 1870-1890 est certes révolu, mais l'entre-deux-guerres n'est pas synonyme de stagnation et l'audace architecturale est bien présente. Dans le même temps, la relative souplesse des autorités permet à la ville de continuer à représenter la modernité de la pensée et l'avant-garde artistique hongroise, elle est donc à la fois un ambassadeur contre son gré du pouvoir central, contrairement à la situation vécue au XIXe siècle, mais aussi un foyer de création indépendante, ce qui la place dans la continuité.

Pour les Tchèques et les Slovaques, Prague représentait avant 1918 une idée, celle de l'union de ces deux peuples slaves ayant conquis leur souveraineté, et une réalisation concrète, celle d'une cité moderne, métropole culturelle ambassadeur de la créativité slave dans tous ses aspects. Au lendemain de l'indépendance, Prague perd en quelque sorte une dimension au fur et à mesure que les Slovaques découvrent, et rejettent dans une certaine mesure, le centralisme tchèque.

Habitués à se rendre à Vienne et à Budapest, certes l'une allemande et l'autre hongroise, mais plus proches de Bratislava que de Prague, ils ne se reconnaissent pas automatiquement dans le message délivré par la capitale tchèque dans lequel ils identifient volontiers un complexe de supériorité. Prague se trouve en effet prise entre sa tradition de modernité et d'ouverture, et un certain repli consécutif à l'indépendance. Selon l'enseignement du président de la République Thomas G. Masaryk, on veut être à la fois international et tchèque, mais des réflexes nationaux se font parfois jour.

À la tête de la Petite Entente, la Tchécoslovaquie poursuit une politique très anti-allemande qui fait de Prague un refuge pour tous les intellectuels exilés d'Allemagne puis d'Autriche : la ville les accueille avec générosité et leur permet de continuer leurs activités auxquelles elle donne une grande publicité. Les échanges avec les autres métropoles, et notamment Paris, se poursuivent régulièrement, mais elles ont perdu une partie de leur signification d'avant 1918 et se contentent de perpétuer les liens intellectuels et sportifs. Certaines raideurs apparaissent cependant : l'architecte slovène Joze Plečnik, appelé par Masaryk pour moderniser le château de Prague, siège de la présidence de la République, finit par choquer les Pragois par ses propositions radicales et il est l'objet dans la presse d'attaques aux relents xénophobes qui le poussent à quitter la ville.

Les deux capitales sont malmenées par la Seconde Guerre mondiale, mais à des degrés très divers : Prague « redevient » allemande le 15 mars 1939, ce qui fait d'elle la capitale du Protectorat de Bohême-Moravie instauré par les Allemands. Elle perd toute signification diplomatique et sert uniquement de plate-forme aux occupants pour exploiter les richesses du pays.

Elle devait néanmoins revêtir une fonction culturelle dans le délire des nazis et servir après la guerre et la victoire allemande de conservatoire du judaïsme éradiqué d'Europe : les sites et le quartier juif de Josefov auraient ainsi été transformés en une sorte de *Judenland* et les objets enlevés dans les synagogues détruites auraient constitué la base d'une reconstitution macabre d'un monde disparu. Épargnée par les combats, la ville sort indemne de la guerre. Le sort de Budapest a été tout à fois plus enviable et pire que celui de Prague ; malgré son alliance avec le *Reich* allemand et les gains de territoire qu'elle lui doit, la Hongrie réussit à se déclarer neutre en 1939 et n'entre finalement en guerre contre la Yougoslavie qu'en avril 1941. Jusqu'à cette date, elle reste une capitale refuge pour les opposants au nazisme et continue à exister sur le plan international avec ses attractions, ses foires, ses événements sportifs, auxquels toute l'Europe participe. Exaspéré par les valses hésitations du régent et les tentatives de paix émanant du gouvernement hongrois, Hitler fait envahir la Hongrie le 19 mars 1944 ; pour accélérer le retournement des Hongrois, les Alliés avaient entre temps commencé à bombarder Budapest. L'occupation allemande et les combats de l'hiver 1944-1945 ravagent la ville et détruisent une grande partie du patrimoine historique.

Les communistes se méfient de l'autonomie municipale et des initiatives que pourraient prendre des élus pluralistes. Dans les deux cas, il ne sera plus question de diplomatie municipale tant que durera la mainmise du parti unique ; la ville est entièrement au service de l'État et donc du parti et elle ne peut avoir d'autres objectifs que ceux assignés par lui. Le patrimoine ancien est stigmatisé pour son caractère bourgeois et aristocratique, ou bien dénigré comme émanation d'une influence étrangère. Les fonctions urbaines cessent d'être représentatives pour devenir essentiellement administratives et utilitaires ; les notions de beau et de modernité qui avaient prévalu dans les deux villes ne sont pas jugées nécessaires à la construction du socialisme.

La révolution de 1956 et le Printemps de Prague ont bien d'autres enjeux que ceux de la politique municipale, ils visent surtout à l'introduction du pluralisme en Hongrie et au respect du citoyen en Tchécoslovaquie, ce qui aurait immanquablement débouché sur un retour à l'identité spécifique des deux capitales. Dans la courte période de dégel précédant 1968, la ville de Prague se manifeste d'ailleurs par certaines initiatives impensables jusqu'alors, notamment grâce à l'action des musées qui prennent des contacts avec le monde occidental ; c'est le cas du musée juif, qui prête ses trésors pour des expositions temporaires. À Budapest également, ce sont les grands musées (musée des Beaux-Arts, musée national, Galerie nationale) qui vont pendant la période communiste servir d'ambassadeurs, au travers des expositions et des voyages de leurs personnels. À de très rares exceptions, la diplomatie culturelle est assurée par ces acteurs, secondés parfois par des auxiliaires comme la troupe du théâtre József Katona de Budapest qui se produit à Paris et accueille la Comédie-Française.

À Budapest, les changements commencent à se faire sentir dans les années 1980. Dès 1981, la ville a créé une commission d'assainissement pour empêcher que des immeubles présentant une valeur architecturale ne disparaissent sous les coups des bulldozers ; deux ans plus tard, soucieuse de surveiller la restauration des bâtiments et de commencer à rénover les autres, elle a constitué l'Association pour l'embellissement de la ville ; comme son ancêtre, la Commission d'embellissement du XIXe siècle, elle peut faire appel au mécénat privé, ce qui est une véritable révolution dans un pays communiste. On s'intéresse à nouveau au touriste et l'illumination du château royal et du

Lánchíd, jusque là limitée aux jours de fête, se prolonge désormais tout l'été.

À Prague en revanche, le tourisme semble considéré comme un mal nécessaire que l'on évite d'encourager. Bénéficiant de la croissante libéralisation du régime, Budapest retrouve ses automatismes de séductrice, les grands hôtels du *corso* sont achetés par des chaînes internationales, la construction du *Hilton* à côté de l'église Mathias occupe les conversations pendant des mois et le premier *Mc Donald's* ouvre en centre ville en 1986. Les voies piétonnières sont développées et des magasins franchisés de marques occidentales s'y installent, l'ancien salon de thé Gerbaud, étatisé par le pouvoir, est restitué à la famille et reprend son nom d'origine.

D'une année sur l'autre, des signes bien tangibles de la transition apparaissent. À la veille de 1989, la télévision hongroise a diffusé une série documentaire consacrée aux trésors de Budapest. Les habitants ont ainsi découvert qu'à quelques pas de chez eux, parfois même dans leur propre immeuble, se cachaient des escaliers néoclassiques, des façades *Art nouveau*, des lampadaires, des vitraux, ou encore des mosaïques *Art déco*. Chaque émission révélait la beauté de la ville, dissimulée derrière des murs lépreux, à travers des carreaux cassés, dans des cours sombres où flottent les odeurs de paprika et d'oignon frit.

Ces reportages ont appris aux Hongrois à ne plus avoir honte des ruines et donc joué un rôle dans la redécouverte de la mémoire et dans la renaissance de l'identité de Budapest. Prague ne bénéficia pas de cette évolution en douceur, ce qui est une des raisons de l'explosion de la ville après 1989 : restaurations accélérées, frénésie touristique et commerce de pacotille en seront les conséquences inévitables.

Depuis 1989 : continuité et nouveau message

Au lendemain de la chute du régime communiste, les deux villes ont retrouvé leur légitimité politique, le pluralisme rétabli a permis que se reconstruise une démocratie municipale et les hôtels de ville sont redevenus des acteurs indépendants. Mais dès 1987, le gouvernement hongrois avait envisagé d'organiser à Budapest une exposition universelle, en coopération avec Vienne. On redécouvrait alors l'Europe centrale, les milieux intellectuels de ces pays affichaient leur nostalgie pour l'empire austro-hongrois et Vienne devenait l'objet d'un grand engouement, partagé par l'Ouest. L'association avec la capitale autrichienne aurait sans doute permis de montrer la spécificité de la Hongrie dans le monde communiste et son attachement à l'Europe occidentale. Mais l'Autriche se retira et le gouvernement hongrois déposa seul sa demande pour 1995. Les changements politiques retardèrent l'exposition. À cette occasion la ville, avec le soutien de l'État, projetait d'entreprendre des travaux considérables pour moderniser ses infrastructures, tandis que les historiens entreprenaient de tracer des parallèles avec la situation de la Hongrie en 1896.

Malgré d'indiscutables ressemblances, la comparaison s'avéra rapidement hasardeuse : à l'aube du XXIe siècle, la Hongrie n'est pas en position de force et ne donne pas une image triomphante d'elle-même ; aux prises avec de nombreuses difficultés, elle doit réinventer un modèle politique et social, mais aussi adapter son économie et son droit pour acquérir sa place dans l'Union européenne et dans l'Otan. Prenant en compte le poids des obstacles, et surtout son coût, le gouvernement et les parlementaires finirent par renoncer à l'exposition. En revanche, les mille cent ans de la Hongrie ont été dignement fêtés et les manifestations organisées dans la capitale ont permis de montrer aux étrangers, comme en 1896, l'image d'une ville dynamique tournée vers la modernité.

Prague partage cette image de modernité et, plus encore que Budapest, d'occidentalisme : tout Pragois rencontré par hasard ne manquera pas d'affirmer après quelques minutes de conversation que sa ville se trouve à l'Ouest de Vienne et donc plus proche de Paris… Dès les premières années de la transition, les deux villes ont poursuivi, dans le cas de Budapest, et repris, pour Prague, leur tradition de contacts avec l'Occident. Les appels d'offre des municipalités pour d'importants chantiers ont souvent été remportés par des architectes étrangers et certains grands travaux ont été confiés à des entreprises françaises. L'apport du capital étranger a permis de restaurer des bâtiments emblématiques, de doter les musées et les galeries, de redonner aux deux villes leur statut de métropole. Mais l'essentiel de la diplomatie culturelle est dirigé vers l'activité touristique dont les retombées permettent à leur tour de financer de nouvelles opérations d'urbanisme ou d'amélioration des infrastructures. Les offices de tourisme sont présents dans tous les salons internationaux, les municipalités participent en outre aux principales manifestations culturelles européennes (salon du livre de Paris, foires du livre de Francfort et Bologne, fête de la musique, nuit des musées, etc.).

La communication touristique se traduit en revanche par un discours spécifique selon les villes : comme dans les années 1930, Budapest met l'accent sur son site classé au patrimoine mondial de l'UNESCO, ses eaux thermales, mais aussi et cela est plus nouveau, sur le passé habsbourgeois personnifié par la reine Élisabeth, les cafés, la vie musicale, l'architecture, le tout enveloppé dans un argumentaire légèrement nostalgique et contredit par le message de la modernité de l'accueil et des commodités ménagées aux visiteurs. Prague pratique aussi l'exaltation du passé, mais de façon plus nationale afin de montrer la continuité du génie tchèque en opposition aux puissances étrangères. Il faut bien cependant reconnaître l'apport considérable de Charles IV de Luxembourg, empereur germanique, et du baroque, oeuvre de la Contre Réforme longtemps décriée sous la Première république. Les édiles sont incontestablement plus à l'aise avec le renouveau national tchèque, l'art nouveau et le cubisme qui reste un témoignage unique à Prague. La galerie de personnages, ambassadeurs de ce discours, comprend outre Charles IV, Libuše, le Rabbi Löw et son *Golem* et surtout Franz Kafka, déclinés selon tous les modes par les marchands du temple qui ont envahi la ville.

Durant les quinze années qui ont précédé l'entrée de la Hongrie et de la République tchèque dans l'Union européenne, les deux capitales ont retrouvé leur fonction de représentativité afin de présenter un visage acceptable pour les négociateurs de Bruxelles. Elles s'en sont acquittées sans mal et ont même à leur corps défendant fait figure d'arbres cachant la forêt : elles sont toutes deux les vitrines de leur nation. Mais malgré cette identification, Budapest n'est pas la Hongrie et Prague ne représente pas toute la Bohême-Moravie. Ce déséquilibre est ancien et il est certainement le principal problème des années à venir. Depuis le XIXe siècle, la capitale est la vitrine du pays ; c'est là aujourd'hui encore que tout se fait : les études, les carrières, la vie intellectuelle, l'édition, la presse, l'économie et la finance ; le taux de chômage y est le plus bas du pays ; elle concentre la majorité des diplômés de l'enseignement supérieur et l'essentiel de la recherche scientifique ; enfin, elle attire l'écrasante majorité des investisseurs et des touristes. Depuis la transition démocratique, le rôle de Budapest s'est encore accentué et la ville entraîne le pays.

Ce qui est pour le moment un atout risque, à la longue, de devenir un handicap ; les représentants de l'Union européenne n'ont pas été dupes : l'excellente image dont la Hongrie bénéficie à l'étranger est essentiellement due à la séduction qu'exerce la capitale, mais la province montre des signes flagrants de retard et surtout d'inadaptation des structures. En quelques années, Budapest, qui était déjà en avance sur les autres capitales du bloc soviétique, a creusé un fossé entre elle et les villes d'Europe orientale ; à tous points de vue, Budapest, mais aussi Prague, semblent beaucoup plus éloignées de Sofia, par exemple, que de Paris. Les projets de réhabilitation et de construction sont nombreux : on se préoccupe maintenant de problèmes d'environnement et de maîtrise de la circulation automobile et les équilibres régionaux ont été modifiés mais sans entamer en rien la suprématie des deux capitales.

Les enjeux diplomatiques du festival de Salzbourg

AMÉLIE CHARNAY

Outre-Rhin, durant l'été 2003, la chaîne de télévision *ZDF* et le journal *Bild* engagent leur public à élire les dix plus grands hommes allemands parmi 300 noms proposés. Dans la liste, Mozart figure en bonne place. De quoi provoquer en Autriche un vif émoi, aussitôt exploité par le quotidien populaire *Kronen-Zeitung* qui titre alors : « *Les Allemands veulent notre Mozart !* » dans son édition du 7 août. Au-delà de l'anecdote, il faut souligner que si les Autrichiens considèrent Mozart comme l'un de leurs compatriotes, l'image de l'Autriche est aujourd'hui associée dans le monde entier à celle du compositeur. Pourtant, né à Salzbourg et mort à Vienne, Mozart était et se revendiquait Allemand. Seulement ce mot ne signifie aujourd'hui plus la même chose qu'au XVIIIe siècle sous le Saint Empire Romain Germanique. L'idée d'un Mozart autrichien est une construction du XXe siècle, associée à l'exaltation d'un passé musical prestigieux et au développement du stéréotype d'un pays mélomane. Des notions entretenues grâce à diverses institutions (*Wiener Sägnerknaben*, *Wiener Philharmoniker*, *Wiener Staatsoper*) et au culte de certains compositeurs (les grands classiques tels que Mozart, Beethoven et Schubert ; les rois de la valse avec en tête la famille Strauss).

Nul doute que le festival de Salzbourg a également contribué à enraciner cette idée. Aboutissement d'un mouvement de mémoire autour de Mozart initié depuis 1842, l'association *Festspielhaus-Gemeinde* est fondée en juin 1917 par Friedrich Gehmacher, assureur salzbourgeois, et Heinrich Damisch, journaliste viennois. Leur but est de faire construire un palais des festivals abritant chaque année des réjouissances musicales célébrant le fils prodige de Salzbourg. Le metteur en scène Max Reinhardt et l'écrivain Hugo von Hofmannsthal s'imposent vite comme conseillers artistiques, rejoints par Richard Strauss, Franz Schalk et Alfred Roller. Les cinq hommes étendent le festival à d'autres auteurs ainsi qu'à l'art dramatique et à la danse, et organisent la première édition du festival en 1920. Si Hofmannsthal et Reinhardt y trouvent une occasion de s'épanouir artistiquement, ils sont surtout animés d'un double idéal : faire œuvre de paix en Europe après la guerre fratricide de 1914-1918, et unir les Autrichiens à la suite du démembrement de l'Empire et de la fin de la dynastie des Habsbourg, alors qu'il n'existe pas de sentiment d'identité nationale.

La tenue annuelle et estivale d'un festival est alors loin de faire l'unanimité au lendemain de la Première Guerre mondiale, en raison de la situation économique désastreuse de la nouvelle Autriche républicaine. Mais en attirant peu à peu élites et médias internationaux, la manifestation gagne une audience inespérée et devient par conséquent l'objet d'enjeux diplomatiques. Quel rôle diplomatique a ainsi pu tenir indirectement le festival de Salzbourg ? Y a-t-il eu des tentatives de récupération politique ? La création du festival en 1917 devance d'une année l'établissement de la première république en Autriche, mais son développement est lié à celui du régime jusqu'en 1938. Salzbourg et son festival passent ensuite sous la domination nazie avec l'Anschluss, avant d'être administrés par les Américains de 1945 à 1955.

Salzbourg, fleuron de la nouvelle Autriche républicaine ?

1917-1925, les débuts difficiles du festival

Entre l'hostilité de la population et l'indifférence des élus locaux, les organisateurs peinent à imposer le festival de

Salzbourg durant les premières années. La première édition se tient en août 1920, composée de seulement quelques représentations du drame *Jedermann* de Hofmannsthal. La situation économique de l'Autriche est alors catastrophique et la création d'un festival paraît un luxe superflu au regard d'une misère et d'une inflation exponentielles. La population se sent peu concernée par ces festivités et trouve dans les festivaliers un bouc émissaire idéal de la montée des prix. Dans ce contexte, les élus locaux ne se battent pas pour défendre le festival, tandis que le gouvernement central reste plutôt indifférent. Non sans habileté, la direction du festival met en avant des arguments économiques pour justifier l'existence de la manifestation. Elle affirme qu'en attirant les touristes, le festival enrichira la ville, le Land et même le pays entier. En témoigne la formule d'un prospectus pour adhérer à l'association *Festspielhaus-Gemeinde* : « *Favorisez la reconstruction de l'Autriche, pour laquelle le festival de Salzbourg sera un facteur durable très important !* » (Archiv der Salzburger Festspiele). Cette thèse trouve à partir de 1922 son principal soutien auprès du *Landeshauptmann* (président du Land) chrétien-social Franz Rehrl, réélu jusqu'en 1938. Il sait que Salzbourg est un *Land* pauvre et agraire qui a manqué la révolution industrielle et il a compris que le tourisme est devenu le moteur de sa modernisation autour des années 1880. Rehrl fait le pari que le festival peut sauver Salzbourg de la misère.

L'idéal fixé par Hofmannsthal et Reinhardt est de faire de Salzbourg un festival international. Cet objectif est vite renforcé par des impératifs budgétaires. L'association ne trouve en effet sa principale source de financement que dans les cotisations des adhérents et dans les recettes des représentations. L'appel à de généreux bienfaiteurs étrangers paraît vite indispensable, d'autant plus que la construction d'un palais des festivals est toujours à l'ordre du jour. Reinhardt, Strauss, Hofmannsthal et Schalk jouissent déjà à cette époque d'une renommée internationale qu'ils mettent à contribution pour faire connaître le festival dans le monde. Au premier rang des cotisants durant ces premières années se distinguent tout d'abord des Autrichiens, des Allemands, mais également des Hongrois et des Tchèques. C'est à partir de 1921 qu'apparaissent les premiers Suédois, Américains, Français, Italiens, Suisses et Anglais. Les plus gros donateurs sont des industriels, des aristocrates et des commerçants locaux. Mais le festival de Salzbourg reste en perpétuel déficit pendant l'entre-deux-guerres et voit chaque année la tenue de ses éditions menacée pour des raisons financières. En revanche, les efforts destinés à conquérir un vaste public étranger sont finalement vite couronnés de succès dès 1925.

1925-1933, la reconnaissance internationale

1925 marque le début d'une attraction croissante du festival de Salzbourg, qui devient un événement culturel international incontournable. En témoignent ces quelques phrases de Stefan Zweig, habitant de Salzbourg : *« Dans les hôtels, on se battait pour obtenir une chambre. Le défilé des automobiles qui se rendaient au palais des festivals était aussi fastueux que celui des anciens bals de la cour. La gare était toujours inondée de visiteurs (...) C'est ainsi que dans ma propre ville, je vivais tout à coup au centre de l'Europe »* (Zweig, 1998 : 405). Le festival est réorganisé à partir de 1924 et assaini financièrement par l'entremise de Rehrl. À cette occasion, des élus et des commerçants locaux entrent en force dans la direction. Rehrl en profite également pour lancer des grands travaux nécessitant une main d'œuvre nombreuse, permettant de faire embaucher des chômeurs du Land. Ainsi, en 1925, pas moins de 33 entreprises et de 1 200 ouvriers de Salzbourg travaillent à la construction du palais des festivals. Par ailleurs, le ministère des Affaires étrangères exige, à la demande du festival en 1927, que les ambassades autrichiennes soutiennent officiellement la manifestation et en assurent la promotion à l'étranger. Un réseau qui s'avère très efficace pour augmenter la fréquentation.

En 1926, Hofmannsthal s'efforce de créer un cercle de personnalités internationales patronnant le festival. Il constitue ainsi une liste éclectique de près de soixante-dix noms réunissant aristocrates, hommes politiques, artistes ou encore figures du monde de la finance et des affaires comme Maurice Ravel, Paul Painlevé, la famille Rothschild de Vienne et Thomas Mann. Fleurissent également à partir de 1930 des associations d'échanges culturels avec l'Autriche et Salzbourg qui soutiennent le festival, comme le London Salzburg Club, les Amis de Salzbourg de Bruxelles et l'Association mozartienne Paris-Salzbourg. Aussi, lorsque Hofmannsthal meurt en 1929, le festival bénéficie de suffisamment de soutiens et d'aura pour lui survivre. L'atout majeur du festival réside dans sa programmation lyrique qui met en valeur les artistes les plus courus de l'époque. Les chefs d'orchestre d'alors se nomment Bruno Walter, Wilhelm Furtwängler, Richard Strauss et, plus tard, Arturo Toscanini. La musique possède en outre l'avantage de ne pas poser de problème de compréhension de langue étrangère, contrairement aux pièces de théâtre. Devant ce succès, la couverture médiatique du festival se développe. Dès 1925, plus de cinq cents journaux étrangers sont représentés à Salzbourg pour l'ouverture du festival et, à partir de 1927, des centaines de radios retransmettent certains concerts en Europe et aux États-Unis.

Quant à la répartition des festivaliers par nationalité, elle réserve quelques surprises si l'on veut bien se contenter des quelques indices statistiques qui subsistent. Dans les années 1920, les Autrichiens représentent environ 35 % des visiteurs et les Allemands 45 %. Le reste étant constitué de Tchécoslovaques, Hongrois, Anglais, Français, Belges, Hollandais, Américains, Norvégiens, Suédois et Yougoslaves.

On peut noter la présence de festivaliers venant de tous les continents : certains viennent d'Australie, du Brésil, d'Égypte, et de Palestine. Mais les plus remarqués sont les Japonais, les Chinois et les Indous, présents certes en très petit nombre. Après la crise de 1929, la part des visiteurs étrangers augmente de façon telle qu'elle représente 80 % du total des festivaliers en 1932. Un changement qui n'échappe d'ailleurs pas au *Landeshauptmann* qui a l'idée, en 1926, de créer une taxe sur les entreprises du Land pour alimenter un *Fremdenverkehrs-förderungsfond* (Fond pour la promotion du tourisme) finançant notamment le festival.

Cette internationalisation du festival s'accompagne d'un engouement mondain teinté de snobisme. Les lieux incontournables investis par la haute société internationale sont les trois palaces de la ville – l'Österreichischer Hof, l'Hôtel de l'Europe et le Bristol – et les cafés Tomaselli et Bazar. S'y déploient de plus en plus d'aristocrates anglais et d'hommes d'affaires américains qui rêvent d'être invités aux soirées organisées par Max Reinhardt dans son château du Leopoldskron. Écho de ce faste, on peut lire par exemple cette anecdote à propos d'une nièce de Rockefeller : « *Elle est venue à Salzbourg avec deux automobiles, quatre femmes de chambre et trente valises, elle loge à l'Hôtel de l'Europe dans une suite de 8 à 10 chambres* » (*Die Stunde*, 21/08/1926). Fantasmé ou pas, ce luxe ostentatoire ne manque pas de contraster avec la pauvreté des habitants, toujours hostiles aux étrangers et qui subissent de plein fouet les conséquences économiques de la crise de 1929. Les plus velléitaires sont les membres d'organisations antisémites et xénophobes, qui cristallisent leur haine des Juifs et des étrangers sur le festival. Deux journaux s'illustrent particulièrement par leur violence : le *Volksruf* (Le Cri du peuple), organe du parti national-socialiste, et *Der eiserne Besen* (Le Grand coup de balai), organe de l'*Antisemitenbund* (Union antisémite).

Leurs chroniqueurs s'y répandent en insultes contre le festival et s'acharnent particulièrement contre Max Reinhardt, qui est Juif. Mais ce type de journaux disparaît à la suite de l'interdiction du parti national-socialiste par le gouvernement autrichien en 1933. Les nazis autrichiens entrent alors dans la clandestinité et s'engagent dans une lutte terroriste, prenant notamment pour cible le festival de Salzbourg.

1933-1938 *Salzbourg contre Bayreuth*

Le festival de Salzbourg contribue à façonner une nouvelle image de l'Autriche et devient un symbole de la résistance aux nazis en 1933. Il éveille dès lors l'intérêt du gouvernement de Vienne qui tente de le récupérer au service de sa diplomatie. Parmi les mesures prises par l'Allemagne nazie contre l'Autriche en 1933, certaines compromettent directement le festival de Salzbourg. Interdiction est faite aux artistes allemands de participer aux représentations, obligeant les organisateurs à trouver des remplaçants en catastrophe. Et la taxe de 1 000 Marks imposée aux Allemands qui veulent se rendre en Autriche a des incidences désastreuses sur la fréquentation du festival. De plus, pour anticiper un manque de spectateurs prévisible, la direction se trouve obligée de dépenser davantage d'argent en publicité dans les autres pays.

Outre cette pression officielle, s'abat sur Salzbourg un harcèlement constitué principalement d'incidents à la frontière et d'avions survolant la ville avec lâchés de tracts nazis. La violence des attaques franchit un nouveau palier avec des attentats à la bombe en avril et en mail 1934 dans le palais du festival. Les attaques personnelles sont aussi de mise avec l'envoi de lettres anonymes menaçantes à des artistes juifs. Par mesure de précaution, Max Reinhardt et Bruno Walter se rendent aux répétitions escortés par des soldats à partir de 1933.

Ce qui n'empêche pas une bombe d'exploser en 1937 dans le château du Leopoldskron de Max Reinhardt alors qu'il y est présent ainsi que sa femme. Aucune victime n'est heureusement à déplorer. Face à cette situation de crise, certains artistes choisissent leur camp. Il y a des réfugiés comme Bruno Walter et Max Reinhardt, mais également des antifascistes, tels Toscanini, qui refuse d'aller jouer à Bayreuth après l'arrivée au pouvoir de Hitler. À l'inverse, Wilhelm Furtwängler, puis Clemens Krauss en 1934, prétendent ne pas faire de politique et souhaitent jouer aussi bien en Allemagne nazie qu'à Salzbourg. À cause de cela, ils trouvent en Toscanini un adversaire acharné : c'est à lui et non à la direction du festival que l'on doit leur éviction temporaire de la programmation.

Et c'est dans une ambiance de citadelle assiégée, à quelques pas seulement de Berchtesgaden, que se déroule le festival durant les étés 1933 et 1934. Les journaux rapportent qu'au premier concert de Bruno Walter qui venait de se faire expulser du IIIe Reich, la salle a longuement applaudi l'artiste quand il est entré, en signe de solidarité. Bien que l'Autriche dispose d'un régime autoritaire, elle recueille les suffrages des démocrates occidentaux en faisant figure de bastion anti-nazi. C'est dans cet esprit que bon nombre d'intellectuels européens se rendent alors à Salzbourg, qui devient un lieu de rassemblement anti-nazi, prisé notamment par Romain Rolland, James Joyce, Herbert George Wells, Ödön von Horvath, Carl Zuckmayer, Erich Maria Remarque, Paul Valéry ou encore Marguerite Yourcenar. Une solidarité intellectuelle qui n'éclipse pas le snobisme toujours grandissant des festivaliers, plus intéressés par la venue de Marlene Dietrich et Douglas Fairbanks junior que par l'avenir de l'Europe. Bastion anti-nazi, l'Autriche gagne également l'image de refuge de la culture allemande.

Une culture dont le festival de Salzbourg serait désormais l'un des derniers dépositaires. Cette idée est notamment développée dans un article de François Mauriac : *« L'Allemagne a besoin, plus qu'aucune autre nation, que l'Autriche vive. Tandis qu'en proie à ses furies, elle brûlait les bibliothèques, exilait ou torturait ses fils les plus illustres, l'Autriche les accueillait. Elle recevait en dépôt l'honneur de l'Allemagne. Ce génie que la Bavière et la Rhénanie ont renié, Salzbourg le garde et le leur rendra un jour »* (*Le Temps*, 28/08/1934).

Même la programmation en fait écho en comprenant pour la première fois en 1933 une œuvre de Wagner – *Tristan et Isolde* – ainsi que la version intégrale du *Faust* de Goethe, deux piliers de la culture allemande. C'est aussi l'époque où le *Trachten*, tenue folklorique qui s'apparente au costume tyrolien, connaît une vogue sans précédent parmi les festivaliers étrangers. À partir de 1934, les rues de Salzbourg regorgent d'Américains et d'Anglais qui déambulent en culottes courtes et bretelles, affublés d'un chapeau à plumes. Pourtant commun – avec des variantes – à la Suisse et à l'Allemagne, ce costume traditionnel devient un symbole autrichien pour les touristes, ravis de pouvoir se déguiser le temps d'un été. Face au danger des actions terroristes nazies, le gouvernement central change d'attitude à l'égard du festival : les aides financières sont en augmentation à partir de 1933, la sécurité est renforcée, et Dollfuss déclare peu de temps avant d'être assassiné en 1934 que le festival doit *« être maintenu à tout prix »* malgré la situation de crise (Protokoll der 29 Aufsichtsratsitzung der Festspielhaus-Gemeinde am 30 Jänner 1934, Archiv der Salzburger Festspiele). Le festival devient également un instrument au service de la politique étrangère du gouvernement autrichien. Une démarche particulièrement notable dans le cadre de l'intensification des relations diplomatiques entre l'Autriche et l'Italie : Dollfuss et ses collaborateurs tentent ainsi de faire imposer une pièce de

Mussolini, tandis que *Don Giovanni* est chanté pour la première fois en italien en 1934.

Par ailleurs, les Autrichiens se font un honneur de recevoir en grande pompe des visiteurs étrangers de marque, à l'image du Contre-amiral Horty, du duc de Windsor ou encore de la mère de Roosevelt. Quant aux autres pays européens, ils espèrent placer leurs artistes nationaux dans la programmation. C'est le cas de la France qui manœuvre chaque année par l'intermédiaire d'Etienne Garry, correspondant de plusieurs journaux hexagonaux en Autriche et représentante de l'Association française d'action artistique. Ultime conséquence de la politique étrangère de l'Autriche, les Allemands reviennent au festival à la suite du *Gentlemen's agreement* conclu entre Schuschnigg – le successeur de Dollfuss – et Hitler en juillet 1936. Les spectateurs peuvent même voir parader en 1937 l'ambassadeur du IIIe Reich en Autriche Franz von Papen qui prend ses quartiers d'été à Salzbourg. Mais l'Anschluss réalisé en 1938 sonne le glas de l'indépendance autrichienne et du festival de Salzbourg tel que le concevaient Hofmannsthal et Reinhardt : le 12 mars 1938, les troupes hitlériennes entrent dans Salzbourg.

De l'Anschluss au Traité d'État, un festival sous influences

1938-1945, Salzbourg vitrine de l'idéologie nazie

Les Allemands entreprennent de faire de Salzbourg un rouage important de leur propagande, mais Bayreuth reste le festival prioritaire du IIIe Reich. Les nazis déclarent vouloir « germaniser » et « déjudaïser » un festival qui aurait été perverti par des Juifs et fréquenté uniquement par des snobs. L'héritage de Hofmannsthal et Reinhardt est nié, tandis que l'importance des fondateurs de l'association *Festspielhaus-*

Gemeinde est surévaluée. Les nazis reconstruisent même l'histoire du festival, dont Wagner serait à l'origine ! Ils entreprennent également de recentrer la manifestation sur Mozart, quitte à la réduire au compositeur. L'affiche de 1938 représente d'ailleurs l'illustre musicien sous la forme d'un apollon et l'anniversaire de sa mort est préparé avec soin en 1941. En outre, Wagner est exclu de la programmation : chacun sa spécialité.

Le changement de régime apparaît également au niveau architectural. C'est Benno von Arent, protégé d'Hitler et décorateur, qui est chargé des aménagements du palais des festivals. Il obtient pour cela du Führer la somme non négligeable de 350 000 RM. Après avoir effacé quelques toponymes dérangeants, comme la *Max-Reinhardt Platz* ou le *Toscanini-Hof* à proximité du bâtiment, les fresques « décadentes » du foyer peintes par Anton Faistauer sont recouvertes, tandis que le buste de Hofmannsthal et les six génies sculptés par Jakob Adlhart sont détruits. Certains aménagements s'inscrivent dans une logique de culte de la personnalité de Hitler : une loge du Führer ainsi qu'un buste sont érigés à son effigie. Fini les lignes épurées dessinées par l'architecte Clemenz Holzmeister : la salle de spectacle est aménagée dans un style pompeux à la gloire du IIIe Reich. Hitler fait l'honneur de sa visite à deux reprises durant l'été 1939. À l'inverse du discours déployé à grands renforts de propagande, la politique artistique ne tranche pas vraiment avec la production de l'entre-deux-guerres : elle comporte même de nombreuses similitudes. La pièce *Egmont*, présentée comme l'anti-thèse du *Faust* de Reinhardt, n'est en fait que sa pâle imitation jusque dans le décor. Faut-il s'en étonner ? Le metteur en scène, Heinz Hilpert, est un ancien assistant de Reinhardt…

Quant à *Das Lamprechtshausner Weihespiel*, c'est une sorte de commémoration en plein air du putsch raté de 1934, conçue pour faire pendant au *Jedermann* de Hofmannsthal désormais interdit. Par ailleurs, les pièces de Shakespeare ou Molière que mettait en scène Reinhardt continuent d'être représentées. La permanence de la direction – le président Heinrich Puthon et l'administrateur Erwin Kerber restent à leur poste – a certainement joué un rôle dans cette continuité artistique du festival. Il n'est pas besoin d'organiser de purges : les artistes indésirables se sont réfugiés à l'étranger, tandis que ceux qui restent s'accommodent plutôt bien du nouveau pouvoir en place, même si les rivalités s'aiguisent au moment d'occuper les places laissées vacantes par les exilés. Le directeur du Mozarteum et chef d'orchestre Bernhard Paumgartner est le seul à être officiellement désavoué. Pourtant, ce n'est pas faute de bonne volonté car l'homme tente par tous les moyens de prouver ses convictions nazies.

Celui qui sait le mieux tirer profit de cette situation est Clemens Krauss, un Autrichien élève et « fils spirituel » de Richard Strauss, qui participe souvent au festival de Salzbourg pendant l'entre-deux-guerres, jusqu'à sa nomination par les nazis à la tête de l'Opéra de Berlin en 1934. Très apprécié par Goebbels, il est nommé directeur artistique du festival de Salzbourg en 1941, puis intendant général en 1942 à la dissolution de l'association *Salzburger Festspielhaus-Gemeinde*. C'est la première fois que l'administratif et l'artistique sont réunis dans les mains d'une seule personne. Autour de lui s'imposent également comme chefs d'orchestre Karl Böhm, Hans Knappertsbusch et le pianiste Edwin Fischer, aux côtés des vétérans Wilhelm Furtwängler, Richard Strauss et Franz Lehar. Malgré leur intention de « germaniser » le festival, les nazis entendent bien continuer à attirer des festivaliers étrangers. Leur nombre décroît certes en 1938, mais ils sont de retour dès 1939, avec il est vrai une sur-représentation des Hongrois et des Italiens, mais également un nombre non négligeable d'Anglais.

Cependant au fur et à mesure que la guerre progresse le festival change considérablement, car les conditions sont de plus en plus difficiles et les moyens réduits. La manifestation est alors essentiellement utilisée pour ressouder les gens face à la guerre et sert à remonter le moral des troupes. Récompense aux sacrifices pour les soldats en convalescence ou en permission présents en masse, les spectacles sont également ouverts à la classe ouvrière grâce à l'organisation *Kraft durch Freude* (la force par la joie) dépendant du syndicat unique *Arbeiterfront* (Front du travail), qui propose des billets à tarif réduit aux travailleurs. Les habitants de Salzbourg sont également incités à se rendre aux spectacles pour la première fois depuis la création du festival. Mais après l'attentat manqué contre Hitler le 20 juillet 1944, Goebbels annule tous les festivals du Reich dans le cadre de la « guerre totale ». Il faut tout le poids de Clemens Krauss pour que la générale du nouvel opéra de Richard Strauss *Die Liebe der Danae* ait lieu.

1945-1955 : reconstruction et Guerre froide

Les armées soviétiques font leur entrée dans Vienne le 13 avril 1945 et les Américains pénètrent dans Salzbourg le 4 mai suivant. Comme l'Allemagne, l'Autriche et sa capitale sont divisées en quatre zones d'occupation, mais le pays dispose tout de même d'un gouvernement démocratique. Les Américains rétablissent le festival dès le mois d'août 1945 avec les problèmes d'organisation et d'infrastructure que l'on peut imaginer dans une ville qui a été bombardée et qui doit accueillir des milliers de réfugiés dans un contexte de grande misère. L'objectif des Américains est double : faire du festival un symbole de la reconstruction de l'Autriche et un instrument de leur politique étrangère. L'organisation du festival est confiée à la *Theatre & Music Section* relevant du XVe Corps de l'*US Armee* et dirigée par Otto von Pasetti, un

Autrichien exilé aux États-Unis ayant participé à la libération de son pays natal. Il est remplacé en juin 1946 par l'écrivain Ernst Lothar.

Dans le cadre du processus d'édification d'une Autriche libre et démocratique, priorité est donnée jusqu'en 1947 à la dénazification. Mais celle-ci s'avère difficile à mettre en œuvre dans les milieux artistiques et culturels, particulièrement dans le cadre du festival de Salzbourg. Toscanini et Walter ne peuvent participer à la première édition du festival, tandis que Max Reinhardt est décédé en 1943 aux États-Unis. Or sur place, les seuls artistes disponibles et ayant un niveau artistique suffisant sont compromis. Parfois c'est toute une formation qui s'est fourvoyée pendant la guerre, à l'image du *Wiener Philharmoniker*. Contrairement au vœu des Américains, la première édition du festival en 1945 ne s'avère donc pas une démonstration anti-nazie. Un simple coup d'œil aux programmes de 1938 et 1945 suffit à le prouver : on y retrouve les mêmes noms de Maria Cebotari, Esther Rethy ou encore Albin Skoda.

Lors des éditions suivantes, les premiers effets de la dénazification se font sentir avec l'absence de certains artistes autrichiens et allemands tels que Karajan ou Furtwängler. Mais le système mis en place par les Alliés s'avère peu probant et très impopulaire : des nazis convaincus échappent aux mailles du filet, tandis que certaines personnalités incriminées comme Paula Wessely sont soutenues par le gouvernement autrichien et le public. Au final, les alliés transmettent la charge de dénazifier au gouvernement autrichien qui crée une commission spéciale dirigée par le ministre de l'Éducation Felix Hurdes. Fin 1947, à peu près tous les artistes sont blanchis, une situation entérinée par la loi d'amnistie de 1948. La dénazification reste alors inachevée et le festival peut réengager des artistes au passé trouble.

La culture devient un sujet de compétition entre Américains et Soviétiques dès 1945 en Autriche. Prenant de court les Américains, les Soviétiques rétablissent une vie culturelle à Vienne en rouvrant cinémas et théâtres et en se souciant peu de la dénazification. La réponse des Américains est le festival de Salzbourg. Mais les habitants du Land sont exclus dans un premier temps des festivités : les deux tiers du public sont constitués de soldats alliés qui ont de plus pour consigne de ne pas fraterniser avec la population. Changement de cap à partir de 1947, les civils se font de plus en plus nombreux, les festivaliers étrangers reviennent et la population est progressivement associée aux représentations par le biais par exemple de la figuration. Lorsque la Guerre froide éclate en 1947, l'Autriche est le seul pays libéré par l'Armée rouge à ne pas basculer dans le bloc de l'Est. Pour les Américains, la priorité n'est plus la dénazification mais la lutte contre le communisme, un sentiment partagé par les Autrichiens sous occupation soviétique.

Le scandale de « l'affaire Brecht » retentit alors comme un révélateur de cette nouvelle donne internationale. Déchu de la nationalité allemande depuis 1935, le dramaturge communiste Bertolt Brecht devient citoyen autrichien en 1950. Alors qu'il travaille depuis 1948 à une pièce très ambitieuse pour le festival de Salzbourg, il est victime en 1951 d'une campagne de presse autrichienne à son encontre. Bertolt Brecht est soupçonné entre autres de servir d'espion à Moscou. S'ensuit un scandale politique qui aboutit à l'annulation du projet. Les médias internationaux s'étonnent alors que la liberté artistique du festival soit remise en cause pour satisfaire des exigences politiques. Au final, l'« affaire Brecht » a pour conséquence de ternir l'image du festival de Salzbourg et de l'Autriche dans le monde. Un incident qui contrecarre les efforts fournis par plusieurs hommes pour donner une nouvelle impulsion au festival.

L'administrateur Egon Hilbert, le directeur de la *Theatre & Music Section* Ernst Lothar, le compositeur Gottfried von Einem et le metteur en scène Oskar Fritz Schuh tentent en effet de renouveler la programmation. La mise en scène de *Jedermann* est remaniée et des œuvres contemporaines sont créées comme *La Mort de Danton* de von Einem en 1947 et *Wozzeck* d'Alban Berg en 1951. Les critiques étrangères sont bonnes mais le divorce est total avec la majorité du public et les hommes politiques autrichiens plutôt conservateurs, qui préfèrent véhiculer une image de l'Autriche conforme aux stéréotypes touristiques. Parallèlement à l'action américaine entreprise dans le Land de Salzbourg, une loi sur le financement du festival est votée à Vienne en 1950, permettant de régler les déficits continuels de la manifestation. Une façon de reconnaître implicitement l'intérêt national du festival de Salzbourg.

Enfin, le 15 mai 1955, l'Autriche signe le Traité d'État avec les quatre puissances occupantes, ce qui accélère le départ des derniers soldats soviétiques quelques mois plus tard. Le festival devient le symbole de cette souveraineté retrouvée au même titre que le *Staatsoper* qui rouvre ses portes la même année. Durant l'entre-deux-guerres, le festival de Salzbourg a véritablement conquis les élites européennes et américaines, provoquant ainsi l'intérêt des médias internationaux. Grâce à cette audience, il a contribué à véhiculer une image positive de l'Autriche et il est devenu un symbole de son indépendance face à l'Allemagne. D'où une tentative tardive de récupération de la part des gouvernements Dollfuss, puis Schuschnigg. Réduit à un instrument de propagande sous les nazis, le festival perd peu à peu de son aura internationale avant de participer à l'effort de guerre en servant à remonter le moral des troupes.

Pour les Américains qui administrent Salzbourg au lendemain du second conflit mondial, le festival est un moyen de rétablir une vie culturelle et d'émettre un signe fort de la construction d'une Autriche républicaine, démocratique et dénazifiée. Mais la tentation est forte d'utiliser le festival comme argument dans la guerre froide qui les oppose aux Soviétiques à partir de 1947. Quitte à fermer les yeux sur le passé nazi des participants à la manifestation. Après la signature du Traité d'État en 1955, le festival de Salzbourg tient une place de choix dans la construction d'une identité nationale fondée sur une spécificité culturelle où la musique est prédominante. Une partie de l'histoire de l'Autriche est ainsi occultée au profit du mythe du premier pays victime du nazisme. Ce qui revenait, selon la célèbre formule, à faire passer *« Beethoven pour un Autrichien et Hitler pour un Allemand »*.

Plus récemment, Gérard Mortier, directeur du festival de Salzbourg de 1990 à 2001, a été confronté à l'histoire du festival de Salzbourg à plusieurs reprises. Pendant dix ans, il a cherché à faire de Salzbourg un lieu de rencontre et de réflexion et non plus seulement de divertissement comme c'était le cas, selon lui, depuis la disparition de Karajan. À son arrivée, il croit d'abord se situer dans la continuité de Hofmannsthal. Mais en étudiant l'histoire du festival et l'esprit de ses fondateurs, il comprend que Hofmannsthal avait basé son utopie sur la nostalgie d'un monde passé avec la volonté de rétablir un ordre après le cataclysme de la Première Guerre mondiale. Gérard Mortier souhaite alors se démarquer de cet esprit conservateur dans sa programmation artistique. Cette orientation plus radicale provoque aussitôt des tensions avec le conseil d'administration au moment où certains de ses membres sont renouvelés en 1995. Une partie de la population, et en premier lieu les commerçants, se dresse également contre Gérard Mortier. Ses détracteurs ne veulent absolument pas prendre de risque vis-à-vis du public étant donné le prix des places et souhaitent des spectacles plus consensuels.

Or, le renouvellement des œuvres du répertoire voulu par Gérard Mortier passe forcément par des expérimentations. Il a ainsi beaucoup de problèmes avec Mozart, utilisé selon lui par les habitants de Salzbourg comme un alibi et un moyen d'attirer les touristes : *« Mozart est bien tant qu'il n'effraye pas, les Salzbourgeois ne le voient absolument pas comme quelqu'un de révolutionnaire, qui a renouvelé une pensée mais comme un bon petit enfant, digne de figurer sur les Mozartkugel »* (entretien avec Gérard Mortier en septembre 2004).

Cette atmosphère tendue se détériore encore en 2000 lorsque le FPÖ, mené par Jörg Haider, arrive au pouvoir en février grâce à une coalition droite/extrême-droite. Dans un premier temps, Gérard Mortier annonce impulsivement son départ. Mais après réflexion, il décide de rester pour ne pas laisser la place vide et lutter de l'intérieur contre l'extrême-droite. Cette prise de position le place en position de conflit direct avec le conseil d'administration et lui attire la haine des sympathisants du FPÖ. Dans le même temps, son revirement lui fait perdre sa crédibilité aux yeux de certains opposants à l'extrême-droite, qui le soupçonnent de compromission pour garder sa place. Pendant six mois, il se retrouve isolé.

Durant l'été 2000, il organise dans le cadre du festival un programme de près de trois heures présenté comme une manifestation artistique contre l'extrême-droite pour défendre la modernité de l'Autriche. Les chanteurs y participent gratuitement. Le conseil d'administration ne lui pardonnera pas cette action et l'obligera à payer personnellement la somme de 10 000 euros pour les frais d'organisation. Dans les derniers mois de sa direction, Gérard Mortier ne s'attarde plus dans les rues de Salzbourg, s'étant fait insulter à plusieurs reprises, manifestation du fait qu'un réel travail de mémoire manque en Autriche, et particulièrement à Salzbourg.

Bibliographie

Brosche, Günter, 1983, *Richard Strauss-Franz Schalk. Ein Briefwechsel*, Hans Schneider, Tüntzing.
Enderle-Burcel, Gertrude, 1986, *Protokolle des Ministerrates der ersten Republik*, Kabinett Dollfuss, Abteilung VIII, Band 7, Österreichische Gesellschaft für Historische Quellenstudien, Wien.
Fröschl, Thomas, 2001, Ein teutscher Europäer, kein Österreicher. Ein Blick auf Mozart mit Seitenblick auf Goethe und die USA, in *Wiener Zeitschrift zur Geschichte der Neuzeit „ Österreich in Europa "*, 1 Jahrgang, Heft 1, Wien.
Gallup, Stephen, 1987, *A History of the Salzburg Festival*, Weidenfeld and Nicolson, London.
Hanisch, Ernst, 1983, *Nationalsozialistische Herrschaft in der Provinz Salzburg im Dritten Reich*, Schriftenreihe des Landespressebüros, Salzburg.
Holzer, Andreas, 1995, Die Rolle der Musik als faktor österreichischer Identitätsfindung, in *Medienimpulse*, Heft Nr 14, Dezember, Wien.
Kainberger, Hedwig, 1997, *Erklärung und Rechtfertigung von Subventionen für die Salzburger Festspiele*, Thèse d'économie soutenue à l'Université d'Innsbrück, non publiée.
Kammerhofer-Aggermann Ulrike, 1994, Kulturmetropole Salzburg. Der Festspieltourismus der Zwischenkriegszeit, in *Weltbühne und Naturkulisse. Zwei Jahrhunderte Salzburg-Tourismus*, Verlag Anton Pustet, Salzburg.
Kerschbaumer, Gert, 1988, *Faszination Drittes Reich. Kunst und Alltag der Kulturmetropole Salzburg*, Otto Müller Verlag, Salzburg.
Pape, Matthias, 1997, Mozart. Deutscher ? Österreicher ? Oder Europäer ? Das Mozart-Bild in seinen Wandlungen vor und nach 1945, in *Acta mozartiana, Mitteilungen der deutschen*

Mozart-Gesellschaft, 44 Jahrgang, Heft ¾, Dezember, Augsburg.

Prossnitz, Gisela et Fuhrich, Edda, 1990, *Die Salzburger Festspiele. Band I 1920-1945. Ihre geschichte in Daten, Zeitzeugnissen und Bildern*, Residenz Verlag, Salzburg.

Publication du festival, 1988, *Salzburger Festspiele 1937-1938. Kulturelles Leben in Salzburg vor und nach 1938*, Sonderheft der Salzburger Festspiele, Salzburg.

Rathkolb, Olivier, 1981, *Politische Propaganda der amerikanischen Besatzungsmacht in Österreich 1945 bis 1950. Ein Beitrag zur Geschichte des Kalten Krieges in der Presse–, Kultur –und Rundfunkpolitik*, Thèse de doctorat en sciences humaines de l'Université de Vienne, non publiée.

Rohrmoser, Albin, 1975, Der Kulturpolitiker Franz Rehrl und die Festspiele, in *Franz Rehrl Landeshauptmann von Salzburg 1922-1938*, S-N Verlag, Salzburg.

Thimig-Reinhardt, Helene, 1973, *Wie Max Reinhardt lebte*, Verlag RS Schultz, Starnberger See.

Thuswaldner, Werner, 1994/95, Die Salzburger Festspiele von 1945 bis 1955, in *Salzburg 1945-1955. Zerstörung und Wiederaufbau*, Jahresschrift des Salzburger Museums Carolino Augusteum 40/41, Salzburg.

Zweig, Stefan, 1998, *Le Monde d'hier. Souvenirs d'un Européen*, Livre de Poche, Paris.

Archives

Österreichisches Staatsarchiv
Salzburger Stadtsarchiv
Salzburger Landesarchiv
Archiv der Salzburger Festspiele
Österreichische Nationalbibliothek
Bibliothèque nationale de France/Louvois

La CIA et le MoMA

GEORGES ARMAOS

« Cultural affairs are an indispensable tool of propaganda. »[1]

Le politique, le militaire et l'économique représentent les éléments les plus importants de la politique étrangère de chaque pays. Toute politique étrangère consiste en la « défense » ou la promotion de ses intérêts économiques et politiques face à ceux des « autres ». La culture possède toutefois une place incontestable dans ce domaine. Il s'agit dans la plupart des cas d'un rôle qui est malaisé à apprécier, parce que difficile à quantifier ou à chiffrer, du moins pour ce qui concerne ses bénéfices. Concernant les moyens utilisés, les dépenses engagées et l'estimation des retours, les études dans le domaine n'ont cessé de se multiplier ces dernières années, aussi bien pour la France que pour les États-Unis et probablement ailleurs aussi (Roche et Piniau, 1995 ; Saunders, 1999, 2000 ; Roche, 2000 ; Dauge, 2001 ; Feigenbaum, 2001 ; Quemin, 2002 ; Cummings, 2003 ; Sablosky, 2003 ; Zyswomirski et al., 2003).

Comme l'a relevé Benedict Anderson et de nombreux auteurs par la suite, la culture est inextricablement liée à l'identité nationale parce qu'elle contribue à sa formation et à sa construction, en partie à travers les fictions identitaires créées à travers les romans et les musées (Anderson, 1983). En 1978 Edward Said s'exprimait ainsi sur la question de l'identité : « La construction de l'identité – parce que l'identité, qu'elle soit de l'Orient ou de l'Occident, française

---

[1] « Les affaires culturelles sont un outil indispensable de propagande », *Report of the Bureau of the Budget*, septembre 1950. Mentionné par Guilbaut, 1983, p. 192.

ou britannique, manifestement un dépôt d'expériences collectives distinctes, *est* une construction – implique finalement l'établissement des contraires et des " autres " dont l'actualité est toujours sujette à une continuelle interprétation et ré-interprétation de leurs différences par rapport à " nous ". Chaque époque et chaque société recréent ses " autres " » (Said, 1978 : 332 ; en italiques dans le texte). Seize ans plus tard, en 1994, il écrivait : « Avec le temps, la culture finit par être associée, souvent de façon " agressive ", avec la nation ou l'État ; ceci " nous " différencie " d'eux ", presque toujours avec un certain degré de xénophobie » (Said, 1994 : xiii).

Parmi les créations culturelles, les arts plastiques ont évidemment toute leur place. L'importance de l'image et de la place de « notre » art à l'étranger est souvent une question d'« honneur » national. Jean Lauxerois s'exprimait ainsi sur le rapport de la culture au nationalisme : « La France est à cet égard exemplaire : l'universel qu'elle a prétendu incarner, autant que le " mondial " que Malraux, le premier, a retenu comme mesure de l'Imaginaire de l'art, n'ont jamais pu dissimuler la dimension toujours hexagonale d'une culture qui ne peut étrangement se vivre que sur ce mode hérissé de la vaniteuse *exception* » (Lauxerois, 2001 : 18 ; en italiques dans le texte). C'est pourquoi les relations et l'interaction entre les arts plastiques et les musées, d'une part (qui représentent une partie du paysage culturel de chaque pays) et les dispositifs et actions diplomatiques dans le cadre des relations internationales, d'autre part, devraient faire partie de toute tentative d'analyse de la diplomatie culturelle d'un pays.

Nous souhaitons rappeler ici l'histoire de l'instrumentalisation du *Museum of Modern Art* (MoMA) de New York par la CIA (*Central Intelligence Agency*) du début de la Guerre froide à la fin des années 1960, voire après ; et ce en nous penchant sur les textes les plus importants parus sur le sujet depuis

1973 et sur quelques entretiens inédits. Du fait de l'absence d'informations sur les opérations actuelles de la CIA, nous nous interrogerons sur ce point, tout en analysant l'évolution du MoMA dans le paysage des musées d'art moderne et contemporain tel qu'il s'est développé depuis 1970. La raison de l'intérêt porté à cette institution tient au fait que plus que n'importe quel autre musée américain, le MoMA a joué un rôle fondamental dans l'instauration et la reconnaissance de l'« École de New York », notamment l'expressionnisme abstrait américain puis le Pop Art, le Neo-Dada et le minimalisme – grâce à ses achats, aux expositions présentées dans le musée et surtout aux expositions envoyées un peu partout à l'étranger. La reconnaissance de l'art américain au-delà des frontières repose en grande partie sur ses efforts. Les marchands et les collectionneurs ont aussi joué un rôle très important, mais leurs actions constituent un sujet à part (Hulten, 1977).

Le cadre politique

La transformation des États-Unis en superpuissance mondiale – intervenue lentement mais sûrement à la suite de ses victoires durant les deux guerres mondiales et plusieurs autres durant le siècle passé – les a obligés à passer d'une politique isolationniste à un engagement volontaire dans les affaires mondiales et à une concurrence avec l'autre superpuissance du siècle passé, la défunte URSS. Pour Noam Chomsky, la Guerre froide a commencé après la Première Guerre mondiale et elle fut consciemment utilisée par les États-Unis : à l'intérieur pour soutenir activement une économie fondée sur l'industrie militaire, et au niveau international pour la mise en œuvre d'une politique impérialiste, « de subversion, de terreur et d'agression incontestable dans le Tiers Monde ». Les États-Unis auraient ainsi succédé à la Grande-Bretagne s'agissant du contrôle du Moyen Orient et de ses ressources pétrolières, à l'Espagne pour le contrôle de l'Amérique latine, et à la France concernant celui de l'Asie du sud-est (Chomsky, 1994).

Jusqu'à la fin des années 1930, les États-Unis n'avaient quasiment pas de politique étrangère dans le domaine culturel. À partir de 1938, le *State Department* (ministère des Affaires étrangères) a dû mener certaines actions, notamment en Amérique latine, pour contrer l'influence du Troisième Reich. Au lendemain de la guerre, la concurrence pour une suprématie dans les sphères politique, économique et militaire contre l'URSS s'est aussi étendue aux idées et à la culture. S'inscrivant dans la continuité d'une politique de non-engagement, l'exécutif et le législatif américains ne ménageaient pas leur refus de voir l'administration participer à la culture en général, et encore moins à la culture à l'étranger, au sens de l'affirmation d'une politique extérieure. Ce fut visible à travers les menées de groupes activistes ou encore l'action des sénateurs Joseph McCarthy et George Dondero, menant l'anti-communisme à son paroxysme au début des années 1950.

Pour ce qui concerne les arts plastiques, et en particulier la peinture et la sculpture, la position officielle du gouvernement américain s'est fait sentir dès 1947 avec l'annulation par le *State Department*, sous la pression des fractions conservatrices du Sénat, de l'itinérance de l'exposition *Advancing American Art* et la diffusion « d'une directive ordonnant qu'à l'avenir aucun artiste américain en contact avec des associations communistes ou " ami-voyageur " (*fellow-traveller*) ne puisse être en relation avec des dépenses du gouvernement » (Saunders, 2000 : 257). Étant donné que la plupart des artistes qui ont eu un début de notoriété avec l'établissement progressif de l'expressionnisme abstrait, comme « mouvement » d'avant-garde digne de ce nom (et exposable à l'étranger), avaient des liens ou un passé plus ou moins en rapport avec le « parti », ou encore étaient indifférents à l'égard des affaires politiques (ce qui était aussi très suspect), il y avait peu de chances de les voir recevoir une aide du gouvernement ou figurer dans une exposition soutenue par lui. Nombre d'expositions durent être annulées à cause des pressions politiques de groupuscules d'extrême-droite dont les motifs n'étaient pas seulement politiques, mais également souvent esthétiques et hostiles envers l'art abstrait. Hormis *Advancing American Art* en 1946, d'autres expositions, comme *American Sculpture 1951* au Metropolitan Museum of Art de New York, *Sport in Art* financée en partie par la USIA (*United States Information Agency*) et en partie par le magazine *Sports Illustrated* pour les Jeux Olympiques de 1956, et *100 American Artists of the Twentieth Century*, également financée par la USIA la même année, furent annulées ou firent l'objet d'attaques pour des raisons tenant aux affinités politiques de certains artistes. De même, de nombreux artistes rencontrèrent des problèmes en raison de leurs origines ou de leurs convictions politiques jugées pro-communistes, non-patriotiques ou encore apolitiques (Hauptman, 1973 ; Cockroft, 1974).

Sur fond d'ambiance politique hostile à l'avant-garde, à certains artistes ou tendances esthétiques, quelques personnes haut placées de la CIA définirent alors une stratégie de long terme, qui consistait à utiliser les fonds secrets du gouvernement pour promouvoir la diffusion de la « haute » culture américaine à l'étranger. Autrement dit, il s'est agi d'une diplomatie culturelle « cachée », là où d'autres États comme la France, la Grande-Bretagne et l'Allemagne le faisaient de façon ouverte à travers l'AFAA (Association française d'action artistique) et les Alliances françaises, les réseaux du *British Council* ou celui des Instituts Goethe. Dès lors, selon Frances Stonor Saunders, la culture a été utilisée par la CIA à l'instar d'autres moyens de la diplomatie

« traditionnelle » afin d'« inoculer le monde contre la contagion du communisme et de faciliter la reconnaissance des intérêts de la politique étrangère américaine » (Saunders, 2000 : 2).

Les textes

Le climat politique de ces années, le rôle joué par l'*International Program* du *Museum of Modern Art* dans la promotion de l'« École de New York » à travers le monde – surtout dans les années 1950 et 1960 – ainsi que la relation de la CIA avec le MoMA ont été exposés, analysés, expliqués et interprétés à plusieurs reprises depuis le début des années 1970. L'histoire des textes semble toutefois être aussi compliquée que les faits analysés. Les articles de Max Kozloff, William Hauptman et Eva Cockroft en 1973 et 1974 dans *Artforum*, celui de David et Cecile Shapiro en 1977 dans *Prospects*, le livre de Guilbaut en 1983, les « rectificatifs » de Michael Kimmelman en 1994 et le livre de Saunders en 1999/2000 – ainsi que d'autres – ont contribué à l'information (ou à la désinformation) des lecteurs. Du reste, les dates des premiers textes peuvent sembler curieusement tardives étant donné que l'implication de la CIA dans les affaires culturelles avait perdu sa « couverture » dès 1967.

Max Kozloff fut le premier à tenter le rapprochement entre l'idéologie sous-tendue par la peinture américaine d'après-guerre et le contexte de « l'idéologie politique, des auto-représentations nationales et même de l'histoire du pays ». Pour Kozloff, « les réalisations les plus concertées de l'art américain se sont précisément produites pendant la même période que la naissance des prétentions américaines pour une hégémonie mondiale. Il est impossible d'imaginer l'avènement esthétique, outre de nombreux facteurs internes, en dehors de cette expansion politique » (Kozloff, 1973 : 44).

Dans le milieu des arts plastiques, il fut le premier à clairement lier les actions de la CIA à la promotion de la culture américaine à l'étranger. Quelques mois plus tard, en octobre 1973, William Hauptman faisait un rappel historique de la « suppression de l'art durant la décennie de McCarthy » dans les pages du même magazine. *Artforum* acheva ses investigations par un article redoutable paru en juin 1974 sous la plume d'Eva Cockroft et intitulé « L'Expressionnisme abstrait, une arme de la Guerre froide ». Allant beaucoup plus loin que Kozloff, Cockroft montrait du doigt les Rockefeller qui, selon elle, étaient non seulement derrière les actions du MoMA, mais également derrière une part importante du développement des stratégies diplomatiques de la Guerre froide. Elle nommait les principaux responsables de l'instrumentalisation de l'expressionnisme abstrait en tant que « style idéal pour des activités de propagande » (Cockroft, 1973 : 40), à savoir Porter McCray, premier directeur du *Program* au MoMA, et Thomas Braden, officier de haut rang de la CIA et très actif dans « l'offensive culturelle de la Guerre froide ».

Au début des années 1980, Serge Guilbaut publiait son fameux *Comment New York vola l'idée d'art moderne*. Reprenant certaines idées de Kozloff, Guilbaut analysait l'évolution complexe de l'idéologie politique américaine et celle des expressionnistes abstraits. S'il n'abordait pas spécifiquement la question des services secrets, il rappelait comment les accords Blum-Byrnes, dans le cadre du plan Marshall, avaient marqué les débuts de l'effacement du cinéma français et européen (Guilbaut, 1983 : 174). En 1994, le MoMA organisa sa défense avec un volume important publié par John Elderfield, intitulé *Le Museum of Modern Art au milieu du siècle. Dans le pays et à l'étranger*. Michael Kimmelman, critique d'art au *New York Times*, se chargeait de la défense du MoMA.

Dans son texte, il développait une batterie d'arguments contre les critiques de l'institution afin de « brouiller les cartes ». Il replaçait les auteurs (Kozloff, Cockroft, Haupman, Shapiro, Guilbaut, etc.) dans le cadre des vagues de critiques portées, à l'encontre des institutions en général et du MoMA en particulier, à la suite des protestations de 1968. Selon Kimmelman, Alfred Barr (son premier directeur) et le MoMA n'avaient pas réagi rapidement, soit par des expositions soit par l'achat d'œuvres, à l'apparition et à la montée en puissance de l'expressionnisme abstrait (du milieu des années 1940 au milieu des années 1950). Il trouvait des erreurs factuelles dans les textes (qui parmi les artistes inclus dans les expositions était membre du « groupe » et qui ne l'était pas, des erreurs de dates, etc.) ; il analysait le sens véhiculé par les accrochages de certaines expositions à l'étranger, en rappelant la distance du *State Department* ou de *USIA* envers les activités du musée.

Enfin, Kimmelman soutenait que c'étaient les institutions européennes qui demandaient alors ces expositions. S'il est vrai que certains auteurs ont rédigé leurs textes sous l'emprise d'une idéologie marxiste, marxisante ou post-marxiste, à la mode après 1968, la lecture de cette « défense » donne néanmoins le sentiment qu'elle s'était faite à contrecœur. Même si les faits que Kimmelman mentionnait étaient vrais, une partie de la réalité était passée sous silence. Il suffit de parcourir les pages du volume où figure son texte pour découvrir les activités de Dorothy Miller, le bras droit d'Alfred Barr, dans les rapports du musée avec l'art contemporain de l'époque, ainsi qu'un très bon résumé par Hellen Franc des premières années de l'*International Program*, pour se rendre compte que les choses n'étaient pas aussi claires que Kimmelman souhaitait les présenter.

Il revient à Frances Stonor Saunders d'avoir réalisé un travail de recherche monumental qui a ôté du paysage historique certains des malentendus qui s'étaient instaurés. Saunders a montré dans son livre, *The Cultural Cold War* (La Guerre froide culturelle), comment des agents de la CIA ont utilisé un certain nombre de fondations (la *Ford Foundation* ou la *Farfield Foundation* pour ne mentionner que les plus connues) comme façade pour financer secrètement le *Congress for Cultural Freedom* ainsi que des expositions, des revues, des concerts, des livres, des séminaires, des stations de radio… De l'industrie cinématographique jusqu'aux expositions d'art, tous les moyens possibles et imaginables ont été utilisés. Ainsi, la « campagne de persuasion » a fait un usage étendu de la propagande et de la guerre psychologique.[1] Pour Saunders, l'aspect secret des actions entreprises était dicté par la réalité de la politique intérieure américaine, qui aurait difficilement accepté qu'un engagement aussi important que celui qui a eu lieu de 1947 au milieu des années 1960 (peut-être au-delà) soit effectué dans le domaine de la culture.

Dans le chapitre intitulé « Yankee Doodles » Saunders démontrait, preuves à l'appui, qu'un grand nombre de personnalités liées au MoMA, et spécifiquement à l'*International Program*, avaient des liens concrets avec la CIA (p. 252-278).

---

[1] Saunders utilise les définitions d'une directive du *National Security Council* (Conseil National de Sécurité) du 10 juillet 1950 selon laquelle la propagande représente « tout effort ou mouvement organisé pour diffuser de l'information ou une doctrine particulière par le moyen de nouvelles, d'arguments spéciaux ou d'attraits conçus pour influencer les pensées ou les actions d'un groupe donné ». La guerre psychologique est « l'utilisation planifiée par une nation de la propagande ou des activités autres que le combat qui diffusent des idées et de l'information dans le but d'influencer les opinions, les attitudes, les émotions et le comportement de groupes étrangers, de façon qu'ils soutiennent la réalisation des buts nationaux ». La propagande la plus efficace est définie comme celle par laquelle « le sujet se meut dans la direction qui est désirée pour des raisons qu'il croit être les siennes » (Saunders, 2000 : 4).

« Le *Museum of Modern Art* n'était libre ni de propagande ni de figures gouvernementales » (p. 268). Nelson Rockefeller était le responsable de la *Coordination of Inter-American Affairs* (CIAA), la branche de l'*Office of Strategic Services* (OSS, Office des Services Stratégiques, l'ancêtre de la CIA) responsable de l'Amérique latine et qui avait collaboré avec le MoMA pour des expositions itinérantes dans cette région. John « Jock » Hay Whitney, *trustee* (membre du conseil d'administration) du MoMA pendant longtemps, était un ex-membre de l'OSS et l'assistant de Rockefeller pour la division des films de la CIAA. William Burden, « chairman de l'« *Advisory Committee* » du MoMA au début des années 1940 avant de devenir le président du *bord of trustees* (conseil d'administration) entre 1953-59 et 1962-65 et « chairman » de ce même conseil en 1961-62, avait aussi travaillé avec Rockefeller à la CIAA et par la suite dirigé la *Farfield Foundation*, l'une des fondations servant de façade pour le financement par la CIA.

René d'Harnoncourt, directeur du musée entre 1949 et 1968, avait travaillé à la section artistique de la CIAA. William Paley, autre *trustee* du MoMA et directeur de CBS, avait autorisé la couverture des agents de la CIA en les présentant comme des journalistes de sa chaîne, tout comme Henri Luce de l'empire *Time-Life*, autre *trustee* du MoMA. La liste des noms est assez longue. Le *Rockefeller Brothers Fund*, qui donna de l'argent pour les opérations du *Program*, était un « *think tank* » (un organisme de réflexion) lié au gouvernement pour l'étude des affaires étrangères. La *Ford Foundation*, souvent mentionnée comme ayant financé des activités du *Program*, était impliquée dans l'attribution des fonds de la CIA pour la culture. Porter McCray, autre vétéran de la CIAA, directeur du *Department of Circulating Exhibitions* au MoMA et premier directeur du *Program* (1952-1961), avait servi entre décembre 1950 et fin 1951 comme attaché culturel pour le Plan Marshall auprès du *US Foreign Service* à Paris.

En ce qui concerne l'origine des demandes des musées européens auprès des instances américaines, Saunders a démontré le contraire de Kimmelman (p. 269-270). Dans le cas de *Twelve Modern American Painters and Sculptors*, par exemple, c'est le MoMA qui avait demandé à l'ambassade américaine à Paris d'entrer en discussions avec le Mnam (musée national d'Art moderne) et Jean Cassou afin de pousser ce dernier à demander l'exposition. Saunders a aussi montré comment le *Congress for Cultural Freedom*, institution qui était financée par la CIA et en grande partie dirigée par ses agents, avait sponsorisé l'exposition *Young Painters* et organisé en collaboration avec l'*International Council* l'exposition *Antagonismes* présentée au musée des Arts décoratifs à Paris en janvier 1960.[1]

Quelques éléments historiques

Pour comprendre pourquoi et comment la CIA a instrumentalisé le MoMA, il faut tout d'abord rappeler les activités du musée hors les murs. Sa prééminence, aussi bien au niveau national qu'au niveau international, son « aura » extraordinaire, sont dues non seulement à sa collection et à ses activités à New York même, mais aussi et surtout à un programme très étendu d'expositions itinérantes. Selon Hellen Franc, « le *Museum of Modern Art* était l'instrument logique pour se charger d'un programme d'échange culturel international. Ses collections, expositions et publications ont toujours été internationales dans leur portée.

---

[1] Certaines informations concernant des dates et des titres d'exposition dans ce chapitre de Saunders sont approximatives. Concernant *Antagonismes*, nous n'avons pas pu vérifier les informations selon lesquelles des œuvres de Rothko, Sam Francis, Yves Klein, Kline, Nevelson, Pollock, Tobey et Joan Mitchell étaient présentées.

Son département des expositions itinérantes, établi en 1933, avait envoyé plus de 400 expositions jusqu'en 1952, avec plus de 7 000 présentations dans des institutions publiques ou privées aux États-Unis et au Canada et avait aussi présenté un grand nombre d'expositions dans d'autres pays » (*in* Elderfield, ed., 1994 : 112). Entre 1938 et 1951, le MoMA a organisé et envoyé en tournée internationale 44 expositions. Son savoir-faire et sa connaissance du terrain le plaçaient donc à la première place et sans concurrent pour la promotion des arts plastiques américains à l'étranger.

L'*International Program* (ou *Program*) a été proposé en 1952 et créé en 1953 grâce à une donation du *Rockefeller Brothers Fund* pour cinq années renouvelables. L'*International Council* a été créé à la même époque par Blanchette Rockefeller et Elizabeth Bliss Parkinson pour épauler les activités du *Program* et lui procurer les fonds.[1] Dans la préface des « *Records of the International Program of the Museum of Modern Art* », il est indiqué que la première exposition envoyée à l'étranger était *Trois siècles d'art aux États-Unis*, organisée par Alfred Barr et présentée à Paris en 1938. La deuxième exposition fut *Twelve American Painters and Sculptors* (Douze peintres et sculpteurs américains) qui voyagea en Europe entre 1953 et 1954.[2]

---

[1] Pour une histoire assez détaillée des premières années du programme et du conseil ; cf. Franc, 1994, p. 108-149. Pour une histoire orale et non officielle des activités du conseil, voir les entretiens des deux directeurs de l'*International Program*, Porter McCray (1952-1961) et Waldo Rasmussen (1962-1993), conduits par Sharon Zane en 1991 et 1994 respectivement et conservés aux archives du MoMA.

[2] L'exposition sélectionnée par Andrew C. Ritchie incluait 56 œuvres de 9 peintres et 18 œuvres de 3 sculpteurs. Elle a été présentée successivement à Paris, Zurich, Düsseldorf, Stockholm, Helsinki et Oslo. La préface aux « *Records of the International Program of the Museum of Modern Art* » est contredite par la liste des expositions, qui mentionne comme première exposition à être organisée et à voyager sous les auspices de l'*International Program Young American Printamakers*, sélectionnée par William Lieberman

Le *Program* fut responsable (de 1953 à 1962) de l'organisation de la représentation des États-Unis aux biennales de Venise et de Sao Paulo, de la première biennale de Paris et de la Documenta II à Kassel en 1959. Le pavillon américain au Giardini de la biennale de Venise a appartenu au MoMA jusqu'en 1987. Toujours selon ces archives, l'*International Program* a organisé entre sa fondation en 1952-1953 et 1998 environ deux cents expositions itinérantes, parmi lesquelles une trentaine étaient des commandes. Ce chiffre n'est peut-être pas impressionnant en soi, mais le nombre de pays et de villes qui ont été touchés par ces expositions l'est quant à lui ; il serait plus facile de trouver les capitales qui n'ont pas reçu d'expositions du MoMA que d'énumérer celles qui en ont reçu.[1] Les expositions concernaient tous les médias présents au MoMA, de la peinture et la sculpture à la photographie, à l'architecture, au design, au cinéma, etc.

En ce qui concerne la peinture et la sculpture, les expositions les plus importantes historiquement furent *Twelve Modern American Painters and Sculptors* (1953-1954), *Modern Art in the USA* (1955-1956),[2] *U.S. Representation. International*

---

et ayant circulé à Salzburg, Linz, Vienne, Graz, Munich et Berlin entre 1952 et 1953. Page 1 de la *Master List* des *International Circulating Exhibitions* in « *Records of the International Program of the Museum of Modern Art* » conservée par les archives du MoMA.

[1] La liste comporte 38 pages de caractères très petits avec des informations portant sur le titre, l'itinérance, les dates et les villes où chaque exposition a été présentée. Deux cartes datant de 1959 et de 1960 préparées par l'*International Council* afin de documenter la circulation des expositions du MoMA montrent bien que l'envergure du programme était mondiale. Le seul continent qui a très peu bénéficié de ces expositions était et continue d'être l'Afrique (Cartes reproduites *in* Elderfield ed., 1994 : 143).

[2] Présentée sous le titre *50 Ans d'Art aux États-Unis* à Paris, puis à Zurich, Barcelone, Francfort, Londres, La Haye, Linz et Belgrade.

Exhibition of Painters Under 35 présentée sous le titre *Young Painters* (1955),[1] la rétrospective *Jackson Pollock 1912-1956* (1958-1959)[2], et la fameuse manifestation *The New American Painting* (1958-1959)[3]. À cela il convient d'ajouter des expositions monographiques sur Mark Rothko (1961), Franz Kline (1963), Hans Hofmann (1964), Robert Motherwell et David Smith (1966), Willem de Kooning (1968), Helen Frankenthaler (1969), Claes Oldenburg et Frank Stella (1970), Barnett Newman (1971) et Ellsworth Kelly (1975).

Reste à savoir pourquoi la plupart des historiens de l'art ont jusqu'à présent fixé leur attention sur l'exposition *The New American Painting* de 1958-1959, alors qu'il s'agit clairement d'une véritable série d'expositions de groupe itinérantes organisées entre 1953 à 1959, et d'une série d'expositions monographiques allant du début des années 1960 au milieu des années 1970 à travers toute l'Europe, sinon le monde entier. Or les expositions du MoMA consacrées à l'expressionnisme abstrait, aussi bien en Amérique qu'à l'étranger, ont bien été utilisées pour l'ancrage et l'essor de ce groupe ou de cette école (mais qui ne constituaient en réalité ni un groupe ni une école) au sein de l'histoire de l'art (Zelevansky, 1994 : 56-107).

---

[1] Exposition organisée par Andrew Ritchie de 18 peintures par 6 artistes présentée sous les auspices du *Congress for Cultural Freedom* à Rome, Bruxelles, et Paris. À Paris l'exposition fut présentée sous le titre « Jeunes Peintres ».

[2] Exposition préparée par Frank O'Hara comme une partie de la représentation des États-Unis à la IVème Biennale de Sao Paulo en 1957 et présentée ensuite à Rome, Bâle, Amsterdam, Hambourg, Berlin, Londres et Paris.

[3] Sélection de 81 peintures de 17 artistes par Dorothy Miller, présentée à Bâle, Milan, Madrid, Berlin, Amsterdam, Bruxelles, Paris et Londres avant sa présentation à New York.

Discours officiels

Pendant longtemps les responsables de l'*International Program* ont nié toute implication de la CIA dans leurs affaires. Ils se référaient volontiers à l'hostilité du gouvernement américain et aux distances observées par ses ambassades à l'étranger. À l'occasion d'entretiens pour l'histoire orale du MoMA, Porter McCray (1991) et Waldo Rasmussen (directeur de 1961 à 1993, entretien de 1994) ont insisté à travers plusieurs anecdotes sur le fait que les circulaires du *State Department* auprès des ambassades à l'étranger stipulaient clairement qu'aucune aide ne devrait leur être accordée par les agents du gouvernement.[1] Cela n'est plus le cas après 1956, ou en tout cas vers la fin des années 1950, dates autour desquelles le MoMA a commencé à bénéficier du soutien ouvert de *USIA*.[2] Il est notable que c'est à l'instigation du MoMA qu'a débuté l'*Art in Embassies Program* (Programme artistique dans les ambassades) autour de 1959-1960. Le programme consistait dans le prêt d'œuvres pour décorer les ambassades américaines ou les résidences des ambassadeurs américains. Le MoMA a participé activement à ce programme jusqu'à la fin des années 1960. Entre-temps le *State Department* lançait en 1964 son propre programme, qui se poursuit activement aujourd'hui.[3]

---

[1] Cf. « Interview with Porter McCray », *MoMA Archives*. Sur la politique du gouvernement américain : p. 65-67, 106, 122 ; la rétrospective de Rothko à Paris en 1961 : p. 67-71 ; le pavillon à la Biennale de Venise : p. 72-76. Voir aussi « Interview with Waldo Rasmussen », *MoMA Archives*.

[2] Voir Franc, 1994 : p. 127-129. Franc parle par exemple de la commande, par la *USIA*, de quatre copies de l'exposition *The Family of Man* pour une tournée mondiale, ainsi que la coopération grandissante entre les agents de la *USIA* en Europe et les actions de l'*International Program*.

[3] La liste des expositions itinérantes de l'*International Program* que nous avons mentionnée est suivie d'une autre plus petite des expositions organisées par le MoMA pour répondre à des demandes extérieures. Les

Waldo Rasmussen, parlant des aventures et des objectifs du *Program* en Europe, déclarait en 1994 :

« La " zone de combat " décrit le sentiment que j'avais de l'*International Program* vis-à-vis de l'art américain en Europe et ailleurs (...) Il y avait un honneur dans l'art américain, un sentiment national autour, je suppose. Mais pour moi c'était toujours pour l'art, ce n'était pas pour les États-Unis. C'était le rapport à cet art qui était sous-estimé. Je pensais que c'était le meilleur art produit n'importe où dans le monde, et je pense toujours avoir raison. La bataille particulière était dirigée contre Paris, je pense, à cause du sentiment condescendant que les Français avaient envers l'art américain, et envers ce type de bataille. Je n'avais pas le sentiment que c'était tellement la bataille ailleurs » (« Interview with Waldo Rasmussen », *MoMA Archives*, p. 47).

Interrogé sur les changements qu'il a apportés au *Program* en succédant à McCray en 1961, Rasmussen ajoutait :

« La mission originelle avait autant, sinon plus, à faire avec l'élargissement de la cause de l'art américain internationalement ou l'établissement du prestige culturel de l'art américain, et cette idée ne m'a jamais intéressé, je dois dire ; Porter et moi étions différents parce qu'il venait d'un milieu gouvernemental et moi non, même si j'étais content de travailler avec le gouvernement pour des détails de coopération. Par exemple, en Amérique latine, il n'y avait aucune raison d'avoir le soutien de la *USIA* ou de la *USIS*, et il y avait toutes les raisons pour ne pas en avoir parce

---

pages 6 et 7 de cette liste donnent les noms des ambassadeurs ainsi que la ville et les dates d'exposition de quelque 41 collections préparées et envoyées à l'étranger entre 1960 et 1970. À ce sujet voir aussi *American Artists in the American Ambassadors Residence in Paris*, Paris, American Embassy and Jeanne Greenberg Art Advisory, 1998, ou encore Celestine Bohlen, « Buiding Art Collections for Artists of Diplomacy », *The New York Times*, Arts Section, November 2, 2000. Selon cet article, il existe aujourd'hui pas moins de 3 500 œuvres exposées dans plus de 170 endroits dans le monde.

qu'elles politisaient les expositions alors que j'étais désireux de les dépolitiser. Puis nous avons étendu les mêmes idées en Australie où nous avons fait beaucoup d'expositions. Nous avons fait environ soixante expositions en l'Amérique latine et quarante en Australie. C'était ça alors le changement principal de philosophie » (« Interview with Waldo Rasmussen », *MoMA Archives*, p. 59-60).

À la suite de l'extraordinaire activité qui a eu lieu tout au long des années 1950-1960 et d'une partie des années 1970, le MoMA a commencé à réduire l'envoi des expositions à l'étranger. Se retournant en arrière Jay Levenson, qui a succédé Rasmussen en 1993, déclarait pour sa part :

> « Mon sentiment général est que le *Program* a commencé comme une façon de partager la collection internationalement. C'était vraiment un but philanthropique très en rapport avec ce pourquoi le musée a commencé en premier lieu. Ces collectionneurs voulaient faire du prosélytisme pour le compte de l'art moderne. Quoi qu'ils aient pu faire, c'était en harmonie avec la politique étrangère américaine secrète à ce moment-là. Je ne pense pas que c'était une coïncidence. Je pense que les gens haut placés étaient probablement les mêmes personnes derrière cela, mais je suis sûr que les gens ici n'en pas étaient conscients » (« Interview with Jay Levenson », 27 avril 2000).

Levenson expliquait que le déclin du programme des expositions était dû à deux facteurs qui peuvent être résumés de la façon suivante. Le premier était la montée du prix des œuvres d'art qui avait accru le montant des assurances, et donc le coût des expositions. Le deuxième facteur était l'accroissement de l'importance des expositions au MoMA avec l'avènement des « *blockbusters* » (grandes expositions) pendant les années 1970 et la nécessité d'une programmation plus appuyée avec la multiplication des musées d'art moderne aussi bien en Europe qu'aux États-Unis.

Durant les années 1980 et 1990 il y a eu un déclin des activités du *Program*, mais la continuation des activités du

Council assurait le maintien des relations du MoMA avec l'étranger. Jay Levenson regrettait quelque peu le manque d'un programme d'expositions itinérantes à l'étranger plus significatif. Pour lui, l'absence d'un instrument de diffusion de l'art américain à l'étranger a eu pour résultat de laisser le terrain libre aux Allemands, aux Français et aux Britanniques, dont les ministères ou les organismes associés chargés des affaires étrangères ont les moyens d'envoyer des expositions représentatives de leur art actuel aux pays demandeurs. Rasmussen, exposant l'apport du *Program* pour le musée et les difficultés concernant sa légitimité interne, s'exprimait pour sa part en ces termes :

> « Il a toujours été difficile pour certaines personnes de comprendre, y compris les *trustees* ; la question portant sur les expositions itinérantes par l'*International Program* est la suivante : qu'est-ce que le musée en retire si ce n'est pas de l'argent ? Parce que ces expositions n'offrent pas beaucoup de revenus pour le musée. La réponse à cette question est que c'est difficile à quantifier. Cela a aidé à établir la réputation du *Museum of Modern Art* comme l'un des meilleurs musées du monde. Cela a aidé à développer une conscience internationale du musée et d'autres types de support. Mais on ne peut pas répondre à cette question si l'on ne croit pas à une sorte de monde idéaliste, qu'il est naturel et honorable de soutenir d'autres pays et d'autres communautés pour qu'ils aient la possibilité de voir des œuvres d'art originales, et que cela est plus important que les conséquences financières. Si l'on n'a pas le personnel et les *trustees* qui croient à ce but idéaliste, alors le *Program* va disparaître » (« Interview with Waldo Rasmussen », *MoMA Archives*, p. 59-60).

À partir du milieu ou de la fin des années 1970, le maintien de « l'aura » ou du rayonnement international des musées comme le MoMA s'est déplacé de l'envoi d'expositions itinérantes vers la question de l'architecture, du rayonnement des expositions organisées dans le musée, de la teneur scientifique des catalogues, de la force et de la profondeur des collections et des prêts consentis.

Les années 1980 et après

Un autre faisceau de raisons contribue peut-être à donner plus de sens à ce « désengagement » du MoMA des affaires internationales. Avant tout il faut rappeler la prééminence de l'art américain contemporain dans le monde. L'étude d'Alain Quemin, réalisée à la suite d'une commande du ministère des Affaires étrangères français, a souligné ce qui était plus ou moins connu de façon intuitive par les acteurs du monde de l'art, à savoir le duopole américain et allemand au niveau artistique, et le duopole américain et britannique pour les ventes aux enchères (Quemin, 2002). Par ailleurs dans les deux cas les États-Unis l'emportent largement face à leurs concurrents allemands ou britanniques. Cette prépondérance de l'art américain sur les cimaises des collections permanentes des plus grands musées du monde occidental, leur représentation très positive dans les biennales et les grands rendez-vous du monde de l'art comme la Documenta ou les foires de Bâle, Miami, Londres et ailleurs, font que l'art américain n'a peut-être plus tellement besoin des fonds secrets du gouvernement pour être promu à l'étranger.

Il est désormais universellement admis que New York a repris le sceptre du monde de l'art à Paris après la Guerre. Les avancées de Londres sur ce terrain pendant les années 1990 ne trompent personne quant à la ville qui se trouve au centre de la nouveauté artistique et qui impose ses goûts. Ensuite, avec la fin de la Guerre froide, le besoin de contrer l'influence de l'URSS a disparu. Cela a eu comme conséquence la réduction aussi bien des budgets que des effectifs du *State Department*, d'un tiers pour ce qui concerne la diplomatie culturelle pendant les années 1990.

Si les événements du 11 septembre 2001 ont provoqué des secousses sérieuses autour de ce sujet, le « problème » étant désormais le monde arabe, il est peu probable que les arts plastiques aient un rôle à jouer à cet égard.

Il y avait un caractère messianique dans les discours officiels des membres du *Program* concernant les activités du MoMA, et notamment sa tentative de faire du « prosélytisme » pour l'art moderne. D'une certaine façon, la mission a été accomplie avec succès si l'on en juge par le nombre de musées d'art moderne et contemporain qui ont été construits ces trente dernières années. Si l'on accepte cette hypothèse, il s'en suit que le musée n'avait plus tellement besoin de « prêcher » l'intérêt de l'art moderne aux « convertis ». De toute façon le paysage des musées, tel qu'il s'est développé et a fonctionné depuis 1968, n'avait plus besoin de collaborer avec le MoMA pour faire venir des expositions d'art américain dans tel ou tel pays.

Il n'est d'ailleurs pas impossible de penser que le MoMA a été suivi en termes de diplomatie culturelle des États-Unis par le Guggenheim. L'aventure poursuivie sous la direction de son directeur Thomas Krens semble du reste n'avoir rien à envier à l'impérialisme le plus primaire. La création de succursales dans des pays étrangers comme l'Allemagne, l'Espagne et bientôt le Moyen et l'Extrême-Orient se fait grâce à la couverture de l'ensemble des frais par les commanditaires, l'utilisation du nom du musée étant octroyée pour des sommes importantes et la gestion des « satellites » se faisant en partie à partir de la métropole, c'est-à-dire le Guggenheim de New York.

Certains éléments peuvent sembler dérangeants, du moins d'un point de vue idéologique. Bilbao a été un grand succès pour la ville et le pays Basque, mais le revers de la médaille est, entre autre, la mise en valeur d'un certain manque de foi dans les capacités des acteurs locaux à mener à bien des projets de cette envergure. Les mouvements de Krens sur l'échiquier international ont certes obligé chacun à réfléchir à la question de l'éclatement du musée en plusieurs satellites soit dans une ville, soit à l'intérieur d'un pays ou même au niveau international. Mais ce serait aller trop loin que de suggérer que la CIA pourrait être derrière cet expansionnisme mondial du Guggenheim, au risque de voir surgir partout des théories du complot (« *conspiracy theories* »). Il reste que ces agissements contribuent considérablement au rayonnement culturel américain et à l'exportation de ses modèles à l'étranger, en dehors des actions gouvernementales à proprement parler.

Ce que nous avons finalement essayé de montrer est qu'un musée privé, le MoMA, fonctionnant comme une institution éducative à but non lucratif, a été utilisé par une agence gouvernementale pour promouvoir la création artistique américaine, mais pas seulement, à l'étranger. Autrement dit, le financement des activités internationales trouvait en grande partie sa source dans des fonds secrets du gouvernement américain, mais l'institution était libre de faire ce qu'elle voulait. Il est possible de considérer cela comme un mélange intelligent d'action gouvernementale et non-gouvernementale. Le désengagement intervenu pendant les années 1990, du moins pour ce qui concerne la *USIA* et sa refonte dans le *State Department* en 1999, paraît regrettable, quoique très en accord avec l'attitude générale américaine de suspicion envers toute action du gouvernement fédéral.

En revanche, vu le succès de l'art américain et les prix que ses créations obtiennent sur le marché, on peut se demander si ce n'était pas une raison pour consacrer le peu de fonds existants à d'autres objectifs. Les événements du 11 septembre 2001, la justification de la guerre en Irak et de la guerre contre le « terrorisme », nécessitent des actions importantes.

Dans l'identification de l'ennemi comme provenant du monde musulman, les arts plastiques n'ont certes aucun rôle à jouer. Mais lorsqu'il s'agira de contrer la montée de l'influence culturelle de la Chine et de l'Inde dans les décennies à venir, peut-être le *State Department* se tournera-t-il à nouveau vers les arts plastiques comme un moyen parmi d'autres d'assurer la domination culturelle des États-Unis ?

Bibliographie

Anderson, Benedict, 1983, *Imagined Communities. Reflections on the Origin and Spread of Nationalism*, London, New York, Verso, revised edition 1991 (tenth impression 2000). *L'imaginaire national : réflexion sur l'origine et l'essor du nationalisme*, Paris, La Découverte, 2002.

Chomsky, Noam, 1994, *World Orders Old and New*, New York, Columbia University Press.

Cockroft, Eva, 1974, « Abstract Expressionism, Weapon of the Cold War », *Artforum*, vol. 12, n° 10, June, p. 39-41.

Cummings, Milton C. Jr., 2003, *Cultural Diplomacy and the United States Government. A survery*, Center for Arts and Culture, Cultural Diplomacy Research Series.

Dauge, Yves, 2001, *Rapport d'information sur les centres culturels français à l'étranger*, Assemblée nationale, 7 février 2001 (www.assemblee-nationale.fr/rap%2Dinfo/i2924.asp).

Elderfield, John, ed., 1994, *The Museum of Modern Art at Mid Century. At Home and Abroad*, New York, The Museum of Modern Art, Harry N. Abrams, Inc., coll. Studies in Modern Art 4.

Feigenbaum, Harvey B., 2001, *Globalization and Cultural Diplomacy*, Center for Arts and Culture, Art, Culture and the National Agenda Issue Paper.

Franc, Hellen M., 1994, The Early Years of the International Program and Council », in Elderfield ed., p. 108-149.

Gordon, Philip H., Meunier, Sophie, 2001, « Globalization and French Cultural Identity », *French Politics, Culture & Society*, vol. 19, n° 1, printemps 2001.

Guilbaut, Serge, 1983, *How New York Stole the Idea of Modern Art. Abstract Expressionism and the Cold War*, Chicago and London, Chicago University Press. 1996, *Comment New York vola l'idée d'art moderne. Expressionnisme abstrait, liberté et Guerre froide*, Nîmes, Jacqueline Chambon, 3ème édition.

Hauptman, William, 1973, « The Suppression of Art in the McCarthy Decade », *Artforum*, vol. 12, October, p. 48-52.

http://www.brookings.edu/views/articles/Gordon/globalfrance.htm

Hulten, Pontus, ed., 1977, *Paris-New York*, Paris, Éditions du Centre Georges Pompidou.

Kimmelman, Michael, 1994, « Revisiting the Revisionists. The Modern, its Critics, and the Cold War », *in* Elderfield, ed., p. 38-55.

Kozloff, Max, « American Painting During the Cold War », *Artforum*, vol. 11, May 1973, p. 43-54.

Lauxerois, Jean, 2001, « Le papillon schizophrène : Malraux et l'hégémonie du patrimoine », in *Art Press*, numéro 22 spécial, novembre.

Quemin, Alain, 2002, *L'art contemporain international : entre les institutions et le marché (Le rapport disparu)*, Nîmes, Éditions Jaqueline Chambon/Artprice.

Roche, François, avec Piniau, Bernard, 1995, *Histoires de la diplomatie culturelle des origines à 1995*, Paris, ministère des Affaires étrangères, ADPF, la Documentation française.

Sablosky, Juliet Antunes, 2003, *Recent Trends in Department of State Support for Cultural Diplomacy : 1993-2002*, Center for Arts and Culture, Cultural Diplomacy Research Series.

Said, Edward W., 1978, *Orientalism. Western Conceptions of the Orient. With a new afterword*, London, Penguin Books, 1995.

Said, Edward W., 1994, *Culture and Imperialism*, London, Vintage. *Culture et Impérialisme*, Paris, Fayard, 2000.
Saunders, Frances Stonor, 2000, *The Cultural Cold War. The CIA and the World of Arts and Letters*, New York, The New Press. Édition originale sous le titre *Who Paid the Piper ?*, London, Granta Publications, 1999.
Shapiro, David and Cecile, 1977, « Abstract Expressionism. The Politics of Apolitical Painting », *Prospects*, n° 3, p. 175-214.
Wise, Michael, 2002, « Showing the Flag for Culture (or Not) », *The New York Times*, 14 avril 2002.
Zelevansky, Lynn, 1994, « Dorothy Miller's " Americans " 1942-63 », *in* Elderfield, ed., p. 56-107.
Zyswomirski, Margaret J., Burgess, Christopher, Peila, Catherine, 2003, *International Cultural Relations. A Multi-Country Comparison*, Arts International and Center for Arts and Culture, Cultural Diplomacy Research Series.

Paysage après le 11 septembre
Les nouveaux enjeux de la diplomatie culturelle américaine

JEANNE BOUHEY

Les États-Unis d'Amérique présentent un cas particulièrement intéressant en matière de diplomatie culturelle. Ils appartiennent avec la France au petit groupe de pays qui revendiquent la capacité d'énoncer des valeurs universelles et, partant, d'émettre des recommandations au reste du monde. En même temps, la diplomatie culturelle américaine est dotée de canaux radicalement différents de l'appareillage diplomatique culturel français.

La diplomatie culturelle d'État aux États-Unis a une histoire relativement courte, puisqu'elle ne fait son apparition que dans les années 1930 (par comparaison, le réseau des Alliances Françaises fut entrepris dans le courant du XIXe siècle). Dans la mentalité américaine, les initiatives individuelles viennent combler les carences de l'État. Par conséquent, afin que de telles initiatives se mobilisent, il faut au préalable que le besoin qu'elles viennent combler ait été identifié. À l'image de l'action culturelle à l'intérieur des États-Unis, il s'agit d'un système caractérisé par la multiplicité des acteurs et par l'initiative privée. C'est avec la Guerre froide que s'est véritablement mis en place un système d'État organisé, quoique largement dissimulé, et justifié par la place importante de l'idéologie dans le conflit entre l'URSS et les États-Unis. Puis, avec la fin de la Guerre froide et le démembrement de l'empire soviétique, les Américains ont considéré comme inutile de maintenir un dispositif coûteux et ont sérieusement diminué leur présence culturelle à l'étranger, notamment par la fermeture d'un certain nombre de centres culturels.

Les événements du 11 septembre 2001 ont porté une lumière inattendue sur les différences idéologiques qui peuvent opposer les États-Unis, et plus largement les sociétés occidentales, à des groupes politiques et à des opinions publiques marginalisés et privés de pouvoir et d'influence. Dans ce contexte, le concept de *soft power* (défini par Joseph Nye comme la capacité à rallier, plutôt qu'affronter, les gens ou, par extension, les États, reposant avant tout sur un système de valeurs qui légitime les objectifs diplomatiques d'une nation) et les théories du « choc des civilisations » développées par Samuel Huntington ont retrouvé une nouvelle vigueur. La notion de conflit idéologique est réapparue et le débat diplomatique s'est naturellement repositionné autour d'un certain nombre de thèmes en vogue pendant la Guerre froide, en présentant comme un enjeu le règne (américain) sur « les cœurs et les esprits », selon l'expression consacrée. À un moment où les efforts culturels américains à l'étranger étaient donc en nette diminution, le 11 septembre est venu signaler qu'ils étaient sans doute plus nécessaires que jamais.

Cet article examine les enjeux de la diplomatie culturelle américaine dans le contexte de la période inaugurée par le 11 septembre 2001. Il présente les spécificités du système américain, largement fondé sur les actions du secteur privé, et suggère quelques pistes de réflexion sur les premières réponses apportées aux événements du 11 septembre et sur les perspectives d'évolution.

La diplomatie culturelle américaine : une affaire principalement non-gouvernementale

Aux États-Unis, la diplomatie culturelle, historiquement et aujourd'hui encore pour l'essentiel, se pratique dans un cadre non-gouvernemental. Elle se distingue par là nettement de pays comme l'Allemagne, le Royaume-Uni ou la France, qui ont mis en place des réseaux d'institutions telles que le Goethe Institute, le British Council ou les Alliances Françaises. Margaret Wyszomirski a montré, dans une étude récente comparant neuf systèmes nationaux de diplomatie culturelle, combien les définitions et les termes employés varient suivant les pays[1]. Le terme de « diplomatie culturelle » semble être utilisé plus volontiers en français, où il désigne l'une des composantes de la politique étrangère d'un pays s'appuyant sur un dispositif culturel, artistique et éducatif. Dans d'autres pays, on utilise de préférence les termes d'« échanges culturels internationaux », de « politique culturelle internationale » ou de « relations internationales culturelles », qui soulignent le caractère plus informel de leur approche.

L'existence même d'une politique culturelle américaine peut prêter à débat. En effet, il n'existe pas d'entité à l'échelle fédérale avec un budget significatif et la mission de centraliser les actions dans le domaine spécifiquement culturel, d'articuler un programme suivant une ligne précise et d'en répondre[2]. Ceci tient largement à la place de la culture dans la société et dans le débat politique américains, et à ce que l'on nomme « *the culture wars* », ou les guerres culturelles : des conflits violents et récurrents entre la droite et la gauche sur le bien-fondé du financement public de la culture et sur la liberté d'expression artistique.

Au contraire, le système culturel américain est caractérisé à tous les niveaux (local, fédéral et international) par une

---

[1] Wyszomirski M., Burgess C. and Peila C., 2003, *International Cultural Relations : A Multi-Country Comparison*, Center for Arts and Culture, Washington D.C.

[2] Le *National Endowment for the Arts*, dont la création date de 1965, représente environ 2 % du budget total alloué à la culture à l'échelle des États-Unis.

multiplicité d'acteurs et par l'absence de centralisation. Les politiques culturelles américaines sont notamment enracinées dans des décisions de politique publique qui favorisent le secteur privé et le rôle des individus, particulièrement *via* la législation fiscale. Elles peuvent parfois poursuivre des objectifs publics où la culture devient un moyen utilisé à des fins de développement économique ou de régénération urbaine[1]. Cette multiplicité et cette dispersion des acteurs sont caractéristiques des États-Unis. Les politiques et, le cas échéant, les régimes fiscaux, sont élaborés à tous les niveaux de gouvernement (local et fédéral) et les politiques culturelles sont profondément imbriquées avec les décisions prises par les acteurs du secteur privé : individus, fondations philanthropiques, institutions culturelles et entreprises commerciales. La politique culturelle de la « nation » – distincte d'une politique culturelle « nationale » – est complexe et comporte de multiples facettes.

Les Américains sont traditionnellement méfiants à l'égard de toute intervention de l'État dans le secteur culturel, à la fois au niveau interne pour l'application d'une politique culturelle, et au niveau externe pour l'articulation et l'application d'une diplomatie culturelle. Même au plus clair de la Guerre froide, alors que le gouvernement était persuadé que la guerre contre le communisme passait nécessairement par une « conquête des cœurs et des esprits », nombre d'organisations chargées de mener des opérations dans le secteur culturel étaient structurées indépendamment du gouvernement, à l'exemple de l'*USIA, The United States Information Agency,* responsable de promouvoir les intérêts

---

[1] Cette instrumentalisation de la culture n'est pas propre seulement aux États-Unis. Cf. Adrian Ellis, 2003, *Valuing Culture, A Backgound Note,* communication au colloque *Valuing Culture,* organisé à Londres le 17 juin 2003 par le think tank Demos.

nationaux américains à l'étranger grâce à une série de programmes culturels et éducatifs.

Par ailleurs, les subventions de la CIA dans le domaine culturel furent administrées essentiellement en sous-main, et les réactions qui ont suivi leur révélation, tant à la fin des années 1960 qu'au cours des dix dernières années, laissent à penser qu'il ne serait pas possible de réutiliser les mêmes moyens aujourd'hui. Les exigences de transparence et de responsabilité politique vis-à-vis des actions du gouvernement présentent aujourd'hui un environnement beaucoup moins favorable aux méthodes défendues par l'école de la diplomatie dite réaliste qu'il y a quarante ans. Face à la suspicion qui entoure le secteur public, les acteurs culturels non-gouvernementaux jouent un rôle significatif dans les relations que les États-Unis entretiennent avec le reste du monde dans le domaine culturel. Seront évoqués tour à tour les fondations, les institutions culturelles et le rôle exercé par la culture commerciale et le marché.

Les fondations, d'abord, comptent parmi les acteurs les plus influents dans le secteur caritatif américain. Elles exercent une énorme puissance dans le paysage culturel, à la fois par leur taille économique et par leur capacité à définir des objectifs qui conditionnent les subventions accordées aux institutions culturelles (ce que l'on décrit sous le terme de « philanthropie stratégique », voire de « philanthropie coercitive »). Les chiffres illustrent clairement la puissance économique des fondations américaines : les 49 fondations les plus riches en 2001 possédaient plus de 163 milliards de dollars de capitaux (davantage que le PIB du Danemark)[1].

---

[1] A. Szántó, 2003, *A New Mandate For Philanthropy ? U.S. Foundation Support for International Arts Exchanges*, Center for Arts and Culture, Washington DC. Le J. Paul Getty Trust est exclu de cette catégorie car il fonctionne non seulement comme bailleur de fonds, mais également comme institution opérationnelle.

Par ailleurs, on estime que la part de financement des arts et de la culture attribuable aux fondations américaines toutes réunies (on estime ce chiffre à 62 000 fondations) s'élevait en 2002 à 4,1 milliards de dollars[1]. Les premières initiatives de fondations américaines à l'étranger eurent un but éducatif avant d'être culturel. C'est durant l'entre-deux-guerres que certaines fondations philanthropiques, telles que la Fondation Rockefeller, la Fondation Carnegie pour la Paix Internationale et la Fondation Guggenheim, commencèrent à étendre leur champ d'action au-delà des frontières américaines, en instaurant un système d'échanges éducatifs internationaux.

Elles financèrent notamment la création en 1919 de l'*Institute for International Education*, qui existe encore aujourd'hui et administre entre autres le célèbre programme Fulbright. À la même époque, la Fondation Rockefeller (créée en 1913) mit en place plusieurs programmes en Chine dans le but de promouvoir la modernisation de ce pays par des moyens éducatifs, notamment la création d'un institut de formation médicale, ainsi que l'enseignement de l'anglais et un certain nombre de bourses d'étude. Mais ces efforts demeurèrent limités jusqu'à la Seconde Guerre mondiale.

Après la guerre, les États-Unis ayant atteint une nouvelle visibilité à l'étranger et un système d'institutions internationales étendu s'étant mis en place, les actions culturelles de caractère international revêtirent un nouvel intérêt. La Fondation Rockefeller par exemple, qui avait commencé à distribuer des subventions au secteur artistique au début des années 1930, invita des artistes de Kabuki sur le territoire américain dès la fin des années 1940, afin d'aider à la restauration des relations culturelles avec le Japon.

---

[1] The Foundation Center, 2003, *Arts Funding IV, An Update on Foundation Trends*.

L'après Seconde Guerre mondiale fut également l'époque où la génération qui avait fondé les grandes fondations philanthropiques fit place à de véritables professionnels et où le secteur se perfectionna, acquérant un rôle prééminent dans le paysage culturel américain. Dans un premier temps toutefois, les efforts de grandes fondations telles que la Fondation Ford s'appliquèrent à professionnaliser les organisations culturelles américaines et à renforcer leur capacité managériale et financière, afin de doter les États-Unis d'une infrastructure culturelle qui soit à même de rivaliser avec l'offre artistique européenne.

En matière de relations culturelles internationales, la Guerre froide marqua une période intense, dans la mesure où s'établit entre les États-Unis et l'Union Soviétique une concurrence fondée sur l'idée que les productions culturelles d'un pays reflétaient la supériorité de son système politico-économique. Ce qui était considéré comme le meilleur parmi les artistes et les productions artistiques fut ainsi envoyé en tournée (le *Boston Symphony Orchestra* en tournée en Europe en 1952, le *Bolchoï* à New York en 1959, et quantité d'autres tournées et expositions des artistes américains les plus réputés). En outre le *Congress for Cultural Freedom*, financé en sous-main par la CIA par le biais de fondations-alibis, œuvra entre 1950 et 1966. (Les développements de la diplomatie culturelle et l'intervention de la CIA durant la Guerre froide sont étudiés en détail dans un autre chapitre de ce volume[1].)

Avec la fin de la Guerre froide, certaines fondations ont engagé de nouveaux échanges culturels internationaux, en lien avec le développement des échanges commerciaux et le dégel dans les relations internationales. Les fondations américaines ont notamment financé un certain nombre d'initiatives en Europe centrale, en Europe de l'Est et dans l'ex-URSS, telles

---

[1] Cf. *La CIA et le MoMA*, par G. Armaos, chapitre précédent.

que le *Trust for Mutual Understanding*, créé en 1984, ou le *Fund for U.S. Artists at International Festivals and Exhibitions* (1988), qui a dépensé 15 millions de dollars depuis sa création. Les pays en voie de développement firent également l'objet de nouvelles attentions. Toutefois, il est à noter qu'historiquement les fondations américaines ont une action largement centrée sur une ville ou une région, voire les États-Unis dans leur ensemble.

D'après l'enquête annuelle sur la philanthropie américaine *Giving USA 2003*, moins de 2 % des fonds utilisés à des fins philanthropiques vont à des causes internationales[1]. Une étude réalisée en 2003 par András Szántó sur les contributions des fondations américaines aux échanges internationaux[2] montre que la part de subventions directement liées à de tels échanges est étonnamment pauvre[3]. Elle indique également que les 49 plus grosses fondations américaines allouèrent 7 % de leurs subventions aux arts et à la culture en 2001 (soit 545 millions de dollars), mais que lorsqu'on en venait à la part internationale de ces subventions (échanges internationaux, subventions directes à des institutions étrangères et à la conservation d'œuvres d'art à l'étranger), celles-ci ne représentaient que 46 millions de dollars. En réduisant la sélection aux seuls échanges internationaux, les subventions s'élèvent à 15,4 millions de dollars, soit 2,8 % du total des subventions accordées aux arts

---

[1] « Clarence Foundation to Launch Engaged Philanthropy Program », *PNN Online*, 9 septembre 2003.

[2] Cette étude est centrée sur les dons accordés par des fondations américaines privées afin de faciliter le déplacement d'artistes, de professionnels de la culture et d'expositions entre les États-Unis et le reste du monde.

[3] A. Szántó, 2003, *A New Mandate For Philanthropy ? U.S. Foundation Support for International Arts Exchanges*, Center for Arts and Culture, Washington DC.

et à la culture, et 0,2 % du total des subventions distribuées par ces 49 fondations, toutes causes confondues.

Ces chiffres sont toutefois à tempérer : ils ne prennent pas en compte les dons importants que certaines fondations, notamment la Fondation Ford, administrent par l'intermédiaire de bureaux situés à l'étranger, ni les subventions générales (sans utilisation déterminée au moment de la demande) accordées à des institutions culturelles américaines et qui soutiennent parfois un but international. L'étude d'A. Szántó montre également que la part des dons ayant une dimension internationale dans les subventions totales est restée plus ou moins constante entre la fin de la Guerre froide (l'étude prend en compte les chiffres de 1990) et 2001, tandis que le volume total des subventions accordées par les fondations augmentait de manière impressionnante en raison des bénéfices réalisés sur les marchés financiers.

Les subventions des fondations américaines dans le champ international sont par ailleurs le fait d'une poignée de fondations américaines[1]. Une recherche réalisée par le magazine *Philanthropy in Europe* en 2003 montre que les fondations européennes ont un champ d'action davantage international que leurs homologues américaines, dont quatorze seulement parmi les 40 plus grosses fondations distribuent des dons à l'étranger (et nombre de ces dons vont à l'action sociale et humanitaire avant de toucher le secteur culturel). Ceci est confirmé par l'étude d'A. Szántó : 82 % des contributions aux échanges culturels internationaux (12,7 millions de dollars) étaient le fait de six fondations : Doris Duke, Ford, Freeman, Mellon, Rockefeller et Starr. Comparées aux entreprises américaines, y compris les grandes firmes qui distribuent la culture commerciale américaine à

---

[1] « Europe's 40 biggest foundations », *PNN Online*, 11 août 2003.

grande échelle, les fondations sont donc restées largement en marge du phénomène de la mondialisation.

Les institutions culturelles, en revanche, jouent depuis quelques années un rôle accru sur le plan international, dans la mesure où la scène culturelle s'est largement mondialisée. À titre d'exemple, des musées ont créé diverses formes d'alliances stratégiques et de partenariats à l'échelle internationale. Le Guggenheim présente un cas d'école avec ses différents partenariats établis dans le monde entier, avec des collectivités locales (le gouvernement Basque pour le musée de Bilbao en Espagne), des entreprises (la Deutsche Bank pour le musée de Berlin) et d'autres musées (le musée de l'Ermitage de Saint-Pétersbourg pour un musée commun à Las Vegas, et l'Ermitage et le Kunsthistorisches Museum de Vienne pour une alliance tripartite dont les résultats sont restés pour le moment limités), sans compter nombre de projets avortés, à Taiwan, en Autriche ou au Brésil. Cette mondialisation de la scène culturelle ne concerne pas seulement les institutions culturelles américaines.

Le musée de l'Ermitage affiche des ambitions similaires avec l'établissement de son propre réseau de musées, comprenant déjà une annexe à Londres et à Amsterdam. FRAME (*French Regional and American Museums Exchange*) est un réseau franco-américain de musées régionaux constitué en 1999 et comprenant dix-huit musées, neuf de chaque pays, au nombre desquels les musées de Lyon, Strasbourg, Lille et Grenoble du côté français ; et, du côté américain, Cleveland Museum of Art, Minneapolis Institute of Arts, Yale University Art Gallery et Fine Arts Museum of San Francisco. Le Guggenheim, la Tate Modern et le Centre Pompidou ont par ailleurs acquis une œuvre de Bill Viola en co-propriété, inaugurant un nouveau modèle de relations culturelles internationales.

Les relations internationales conduites par les institutions culturelles se mettent également en place au niveau des contacts individuels entre institutions (co-organisation d'expositions, prêts d'œuvres d'art et collaborations scientifiques), avec des artistes (c'est l'essence de la programmation artistique) et des initiatives diverses. Par exemple, le département des activités pour les enfants de Carnegie Hall, à New York, organise des programmes hors frontières grâce à un équipement sophistiqué de vidéo-conférences. De même, les départements d'universités et leurs « maisons étrangères » (Maison française, *Deutsches Haus*, etc.) jouent un rôle non négligeable dans les rapports et les efforts de communication entre cultures, par leur programmation de conférences et de débats, sans compter les nombreux musées et centres de spectacles d'universités. Toutefois, ceci fait partie de la mission artistique de ces institutions plus que d'un agenda diplomatique ou politique.

Lorsque le gouvernement intervient dans des actions directes de diplomatie culturelle, c'est souvent en partenariat avec le secteur philanthropique privé. Par exemple, *Cultural Contact, The U.S.-Mexico Fund for Culture*, est une institution indépendante établie en 1991 afin de développer les échanges culturels entre les États-Unis et le Mexique. Elle est le fruit d'une collaboration entre la Fondation Rockefeller, le Fonds National Mexicain pour la Culture et les Arts et la Fondation Culturelle Bancomer, avec la participation du gouvernement américain. Le Fonds pour les Artistes Américains aux Expositions et Festivals Internationaux[1] est également le fruit d'un partenariat entre le secteur public et le secteur privé, avec la participation du *National Endowment for the Arts* (l'administration publique fédérale pour les arts et la culture), le département d'État américain (l'équivalent du ministère des

---

[1] *Fund for U.S. Artists at International Festivals and Exhibitions.*

Affaires étrangères) et la Fondation Rockefeller, avec une participation financière supplémentaire de la Fondation Doris Duke depuis 2001. Ces partenariats entre secteur public et secteur privé sont prévus légalement et encouragés par une loi de 1948, *The U.S. Information and Education Act*, qui invite le département d'État à utiliser les services d'organisations déjà existantes sur la base de leur savoir-faire en la matière[1].

Au-delà du gouvernement fédéral, les directions des affaires culturelles des États fédérés et certaines associations professionnelles à l'échelle régionale ont, depuis une dizaine d'années, lancé leurs propres initiatives ou financé des projets sur une échelle internationale. Ces initiatives s'articulent souvent avec des objectifs économiques – développer des relations économiques avec certaines régions du monde – ou sociaux – aider l'intégration d'une certaine communauté immigrée, améliorer le niveau d'éducation et de compétences des habitants d'un État.

Pendant longtemps, les États-Unis se sont fiés essentiellement au marché pour la diffusion en masse de la culture américaine, essentiellement par le moyen des films d'Hollywood et de la musique dite commerciale, version MTV. Les droits de copyrights représentent 450 milliards de dollars de ventes annuellement, soit environ 5 % du PIB américain. À l'échelle internationale, ceci représente plus de 79 milliards de dollars[2]. Cette situation a longtemps été considérée comme naturelle et satisfaisante par les États-Unis, qui se contentaient de négocier dans le cadre des accords commerciaux internationaux afin que les biens culturels soient reconnus comme des biens et services ordinaires et

---

[1] Cité par Michael McCarry, 1999, « Public-Private Partnerships and the American Exchange Program : A View from the Field », *Journal of Arts Management, Law, Society*, 29 (I).

[2] Chiffres cités par le Center for Arts and Culture, mars 2001, *America's Cultural Capital : Recommendations for Structuring the Federal Role*.

échappent aux mesures protectionnistes opposées par d'autres États.

Cependant les résultats positifs pour la balance commerciale des États-Unis ne s'accompagnent pas nécessairement d'un succès d'estime. La culture commerciale américaine est régulièrement fustigée pour sa vulgarité et sa violence. Dans ce contexte, on peut se demander si le fait de se fier au marché pour distribuer des « produits culturels » ne s'est pas révélé en partie contre-productif. En effet, dans le déploiement d'un appareil de diplomatie culturelle, les pays d'Europe occidentale, et plus largement les pays où cette diplomatie culturelle est mise en jeu par l'État ou des acteurs ayant la justification d'agir pour le bien de l'État, forment une identité culturelle associée à une notion « élitiste » de la culture. Aux États-Unis au contraire, ce phénomène de composition consciente n'a pas lieu et les produits culturels envoyés dans le reste du monde relèvent largement de la culture commerciale.

Le 11 septembre 2001 et ses suites

Les événements du 11 septembre 2001 ont violemment remis en cause l'équilibre qui s'était mis en place après la Guerre froide, où les États-Unis étaient devenus une hyper-puissance monopolistique par défaut. Avec la déclaration de la « guerre contre le terrorisme » du président George W. Bush, le combat américain s'est placé hors du champ des guerres traditionnelles, où l'ennemi est identifiable sur un territoire, à la tête de troupes repérables et représenté par un interlocuteur présentant des revendications négociables. Au contraire, cette guerre engagée par le gouvernement républicain s'est immédiatement placée sur le plan de l'idéologie en mettant en opposition des valeurs et des codes (où le droit de la guerre ne s'applique pas).

Du point de vue du gouvernement américain, la diplomatie culturelle est très explicitement placée dans le cadre plus large de la diplomatie dite publique, définie par l'historien Frank Ninkovitch comme « la promotion ou la communication entre les peuples, par opposition aux gouvernements » afin « d'arriver à un accord fondé sur des valeurs communes »[1]. Cette diplomatie publique est le produit d'un dispositif qui comprend principalement les activités du sous-secrétariat à la diplomatie publique et aux affaires publiques (« *Under Secretary for Public Diplomacy and Public Affairs* »), ainsi que les radiodiffusions à l'étranger, sous l'égide du *Broadcasting Board of Governors*.

En octobre 2001, le département d'État américain a nommé à la tête du sous-secrétariat à la diplomatie publique et aux affaires publiques Charlotte Beers, une experte en marketing, avec le mandat explicite de « redorer » l'image des États-Unis auprès du monde arabe. La campagne « *Shared Values* » (valeurs partagées) qui en est résultée comprenait des publicités diffusées à la télévision, des conférences et des débats, des brochures et des programmes radio, mais elle fit immédiatement l'objet de vives critiques pour avoir choisi une approche trop superficiellement marketing, avec de jolies images mais une totale méconnaissance des publics visés. Par exemple, la présentation de la vie quotidienne de musulmans vivant aux États-Unis, dans un effort pour montrer que les États-Unis ne sont pas opposés à cette religion et ses croyants, a été perçue comme hors de propos dans un contexte où le problème principal concerne la politique américaine au Proche-Orient et le soutien américain au gouvernement israélien.

---

[1] Frank Ninkovitch, 1996, *U.S Information Policy and Cultural Diplomacy*, Headlines series, n° 308 ed., New York, NY, Foreign Policy Association.

D'autres initiatives ont été mises en place par le sous-secrétariat d'État, au nombre desquelles : une anthologie de la littérature américaine, *Writers on America : 15 Reflections*, traduite dans plusieurs langues, y compris l'arabe, et publiée à 100 000 exemplaires distribués gratuitement dans les ambassades américaines ; et *Culture Connect*, un programme qui met en scène dix « ambassadeurs culturels », au nombre desquels Wynton Marsalis, musicien et compositeur phare du jazz américain, Michael Kaiser, le directeur du Kennedy Center à Washington, le violoncelliste Yo-Yo Ma, mais également le joueur de basket Tracy McGrady et l'ex-chanteuse des Supremes Mary Wilson. Ces ambassadeurs culturels s'adressent à un public jeune (12-25 ans) et animent des *master classes* et des conférences dans diverses parties du monde (de la Lituanie au Mexique en passant par le Brésil, l'Argentine et l'Algérie).

Outre les programmes du sous-secrétariat d'État à la culture, les radio-diffusions américaines à l'étranger occupent un rôle prépondérant dans la batterie de mesures par lesquelles les États-Unis entendent influencer les opinions publiques à l'étranger. Le *Broadcasting Board of Governors* est une commission indépendante du gouvernement américain depuis 1999, mais financée sur proposition du gouvernement et approbation du Congrès, au titre des dépenses du département d'État. Composé de neuf membres, pour moitié démocrates et républicains, ainsi que du secrétaire d'État, le BBG comprend *Voice of America* et *Radio Free Europe/Radio Liberty* qui ont occupé un rôle symbolique important en Europe de l'Est pendant la Guerre froide, mais également *Radio Free Asia, Radio, TV Martí* (*Office of Cuba Broadcasting*) et *Worldnet Television* (sans spécialisation géographique). Après le 11 septembre, de nouvelles chaînes ont été conçues et mises en place, spécialement à l'intention du monde arabe.

Depuis mars 2002, *Radio Sawa* émet un mélange de musique pop arabe et américaine et de programmes d'information, à raison d'une chanson arabe enchaînée avec une chanson américaine pendant 50 à 55 minutes, et de bulletins d'informations pendant les 5 à 10 minutes qui restent. *Radio Sawa* a reçu une subvention initiale de 30 millions de dollars. Dans le même esprit et visant un public similaire, *Radio Farda* émet depuis décembre 2002 à destination de l'Iran des programmes en persan. Enfin, la chaîne de TV *al-Hurra* (initialement appelée Irak TV) fut mise en place après la chute de Bagdad (avec un budget de 62 millions de dollars en 2003). Au total, un budget de 518,1 millions de dollars a été voté par le Congrès pour la radio et la télédiffusion à l'étranger en 2004.

Les résultats de ces initiatives sont mitigés. La campagne de marketing du sous-secrétariat d'État a été critiquée pour son aspect trop résolument marketing lié à une mauvaise connaissance du terrain, ainsi que pour le choix de supports de publicité inadaptés. De l'analyse même de commentateurs extérieurs, *Radio Sawa* jouit d'un large public : au moins 15 millions d'auditeurs fin 2003 et en progression. Toutefois, d'après certains observateurs et le témoignage de jeunes auditeurs, ceux-ci apprécient la programmation musicale mais coupent le son au moment des informations. Par ailleurs, est très répandu l'argument selon lequel la propagande ne saurait faire oublier la politique américaine menée dans le cadre du conflit israélo-palestinien. La politique de communication interviendrait donc beaucoup trop en aval des causes d'un anti-américanisme virulent.

On le voit, par les sommes engagées, le gouvernement américain prend au sérieux les questions de diplomatie publique, mais il accorde à cette dernière une dimension beaucoup plus éducative et informationnelle que réellement culturelle.

Les efforts entrepris ont déjà fait l'objet de vives controverses et les résultats sont affaire de long terme. Les changements intervenus après le 11 septembre s'agissant des fondations et des institutions culturelles sont également très contrastés. Sur le plan économique, les États-Unis ont connu à partir d'avril 2001 une récession particulièrement marquante par rapport à l'euphorie qui l'avait précédée.

La récession a eu des conséquences à la fois pour les institutions culturelles et pour leurs financeurs. Les fondations ont vu leurs dotations (*endowments*[1]) subir des réductions spectaculaires (131 fondations réunies ont subi une diminution de 19,7 milliards de dollars entre 2001 et 2002). Les États fédérés se sont également trouvés confrontés à des baisses de recettes importantes, et l'un des premiers postes de dépenses touchés fut la culture, avec des réductions allant de 32 % à 86 %. En 2003, l'État de Californie a réduit son budget culturel de 20 millions de dollars à seulement 2 millions, la Floride de 30 millions à 6,7 millions, et le Michigan de 22,5 millions à 11,8 millions de dollars.

Au total, le budget des États est passé de 446,8 millions de dollars en 2001 à 272,4 millions pour l'année 2004. Enfin, les mécènes individuels ont également réduit leurs contributions philanthropiques, de 1,7 % en 2001 et à nouveau de 0,9 % en 2002. Les institutions culturelles ont vu leurs revenus propres affectés par une baisse spectaculaire du tourisme et une certaine frilosité des publics locaux. Les institutions culturelles ont donc vu toutes leurs sources de revenus diminuer en même temps, et elles ont dû concentrer leur énergie sur des budgets en baisse plutôt que de pouvoir entreprendre de nouveaux programmes à l'étranger.

---

[1] Il s'agit de dotations financières en capital qui représentent, par les intérêts financiers qu'elles libèrent, une source de revenus régulière (Voir J.-M. Tobelem, *Musées et culture, le financement à l'américaine*, PUL, 1990).

Enjeux, débats et perspectives

Le 11 septembre 2001 a durablement ébranlé les États-Unis et les adaptations mettent du temps à se mettre en place.

Qu'est-ce que la diplomatie culturelle américaine ?

On peut noter une dualité de fond au cœur même de la notion de diplomatie culturelle aux États-Unis. D'une part, celle-ci s'entend comme la facilitation d'échanges dans les secteurs artistique et éducatif, afin de promouvoir et de renforcer la compréhension et le dialogue entre les peuples[1], sans être forcément sous-tendue par un agenda politique, mais dans un but à connotation idéaliste et internationaliste. D'autre part, la diplomatie culturelle américaine est considérée comme partie prenante de la « diplomatie publique » qui, tout en s'adressant aux individus et non aux États[2], décline cependant un programme élaboré par le Département d'État. Cette ambiguïté est reflétée au sein même des institutions gouvernementales, dont les lignes de responsabilité et de définition sont relativement confuses et dépendent dans une large mesure des conceptions qu'en ont les différents présidents des États-Unis. Elle gagnerait probablement à être clarifiée conceptuellement pour un meilleur fonctionnement des institutions.

---

[1] « Exchange of ideas, information, art and other aspects of culture among nations and their peoples to foster mutual understanding », selon Milton C. Cummings, Jr., 2003, *Cultural Diplomacy and the United States Government : a Survey*, Center for Arts and Culture, Washington D.C.

[2] Selon le groupe de travail sur l'intégration de USIA au Département d'État (juin 1997), la diplomatie publique se définit de la manière suivante : « La diplomatie publique cherche à promouvoir les intérêts nationaux des États-Unis à travers la compréhension, l'information et l'influence des publics étrangers. »

Le retard pris au cours des années 1990

La diplomatie culturelle américaine d'État dispose aujourd'hui de moyens financiers réduits après des réductions budgétaires substantielles depuis le début des années 1990. À la fin des années 1990, le budget de USIA avait diminué de 33 % par rapport aux années de Guerre froide et le personnel de 29 %. À titre indicatif, on estime qu'il y a actuellement 112 postes spécifiquement alloués à la diplomatie culturelle parmi les fonctionnaires du département d'État (*Cultural Affairs Officers* et *Assistant Cultural Affairs Officers*), à comparer par exemple aux 180 attachés culturels au ministère français des Affaires étrangères[1]. En 1999, l'USIA fut supprimé et ses responsabilités annexées au Département d'État[2].

Dans le même mouvement, nombre de bibliothèques américaines et de centres américains à l'étranger ont été fermés, y compris à Belgrade au moment de la guerre dans les Balkans et à Islamabad. Les dépenses de radio-télédiffusion à l'étranger ont diminué de 40 % entre la fin de la Guerre froide et septembre 2001. Les nouvelles initiatives mises en place par le gouvernement du président Bush, outre leurs défauts propres, ont donc commencé avec un handicap notable. Les difficultés actuelles soulignent l'importance d'inscrire de telles actions dans le long terme et dans la stabilité des institutions.

---

[1] Wyszomirski, M., Burgess, C. and Peila, C., 2003, *International Cultural Relations : A Multi-Country Comparison*, Center for Arts and Culture, Washington DC.

[2] Sablosky, Juliet Antunes, 2003, *Recent Trends in Department of State Support For Cultural Diplomacy : 1993-2002*, Center for Arts and Culture, Washington D.C.

L'hostilité du reste du monde (« Why do they hate us ? »)

Avec le 11 septembre, les Américains ont brusquement réalisé l'ampleur du ressentiment qu'ils pouvaient susciter dans le reste du monde. La période qui a suivi s'est accompagnée d'un examen attentif de cette animosité. Financé par *The Pew Charitable Trusts*, l'une des fondations majeures aux États-Unis, le *Pew Research Center For the People and the Press* a publié fin 2002 les résultats d'une enquête sur l'image des États-Unis dans le monde, couvrant un échantillon de 38 000 personnes dans 44 pays. Cette enquête a montré qu'après les nombreux témoignages de sympathie qui avaient immédiatement suivi les attentats de septembre 2001, l'appréciation positive des États-Unis avait rapidement diminué dans l'opinion internationale, non seulement dans les pays musulmans, mais également chez leurs alliés traditionnels membres de l'OTAN et les pays en voie de développement en Afrique, en Asie et en Amérique Latine. Après le début de la guerre en Irak, les enquêtes qui suivirent montrèrent une chute accélérée dans les sondages d'opinion.

Les Américains éprouvent des difficultés à analyser et comprendre complètement les causes des sentiments qu'ils peuvent susciter. Est-ce uniquement une question de style affiché par les représentants politiques ? Est-ce la seule conséquence d'une puissance économique et militaire inégalées ? Quels actes politiques le gouvernement américain est-il capable de mener dans le conflit israélo-palestinien, fréquemment cité pour expliquer une partie du ressentiment anti-américain ? Une telle analyse représente en effet un préalable nécessaire à la recherche de solutions et elle reste encore à approfondir.

Priorités géographiques ?

L'origine de la menace contre la sécurité américaine est actuellement identifiée principalement dans le monde arabe et musulman, comme le montre le rapport commandé à une commission *ad hoc*, présidée par Edward Djerejian, afin de présenter des recommandations sur la direction stratégique à donner à la diplomatie culturelle américaine dans les mondes arabe et musulman[1]. Dans le même temps, la question se pose des zones d'action traditionnelles héritées de la Guerre froide, notamment l'Europe de l'ouest et de l'est. Les relations culturelles se mettent en place et se cultivent sur le long et le très long terme, et il pourrait être utile de questionner le choix de pays dits « cibles » et le désengagement de pays traditionnellement jugés de haute importance stratégique. À cette question s'ajoute celle du contenu du message transmis. Un grand nombre de commentateurs soulignent qu'en matière de diplomatie culturelle il est au moins aussi important d'écouter que de prétendre « raconter son histoire au monde » et que des relations sont par nature bi- ou multilatérales. Comment les États-Unis prendront-ils en compte et approfondiront-ils la connaissance de ces publics ?

Quelle culture ?

Le souci concernant la diplomatie culturelle américaine et le constat d'un certain échec, ainsi que du besoin de relancer ces efforts diplomatiques, partent essentiellement des événements du 11 septembre 2001.

---

[1] Djerejian, Edward P., Chairman, 2003, *Changing Minds, Winning Peace, A New Strategic Direction for U.S. Public Diplomacy In the Arab & Muslim World*, rapport de la commission sur la diplomatie publique dans le monde arabe et musulman.

En guise d'explication de cet échec, il est tentant d'opposer une culture américaine conçue comme une culture commerciale de masse et distribuée selon une logique de marché, à une culture plus élitiste présentée par les pays dotés d'un système de diplomatie culturelle centralisé et en même temps énonciatrice d'une identité nationale réfléchie. À cette notion de culture de masse s'ajoute un sens de valeurs éthiques et morales différentes – en d'autres termes, on oppose un alignement des goûts à une notion de qualité. Cette opposition a-t-elle véritablement un sens et comment la justifier ?

Évaluation et notion d'efficacité

Les résultats de la diplomatie culturelle sont impossibles à quantifier et leur valeur repose souvent davantage sur des opinions personnelles que sur des résultats tangibles. Comme l'a souligné Frank Ninkovitch lors du colloque « *Arts and Minds : Cultural Diplomacy Amid Global Tensions* » en 2003 à New York, le succès d'une ligne diplomatique culturelle dépend largement de la qualité de la politique étrangère avec laquelle elle s'articule. Par ailleurs peut se poser la question des acteurs les mieux placés pour mener à bien la diplomatie culturelle – est-ce le gouvernement ? Ou les acteurs privés ? Dans le cas américain, le gouvernement ne possède pas l'expertise requise, sans aborder le problème de la légitimité politique pour financer la culture avec des fonds publics, très contestée aux États-Unis. L'absence de centralisation et la liberté quasi-totale laissée aux acteurs privés encouragent la diversité d'actions et d'opinions, ainsi que l'expérimentation, l'innovation et la prise de risque. Reste à déterminer quel est l'instrument le plus efficace et l'effet voulu : une voix uniforme et cohérente, ou bien la pluralité de voix et d'expressions.

Conclusion

La diplomatie culturelle américaine met largement en jeu le secteur privé et se démarque ainsi radicalement de systèmes centralisés autour d'agences gouvernementales. Un tel modèle présente certes des faiblesses – le manque de cohérence et de coordination entre les divers projets entrepris, le manque d'assurance que toutes les bases seront couvertes, une éventuelle cacophonie dans le message transmis, l'échelle plus modeste à laquelle sont réduites des initiatives individuelles, le manque d'expertise du gouvernement lorsqu'il se mêle de diplomatie culturelle, ou encore les effets pervers de la confiance faite au marché et à ses règles de distribution.

Ce modèle présente également des avantages indéniables, avec une certaine flexibilité de fait grâce à une multitude d'acteurs, à leur responsabilisation en raison d'un investissement souvent personnel et à une approche peut-être plus subtile et plus convaincante. En matière de diplomatie, les mêmes résultats, voire de meilleurs, peuvent-ils être accomplis de la même manière par un système a-centralisé et multipolaire ; ou bien, au contraire, la nature des objectifs poursuivis requiert-elle un mécanisme centralisé, capable d'articuler et de mettre en œuvre une stratégie spécifique ? Les deux systèmes s'excluent-ils l'un l'autre, ou peut-on chercher à les intégrer, en maintenant une forte action centralisée tout en encourageant des initiatives privées plus subtiles, notamment par la législation fiscale ? Il s'agit finalement d'un débat qui dépasse celui de la diplomatie culturelle américaine pour rejoindre celui de la politique culturelle et de la science politique. Quel est en définitive le système le plus efficient et le plus efficace ?

Bibliographie

Arts and Minds, Cultural Diplomacy amid Global Tensions, 2003, actes du colloque présenté par le National Arts Journalism Program de Columbia University, Arts International and the Center for Arts and Culture, 14 et 15 avril 2003, New York.

Cummings, Milton C. Jr., 2003, *Cultural Diplomacy and the United States Government : A Survey*, Center for Arts and Culture, Washington D.C.

Djerejian, Edward, Chairman, 2003, Advisory Group on Public Diplomacy for the Arab and Muslim World, octobre 2003, *Changing Minds, Winning Peace, A New Strategic Direction for U.S. Public Diplomacy in the Arab and Muslim World.*

Feigenbaum, Harvey B., 2001, *Globalization and Cultural Diplomacy*, Center for Arts and Culture, Washington D.C.

Sablosky, Juliet Antunes, 2003, *Recent Trends in Department of State Support For Cultural Diplomacy : 1993-2002*, Center for Arts and Culture, Washington D.C.

Schneider, Cynthia P., 2003, « Diplomacy that Works : " Best Practices " », in *Cultural Diplomacy*, Center for Arts and Culture, Washington D.C.

Szántó, András, 2003, *A New Mandate for Philanthropy ? U.S. Foundation Support for International Arts Exchanges*, Center for Arts and Culture, Washington D.C.

Wyszomikrski, Margaret J., 2003, *International Cultural Relations : A Multi-Country Comparison*, Center for Arts and Culture, Washington D.C.

Troisième partie

Industries culturelles et stratégies

Le nouveau rôle diplomatique informel des institutions culturelles

FABRICE SERODES

La délimitation d'un nouvel espace diplomatique et culturel

Une extension récente du champ d'action culturel

La diplomatie a longtemps été façonnée par les seuls hommes d'État. Cette empreinte s'est traduite, depuis la Renaissance, par l'institution de postes diplomatiques permanents[1], dans des ambassades aux localisations toujours stratégiques, incarnant bientôt l'image que l'État se donne de lui-même[2] et suscitant secondairement des vocations d'ambassadeurs professionnels[3]. Depuis la Deuxième Guerre mondiale, des attachés culturels sont venus les renforcer. Aujourd'hui, de nombreux instituts culturels, comme les instituts français et autres fondations privées, dépendent encore largement de l'argent public pour leur financement, leur budget de fonctionnement, leur soutien aux projets culturels.

---

[1] Les premiers postes diplomatiques sont ceux de la République de Venise. En France, le ministre des Affaires étrangères est fixé à partir de 1573.

[2] Le dernier et le plus spectaculaire exemple étant la relocalisation des ambassades à Berlin, constellant le Tiergarten de bâtiments qui rivalisent d'étrangeté.

[3] Venu du civil ou recruté par concours, dont le sélectif concours d'Orient pour entrer au Quai d'Orsay.

Les instituts culturels doivent faire face à un redéploiement des budgets à l'international[1]. La diplomatie n'est cependant plus le fait des seuls diplomates. Sous l'effet conjugué du discrédit des régimes totalitaires du XXe siècle, qui ont instrumentalisé la culture à des fins de domination, d'un État qui cherche à se décharger de certaines responsabilités par souci d'économie et de « proximité » dans un contexte de crise économique, de la montée de l'importance du facteur culturel et de la multiplication des acteurs diplomatiques dans le cadre de la mondialisation des échanges, il faut désormais compter avec de nouveaux acteurs culturels indépendants.

L'économie a été l'un des premiers secteurs à véritablement échapper aux diplomates, la négociation des contrats commerciaux s'effectuant souvent directement entre chefs d'entreprise ou, à un niveau supérieur, lors de la visite officielle de chefs d'État. La « culture », que nous nous proposons de définir ici plutôt au sens restreint de patrimoine culturel d'une nation, en tant que lieu de formation d'un point de vue particulier sur les choses et d'élaboration d'un système de solutions aux problèmes rencontrés par l'homme dans sa vie, opposé à ceux des autres nations, intervient par sa nature même, son étendue, à tous les niveaux des échanges internationaux et dépasse rapidement le seul champ de l'activité diplomatique.

Depuis la Seconde Guerre mondiale, guerre largement idéologique et son enchaînement avec la Guerre froide, la dimension culturelle a fait l'objet d'une attention plus particulière des services diplomatiques, russes et américains[2].

---

[1] Clarisse Fabre, « Désherbage culturel en Europe », *Le Monde*, 3 juin 2006.

[2] Colloque « Culture and International History II » organisé par la fondation Stiftung Leucorea à Wittenberg, 19-21 décembre 2002.

Avec la multiplication des échanges, liée à une nouvelle étape de la mondialisation après l'effondrement du bloc communiste, et face au possible risque de repli identitaire, elle prend une importance nouvelle. Le développement des nouvelles techniques de l'information et de la communication, puis la personnalisation et la réappropriation contemporaine de l'Internet, donnent un écho amplifié à ces initiatives.

La culture peut être véhiculée, représentée, défendue par des individus, mais nous nous intéressons ici aux collectivités, fondations, patronages, associations civiles, musées, festivals, sites Internet, revues en ligne, constituant un nouveau réseau d'institutions informelles, soit créées *ad hoc*, et dont la vocation est un rôle diplomatique revendiqué, mais non représentatif ; soit, au contraire, ayant un rôle culturel à l'origine, et venues à la diplomatie par convictions idéologiques ou par le hasard des circonstances. Nous excluons ici les médias dont la vocation n'est pas entièrement culturelle. C'est ce que l'on peut appeler ici la « diplomatie culturelle informelle » : les acteurs culturels ont besoin de l'appui des diplomates pour donner du poids à leur action, et les diplomates trouvent en retour une sorte de reconnaissance, de vernis culturel et de soulagement à déléguer à d'autres ces fonctions.

Cette polarisation du champ culturel peut occasionner des frictions, lorsque les acteurs culturels prennent trop d'initiatives et concurrencent l'action des diplomates en poste, ou inversement, lorsque ces derniers font peu de cas de la culture, considérée comme secondaire ou inessentielle. L'exploration scientifique de ce nouveau champ diplomatique pose un problème particulier de sources. Les institutions culturelles effectuent un travail de fond, sur le long terme, dont il est difficile de mesurer l'impact immédiat, font appel aux idées, aux mentalités et, si elles multiplient les initiatives concrètes, ces dernières restent limitées. Elles ont également tendance à s'attribuer des actions dont il est difficile de vérifier l'authenticité.

Si les États, de leur côté, ne font aucune difficulté lorsqu'il s'agit de reconnaître l'influence de leurs propres instituts, sources d'une nouvelle légitimation, ou d'institutions culturelles plus lointaines mais liées financièrement à eux, comme le *British Council* ou l'École française de Rome, qui peuvent s'associer entre eux, mais restent dépendants pour leur financement de leurs ambassades respectives, ils répugnent davantage à reconnaître l'influence réciproque des institutions informelles sur leur action diplomatique, ce qui risquerait de les faire passer pour le jouet des *lobbies* ou de groupes de pression privés. La diplomatie culturelle est encore trop souvent conçue en termes classiques de *soft power*, voire d'arme, ce qui suppose un sens unique avec l'État comme seule source de diffusion culturelle.

Définition scientifique et exemples

Comment transgresser cette frontière entre action culturelle générale et informelle et diplomatie officielle ? Quelles sont les traces, les indices, les témoignages de l'action des institutions culturelles ? Par nature, leur travail, qui consiste à tisser des liens culturels durables entre les peuples, s'apprécie sur le long terme. L'historiographie disponible à ce jour n'apporte que peu de réponses, la diplomatie culturelle y étant abordée sous un angle principalement historique[1]. Elle n'en révèle pas moins l'intérêt récent pour ce type de diplomatie, comme le rappelaient Pierre Milza, dès le début

---

[1] Alain Dubosclard, Laurent Grison, Laurent Jean-Pierre, Pierre Journoud, Christine Okret et Dominique Trimbur, *Entre Rayonnement et réciprocité : contributions à l'histoire de la diplomatie culturelle*, Paris, Publications de la Sorbonne, 2002.

des années 1980[1], et Robert Frank, lors du colloque qui s'est tenu à la Sorbonne, à Paris, les 13 et 14 juin 2003[2], puis lors du colloque de la Bibliothèque nationale de France en mai 2006[3]. Dans le domaine historique, la Guerre froide est privilégiée, par ses aspects idéologiques. Les États-Unis offrent de nombreux cas ; la politique soviétique est un peu moins couverte en tant que tel. D'autres études locales sont disponibles sur le Mexique ou les Philippines. La diplomatie culturelle française a fait l'objet quant à elle d'un recensement exhaustif jusqu'en 1995[4].

Une approche en termes de transferts bilatéraux, et non plus seulement d'un point de vue national, a également été tentée[5]. Mais les colloques, comme les trois sessions sur la culture et l'histoire internationale organisées par l'Université de Francfort et l'I.C.D. (Institute for Cultural Diplomacy) entre 2002 et 2005, s'ouvrent à d'autres spécialistes : à des diplomates, à des historiens, à des spécialistes du management culturel et des relations internationales, ou encore à des anthropologues[6], voire à des professionnels de la culture, dans la mesure où la diplomatie culturelle en tant que telle n'est pas encore reconnue comme discipline universitaire.

---

[1] *Relations internationales*, n° 24 et 25, 1980.

[2] *Idem*, n°154, 2003.

[3] « Les relations culturelles internationales au XXe siècle. De la diplomatie culturelle à l'acculturation », 11-13 mai 2006.

[4] François Roche et Bernard Piniau, *Histoire de la diplomatie culturelle française des origines à 1995*, Paris, La Documentation française, 1995.

[5] Michel Espagne et Michel Werner, *Transferts : les relations interculturelles dans l'espace franco-allemand, XVIIIe-XIXe siècles*, Paris, édition Recherches sur les civilisations, 1988.

[6] Les colloques « Culture and International History », publié dans Iriye Akira, dir., *Explaining thes History of American Foreign Relations*, Cambridge, Cambridge University Press, 1991, et « Culture and International History II », organisé par la fondation Stiftung Leucorea à Wittenberg, 19-21 décembre 2002, ont ainsi adopté une approche délibérément historique et américano-centrée (plus des trois-quarts des interventions).

Le champ de la diplomatie culturelle contemporaine reste donc encore largement déséquilibré et ouvert ; à l'image de son objet. Commençons par le délimiter. Théoriquement, il concerne les quelque cent quatre-vingt-douze pays membres de l'Organisation des Nations unies (O.N.U.) qui, en tant qu'États constitués, souverains et égaux, notamment après la grande vague de décolonisation des années 1950, et à présent, du fait de la fin de la nécessité d'un alignement sur l'un ou l'autre bloc, peuvent prétendre mener une politique culturelle nationale. La nation reste le cadre privilégié de l'action culturelle. Il existe d'autres cadres. Dans le contexte de la mondialisation, les différences régionales se renforcent certes et il existe plus de trois mille langues et des cultures fort différentes même dans un seul État. L'affirmation de cette réalité souffre cependant d'un obstacle réel de financement, d'un manque de lisibilité internationale, de la permanence du facteur national dans la constitution des identités. Ces facteurs limitent de fait l'exercice de la diplomatie culturelle à quelques vieilles nations riches.

Par ailleurs, il est certainement excessif de considérer comme pertinent tout échange culturel, de même que les échanges scolaires, les jumelages, les œuvres caritatives, les voyages touristiques culturels ponctuels et autres interventions des organisations non gouvernementales (O.N.G.) humanitaires, ou encore les grandes manifestations internationales dans les pays en développement. Certes, ces acteurs sont quotidiennement confrontés à des différences de culture, en particulier dans les structures familiales, mais il ne s'agit pas d'échanges culturels conscients faisant l'objet d'une politique ciblée, spécifiquement culturelle et diplomatique. Inversement, les manifestations culturelles se multiplient, sans changer en rien la diplomatie en cours, et sont réduites à l'impuissance.

Ainsi délimitée, cette diplomatie n'est pas si nouvelle, mais le champ des relations internationales ouvert depuis les années 1990 fait ressortir une multiplicité d'acteurs dont le but n'est plus d'abord la domination idéologique. Dans certains pays, elle s'inscrit dans le prolongement d'une longue tradition, tandis que dans d'autres ce phénomène est relativement récent, ce qui s'explique par les différences historiques, sociales, économiques, politiques et culturelles qui existent entre eux. Les États-Unis[1] et le Japon, qui se rattachent à une logique plutôt libérale, se prêtent le mieux à l'étude, parce que laissant le champ libre aux interventions souhaitées d'acteurs extérieurs dans le champ culturel et diplomatique. Aux États-Unis, le monde culturel est en effet assez indépendant, ses acteurs sont libres.

Dans les négociations internationales, depuis notamment l'accord Blum-Byrnes de mai 1946, prévoyant une contrepartie culturelle à l'aide matérielle et financière fournie par les États-Unis (et qui devait faciliter la pénétration des films hollywoodiens en France), l'État fédéral ne se désintéresse pas de la culture hors de ses frontières : l'assimilant à un objet économique, il intervient au nom d'une logique libérale, plaidant pour la disparition des quotas et de la législation réglementant les exportations culturelles. Quand on sait que l'industrie culturelle américaine rapporte plus à l'export que n'importe quelle autre industrie, la bagarre menée au sein de l'Organisation mondiale du commerce (O.M.C.) pour la libéralisation révèle tout son enjeu – et l'activisme sans faille des *lobbies* américains y trouve une explication.

Pareillement, le Japon s'inscrit dans une logique libérale, mais cela ne signifie pas que l'État ne se préoccupe pas de la culture : le *Gaïmushô* (ministère japonais des Affaires

---

[1] Journée d'étude sur le thème de la diplomatie culturelle américaine, Sciences-Po, CERI, juin 2004.

étrangères) possède une section culturelle importante, qui encadre dans une certaine mesure les échanges culturels. Il s'est notamment rendu compte qu'une logique trop exclusivement libérale favorisait sur ses propres antennes la domination exclusive des séries et productions américaines[1]. La culture japonaise, plus exigeante, comme la représentation de *nô*, demande en revanche de lourds moyens, que seuls des mécènes importants, ou l'État, peuvent supporter. Cependant, le Japon a choisi de ne pas intervenir directement à l'extérieur, laissant libre cours à l'industrie cinématographique ou à la culture *manga* des bandes dessinées : il passe par la *Japan Foundation*, qu'il finance presque exclusivement, mais dont l'indépendance est protégée par des liens étroits avec les milieux économiques libéraux. Cette politique n'est possible que par l'importance dans la culture japonaise de la tradition du mécénat. À l'échelle internationale, le Japon est en outre le premier financeur de l'Organisation des Nations Unies pour l'éducation, la science et la culture (UNESCO).

Il est donc certain que ces deux pays offrent de plus nombreux exemples de l'activité diplomatique informelle des institutions culturelles. Il ne faut pas s'interdire pour autant de tourner son regard vers des pays éventuellement moins riches, mais qui ont d'ores et déjà compris le parti à tirer de la diplomatie culturelle.

La politisation des institutions culturelles existantes

Les initiatives bilatérales officielles

La vague des commémorations qui parcourt aujourd'hui les vieux pays démocratiques industrialisés ne semble jamais

---

[1] Selon M. Isomura, directeur de la maison de la culture du Japon, ancien responsable de la chaîne télévisée japonaise NHK.

vouloir retomber : deux cents ans d'indépendance de la Louisiane en 2003, cent ans d'Entente cordiale en 2004, l'année de la Chine en France en 2004 également… Pour les institutions culturelles, c'est là une occasion de sortir de l'ombre pour se faire connaître du grand public.

Récemment, dans le cas de la France, la commémoration des quarante ans du traité de l'Élysée, en janvier 2003, ou celle de l'Entente cordiale, en avril 2004, ont donné l'occasion de multiplier des célébrations culturelles, des échanges scolaires, des manifestations artistiques, des festivals cinématographiques, des expositions, qui sont autant de moyens de relancer les relations bilatérales distendues entre grands États. Toutefois, ce rôle est limité et de telles initiatives restent souvent contrôlées. Ce genre de tentative peut conduire à un échec à court terme, comme l'année de l'Algérie en France, mais mérite d'être signalée, parce qu'elle montre bien l'importance du domaine culturel quand les relations politiques, voire personnelles, font défaut.

Le musée local de la Nouvelle-Orléans, en Louisiane, indépendant vis-à-vis du secrétaire d'État, a souhaité profiter de l'occasion que lui donnait la célébration du bicentenaire de la cession de la Louisiane par la France, en décembre 2003, pour renouer des liens entre les deux États. Le président français devait rendre une visite officielle à l'État mais, côté américain, de nombreuses réticences furent exprimées, tant du côté fédéral – l'Administration ne souhaitant pas particulièrement renouer les liens avec la France – qu'au niveau local, où des gouverneurs sudistes, porte-parole de leur opinion, ont déconseillé au président de la République d'effectuer sa visite. Dans les circonstances d'alors, elle aurait pu prendre l'allure d'une provocation. La tentative de renouer les liens se heurta donc à l'obstination des dirigeants.

Malgré cela, l'intérêt des Français pour la Louisiane a cru, les échanges se multiplient, le nombre de visiteurs de la Nouvelle-Orléans est en hausse, mais l'exposition « L'Amérique de Jefferson et la France de Napoléon » n'a accueilli que 120 000 personnes au lieu des 400 000 espérées[1]. L'initiative aura au moins eu le mérite de témoigner du nouveau rôle dévolu à des institutions culturelles indépendantes et délocalisées dans la grande histoire, faute d'avoir pu faire basculer les diplomaties.

Les relations bilatérales entre les États-Unis et l'Allemagne sont également dans une passe délicate depuis la guerre en Irak. Dans le même ordre d'idée, l'exposition du *Museum of Modern Art* (MoMA) de New York à Berlin « Das MoMA in Berlin » (été 2004) devait également contribuer à réconcilier Allemands et Américains. Elle répondait à l'origine à une nécessité pratique, le musée de New York étant fermé pour travaux à cette époque. Elle ne concernait d'ailleurs pas que l'Allemagne, Tokyo ayant accueilli une exposition semblable en 2001.

Toutefois, l'objectif annoncé d'arrêter l'exposition après cette ultime présentation, ainsi que le contexte particulier des suites de la guerre en Irak, donnait à l'initiative un sens plus particulier, en l'inscrivant dans la lignée nombreux efforts consacrés par les *lobbies* et *think tanks* allemands et américains, confortés pas les déplacement du chancelier Gerhard Schröder, pour renouer des liens cordiaux entre l'Allemagne et les États-Unis. L'exposition se tenait dans la *Neue National Galerie* conçue par Mies van der Rohe, temple du XXᵉ siècle, construit par un architecte qui pourrait symboliser, par son itinéraire, le sens de toute l'exposition, un hommage funèbre à l'art contemporain passant du vieux Continent au nouveau

---

[1] Anne Rochell Konigsmark, « Louisiana Purchase celebrated », *The Journal Constitution*, 20 décembre 2003.

monde, à l'instar de l'architecte, passé à Chicago dans les années 1930. L'exposition présentait ainsi quelque deux cents chefs-d'œuvre, selon une chronologie très classique qui orientait indéfectiblement vers les États-Unis, de l'Impressionnisme au pop art[1].

Outre cet aspect historiographique, l'exposition avait un but beaucoup plus complet, rapprocher l'Allemagne des États-Unis en des temps difficiles. Pour cela, les organisateurs n'avaient pas lésiné sur les moyens, s'agissant tout simplement de la plus chère des expositions organisées par la *Neue National Galerie*. L'association privée des Amis du musée finança ainsi l'exposition à hauteur de neuf millions d'euros. Pour être rentable, l'exposition devait accueillir cinq cent mille visiteurs : elle en accueillit finalement plus d'un million... L'effort financier consenti ne visait donc pas seulement à faire une exposition de plus, mais à ouvrir la voie à une réconciliation par les chemins détournés de la culture.

Cette arrière-pensée politique était manifeste dans le patronage, non pas des ministres de la culture, mais bien des ministres des affaires étrangères allemand, Joschka Fischer, et américain, le secrétaire d'État Colin Powell. La ville avait affiché sa bonne volonté en ouvrant une saison américaine dont certaines expositions, comme celle de la galerie Müllerdechiara, allaient jusqu'à identifier dans leur présentation Berlin à New York. Toutefois, il n'est pas sûr que l'initiative ait donné les résultats escomptés, en ne modifiant pas fondamentalement les critiques des Berlinois à l'encontre de la politique américaine.

Ce phénomène se retrouve concernant la question de l'entrée de la Turquie dans l'Union européenne. Une initiative comparable a été prise par la *Royal Academy*, dont l'exposition « Turks » de 2005 célébrait la culture développée par la

---

[1] Arno Widmann, *Berliner Zeitung*, 22 février 2004.

Turquie entre 600 et 1600. Comme le relevait Philippe Dagen, le projet était aussi politique : « Londres magnifie l'art ottoman pour mieux arrimer la Turquie à l'Europe. » Le premier ministre turc, Recep Erdogan, et le premier ministre britannique, Tony Blair avaient préfacé le catalogue de l'exposition, les musées turcs ayant concédé le prêt de 376 pièces. Deux oeuvres en particulier étaient censées témoigner des relations étroites entre les deux pays : un portrait de Mehmet II par Gentile Bellini de 1480, l'un des meilleurs peintres que Venise avait envoyé pour entretenir de bonnes relations, et une médaille de Costanzo Ferrare, qui témoignait également de la même volonté du roi de Naples. Le même portrait fut repris par l'exposition « Venise et l'Orient » à l'Institut du monde arabe en 2006-2007, là encore pour rapprocher Orient et Occident : « Art et diplomatie ne font qu'un. Cinq siècles après, il en est de même. »[1]

Pour nuancer, nous dirions plutôt que, cinq siècles après, la diplomatie culturelle s'est développée, étendue, internationalisée, en somme *institutionnalisée*. Ces institutions ne sont plus exclusivement des instituts nationaux, mais peuvent être des fondations investies de missions d'État. Il est notable de relever que ces initiatives, si elles s'apprécient sur le long terme, n'ont pas toujours les résultats concrets voulus. La culture semble ici souvent échapper aux politiques : les expositions sont belles, mais elles ne changent pas vraiment à court terme l'opinion des uns et des autres.

Les tentatives des institutions culturelles de peser sur la diplomatie

Certaines institutions culturelles peuvent être tentées de se constituer en relais de cette action politique déficiente.

---

[1] Philippe Dagen, « Londres magnifie l'art ottoman pour mieux arrimer la Turquie à l'Europe », *Le Monde*, 17 février 2005.

À la suite de la seconde guerre du Golfe, les relations bilatérales entre la France et les États-Unis, ou entre l'Allemagne et les États-Unis, ont fait l'objet de nombreuses tentatives de rapprochement, dont certaines culturelles. La *French American Foundation* a ainsi beaucoup œuvré pour réconcilier les deux pays, organisant des journées franco-américaines en septembre 2002 à Paris. C'est une association privée, qui s'efforce de diversifier ses activités culturelles. Elle ne dépend donc pas du service culturel français à New York. Pour promouvoir les liens entre les deux pays, elle déploie une stratégie dans deux directions, en traitant des problèmes politiques internationaux, mais aussi en proposant un programme plus large qui manifeste que les autres types de relations, économiques, mais aussi culturelles, continuent. La culture peut souvent rester un prétexte ; le véritable enjeu reste de tisser des liens et des partenariats économiques. Les manifestations culturelles servent de cadre informel à ces échanges.

Par ailleurs, la mondialisation offre de nombreuses occasions d'actions diplomatiques à partir du domaine culturel. Après les attentats du 11 septembre 2001, analysés entre autre comme l'expression d'un fossé socio-culturel et religieux, les liens entre Orient et Occident sont particulièrement sujets à ce type d'approche. Une revue des élèves de l'École normale supérieure, *Parages*, qui publie des cahiers littéraires de 150 pages par trimestre, a ainsi été amenée à étendre et à internationaliser ses activités. Dans le cadre de l'association « Sauvegarder le patrimoine afghan », elle se propose par ailleurs de soutenir les ingénieurs chargés de la reconstitution des statuettes afghanes détruites par les talibans en Afghanistan en collectant des fonds pour acheter du matériel. L'association a ainsi pu fournir, en coopération avec l'UNESCO, deux livraisons de colle, microscopes et matériels divers.

Cette initiative a permis de mettre en place une journée d'étude internationale organisée à l'UNESCO pour jeter un nouvel éclairage sur ce pays[1]. En l'occurrence, ces actions concrètes ne peuvent être menées que par des associations et organisations indépendantes, qui font de la culture une priorité et sont souvent mieux acceptées sur le terrain par les populations locales.

Les institutions culturelles à l'heure de la mondialisation

Des lieux de formation et d'échange invisibles en amont des négociations

Les institutions culturelles n'agissent pas toujours sur le terrain. Leur participation aux prises de décision peut être beaucoup plus indirecte. En amont de l'action diplomatique, les associations culturelles jettent les bases d'une philosophie de l'action diplomatique, censée influer sur les dirigeants en augmentant leur sensibilité aux phénomènes culturels. Le problème consiste alors à mesurer l'influence réelle de ces lieux d'expression. Ainsi, derrière les discours officiels conférant à la Maison des cultures du monde un « rôle pionnier » dans l'internationalisation de l'Allemagne, il faut faire la part de l'hommage politique, voire de sa récupération[2]. Le plus souvent, au contraire, ces associations sont avant tout considérées comme artistiques et peuvent ne pas être prises au sérieux. Les cercles dirigeants sont souvent plus sensibles aux conseils prodigués par des conseillers spéciaux, des *spin doctors*, ou par des *think tanks*, sans véritable dimension culturelle.

---

[1] « L'art d'Afghanistan de la préhistoire à nos jours. Nouvelles données », 11 mars 2005.

[2] Discours de Gerhard Schröder, Maison des cultures du monde, 3 mai 2001.

Il n'y a pas encore vraiment, à l'heure actuelle, de *think tank* culturel, qui aborderait les problèmes politiques internationaux en termes culturels. S'agissant de la question israélo-palestinienne, l'Israel-Palestine Center for Research and Information (IPCRI), fondé à Jérusalem en 1988, se veut un lieu d'échange et de réflexion sur la question, fédérant des initiatives diverses venues de différents horizons. Parmi ses objectifs, le deuxième pilier concerne l'éducation, dont la dernière sous-section prévoit des échanges scolaires et la présentation de livres et d'articles. Dans cette perspective, la culture n'est pas perçue comme la principale ou l'exclusive façon d'agir sur les relations, mais comme l'une des composantes de la diplomatie. Si la culture est mise au service de cette dernière, sa médiatisation reste restreinte et son audience limitée.

À défaut de pouvoir peser sur les relations diplomatiques, les institutions culturelles tentent de s'imposer comme lieu d'échange incontournable, partenaire des diplomates, en amont du processus décisionnel. La Maison des cultures du monde, à Berlin, comme celle du boulevard Raspail, à Paris, organisent des manifestations diverses pour promouvoir les cultures des pays plus lointains, méconnus. Selon le professeur à l'Université de Chicago, Homi K. Bhabha, « [en] ces temps particuliers, la Maison des cultures du monde devient le point de passage du dialogue entre les cultures ». Les conférences donnent souvent lieu à une prise de parole publique contre la mondialisation actuelle, pour des échanges plus justes, pour le développement durable ou le respect des cultures locales. De fait, les associations culturelles n'interviennent pas au moment de la prise de décision, mais après. Ce sont alors des tribunes, avec les risques de récupération et d'instrumentalisation politique qui y sont liés.

C'est le cas des forums interculturels et autres festivals altermondialistes, qui proposent une tribune politique à des pays minoritaires qui en sont le plus souvent privés, et dénoncent la nouvelle hégémonie culturelle imposée par la diplomatie culturelle officielle, institutionnelle.

La sensibilisation et la création d'un état d'esprit international

Le travail d'influence des institutions culturelles sur la diplomatie s'exerce à deux niveaux : celui, traditionnel, des États, mais aussi, celui, plus nouveau, infra-étatique, des ensembles régionaux, et celui, supranational, des organisations internationales, comme l'Organisation des Nations Unies. Au niveau international, les conséquences des attentats du 11 septembre 2001 sur la diplomatie ont rendu évidente la nécessité de reconsidérer les rapports entre les différentes parties du monde, autrement que par les concepts simplificateurs et dangereux d'Orient et d'Occident. Les pays « occidentaux » ont fait le choix pour certains de s'ouvrir davantage aux autres cultures : Chine, Japon, Afrique, Amérique du Sud dans une moindre mesure, et surtout « monde arabe ».

Les grands musées « redécouvrent » ainsi leur collection d'art islamique. Le gouvernement français a annoncé un plan de cinquante millions d'euros sur cinq ans afin que le Louvre aménage un département d'art islamique pour souligner « l'apport essentiel de l'art islamique à notre culture ». Sur les 56 millions d'euros, 26 sont financés par l'État, mais 17 sont donnés par le prince saoudien Al-Walid Ben Talal[1]. Selon l'Élysée, « ce projet confortera, dans le même esprit que celui qui a présidé à la présentation de chefs d'oeuvre des arts d'Afrique, d'Asie, d'Océanie et des Amériques, la vocation universelle du Louvre et son rayonnement mondial, au coeur de la diversité et du dialogue des cultures ».

---

[1] AFP, 26 juillet 2005.

Dans une tradition plus libérale de mécénat, Mohammed Jameel, président d'un conglomérat saoudien, a offert environ 5,5 millions d'euros pour ouvrir en 2006 une nouvelle aile au Victoria & Albert Museum, afin d'aller à l'encontre d'un préjugé qui condamnerait la « barbarie » de l'art islamique. Le musée Benaki d'Athènes a même réuni huit mille pièces de l'art islamique et a ouvert une nouvelle aile en 2004, au moment des Jeux olympiques, qui étaient perçus comme une fête totale mêlant sport et culture. C'est aussi l'occasion pour le pays de revenir sur l'occupation turque[1]. L'ensemble de ces manifestations a finalement pour but de restituer une image plus complexe des aspects les moins connus de l'Islam.

À l'échelle continentale et régionale, la construction culturelle européenne est intéressante à un double titre. Les initiatives régionales sont potentiellement nombreuses, mais de fait limitées. Les régions celtiques aspirent ainsi à former à partir de leur culture et d'une vocation maritime commune un arc de régions liées par ces intérêts. Cette initiative, pilotée par les régions, est relayée par des institutions culturelles informelles, mais l'objectif reste largement d'éviter la marginalisation économique en renforçant la marginalisation culturelle. L'Arc Atlantique reste néanmoins souvent un vœu pieux dans les faits, comme en témoignent les catastrophes maritimes, largement traitées à l'échelon national, sans que les institutions culturelles soient parvenues à forger cet esprit celtique.

Il existe d'autres tentatives de dialogue culturel entre régions – basques ou catalanes – mais l'on est frappé de leur caractère limité et folklorique. Le budget européen reste faible, bien qu'il progresse[2]. La construction européenne reste donc encore largement le fait des États.

---

[1] Alan Riding, « Art as a Mediator for Cultures in Confrontation », *The New York Times*, 6 avril 2004.
[2] 130 millions d'euros par an dans l'UE à 25 jusqu'en 2006.

Ceci est consacré par les traités en vigueur. En attendant, certaines institutions militent déjà dans un sens européen, pour développer à tout le moins un esprit européen transnational. Le magazine européen *Eurozine*, éditée en ligne depuis Vienne, est ainsi un portail de magazines culturels qui s'efforce de tisser un réseau européen transnational. Les médias européens accordent une place croissante à ces faits, comme *Euronews* ou *Europeplus*. Les opérations comme les Villes européennes de la culture sont très convoitées. Mais les ignorances mutuelles sont encore fortes, même en Europe.

La culture comme enjeu diplomatique majeur

Le rôle croissant du secteur privé et du mécénat

Bien ancré aux États-Unis, le rôle du mécénat est favorisé ailleurs. En France, l'État a ainsi mis en place un dispositif fiscal favorable à l'été 2003. De grandes attractions culturelles et touristiques sont soutenues par des entreprises privées. Au Louvre, vitrine française de l'art, premier musée par sa fréquentation, les recettes issues du mécénat sont passées de 3,29 millions d'euros en 2002 à 10,6 millions en 2004. Le P.M.U. restaure les chevaux de Marly, le Crédit Agricole mécène une exposition sur la France romane, Vinci la galerie des Glaces à Versailles à hauteur de douze millions d'euros, Morgan Stanley l'exposition Primatice au Louvre, toutes œuvres et manifestations ayant une vocation internationale. Mais le mécène prétend alors aussi à la codécision. Inversement, des donateurs étrangers interviennent au Louvre et à Versailles depuis longtemps. Les *American Friends of Versailles* ont ainsi collecté pour plus de trois millions d'euros, sur les 5,7 millions nécessaires à la restauration du Bosquet des Trois Fontaines, en friche depuis plus de deux siècles.

Les nouveaux acteurs peuvent se révéler de nouveaux décideurs, dont l'indépendance est mal perçue. Certaines entreprises soutiennent des projets culturels privés, voire financent leur propre recherche dans ce domaine, afin de voir aboutir des projets concrets à vocation diplomatique.

La fondation Bertelsmann soutient ainsi plusieurs projets, avec une orientation nettement économique, mais aussi culturelle, au sens anglo-saxon. La section « Entente internationale », visant à une compréhension mutuelle des peuples, promeut en ce sens les initiatives de tous ordres, y compris dans le domaine culturel, pour faire avancer la construction européenne (objectif 1) et, en particulier, l'élargissement à l'Est, le dialogue entre l'Allemagne et Israël (objectif 3), le rapprochement entre l'Europe et les États-Unis, par l'organisation d'échanges de futurs décideurs, de forums, d'universités d'été. Dans le cadre du projet « Futur des relations transatlantiques », la fondation a organisé une conférence transatlantiques pour des jeunes *leaders*, au bord du lac de Côme, en 2001 et 2003, à l'instar de nombreuses organisations de jeunes. La fondation, qui se sert de réseaux préexistants, s'appuie notamment sur la communauté juive. Des programmes d'échanges et une *Transatlantic Roundtable of the American Jewish Committee on Europe* visent à rapprocher les deux parties.

La culture nationale comme terrain politique

Certaines associations, enfin, dont la culture n'est pas le but premier, s'emparent plus fréquemment de questions culturelles pour intervenir dans la vie publique, voire dans la politique étrangère, et en particulier dans les relations bilatérales. En Corée du Sud, par exemple, le milieu associatif est développé et politisé.

L'O.N.G. *Solidarité pour la réunification* n'est pas une association pour la défense de la culture, mais plutôt pour celle de la civilisation coréenne dans la perspective d'une réunification nationale après les divisions de la guerre de Corée, en pleine Guerre froide. Elle met en avant l'idée de nation coréenne contre la réactivation d'un clivage culturel issu de la Guerre froide. Elle s'est mobilisée début 2003 contre la projection d'un film de la série James Bond, *Meurs un autre jour*, qui présente les dirigeants nord-Coréens comme belliqueux et comporte une scène d'amour jugée offensante par les Bouddhistes. La campagne contre ce film s'explique aussi par la rhétorique manichéenne et systématique de guerre froide de la série, déjà analysée par Umberto Eco dès 1966, qui ne passe plus désormais. L'association a multiplié les manifestations dans la rue par de petits rassemblements, comme sur la Toile[1].

L'objectif est de demander l'arrêt de la projection du film en Corée du Sud. Malgré sa projection dans cent quarante-cinq salles de cinéma, la campagne a bien eu l'effet escompté de limiter la fréquentation. Or, cette mobilisation est une tentative indirecte de peser sur les relations bilatérales. Sans sombrer dans l'antiaméricanisme, qui milite pour une renégociation des accords d'occupation, ravivé par des incidents avec l'armée américaine, elle en prend le relais sur une affaire culturelle, moins polémique mais tout aussi significative, témoignant du refus d'une ingérence américaine, militaire ou culturelle. Le terrain culturel et cinémato-graphique, particulièrement important en Corée du Sud (dont le ministre de la Culture, Lee Chang Dong, lui-même cinéaste, auteur de *Peppermint Candy* ou *Oasis*, promeut particulièrement cette industrie), est un terrain idéal pour manifester son opinion, tenter de peser sur les relations diplomatiques entre

---

[1] « Reviens un autre jour, James Bond ! », *Cine 21*, Séoul, janvier 2003.

la Corée du Sud et les États-Unis, sans prendre toutefois le risque d'une confrontation directe.

En somme, les initiatives culturelles prises par de nouveaux acteurs se multiplient, et la frontière entre culture et diplomatie s'estompe. Désormais, la diplomatie ne peut ignorer le facteur culturel, et la culture a besoin du politique pour renforcer son impact. Il reste cependant difficile de mesurer l'impact réel de ce genre de manifestations culturelles sur les relations politiques et économiques entre les différents pays. L'avantage des institutions culturelles est que leur caractère marginal même atténue le risque de choc des cultures de la mondialisation. L'arme de la culture est heureusement à double détente.

Bibliographie

Dubosclard, Alain, Grison, Laurent, Laurent, Jean-Pierre, Journoud, Pierre, Okret, Christine et Trimbourg, Dominique, 2002, *Entre rayonnement et réciprocité : contributions à l'histoire de la diplomatie culturelle*, Paris, Publications de la Sorbonne, 197 p.
Espagne, Michel et Werner, Michel, 1988, *Transferts : les relations interculturelles dans l'espace franco-allemand, XVIIIe-XIXe siècles*, Paris, Édition Recherches sur les civilisations.
Gienow-Hecht, Jessica et Schumacher, Frank, 2003, *Culture and International History*, New York, Berghahn, 304 p.
Gienow-Hecht, Jessica et Donfried, Mark, 2007, *Searching for a cultural diplomacy*, à paraître.
Iriye, Akira (dir.), 1993, *The Cambridge History of American Foreign Relations*, Cambridge, Cambridge University Press.
Roche, François, avec Piniau, Bernard, 1995, *Histoire de la diplomatie culturelle des origines à 1995*, Paris, La Documentation française, 295 p.

Poirrier, Philippe, 2004, *Les enjeux de l'histoire culturelle*, Paris, La Documentation française, 435 p.
Roche, François, 2002, *La culture dans les relations internationales*, Rome, École française de Rome.

Le festival de cinéma

Industrie mondiale, activité locale de communication politique ?

XAVIER CARPENTIER-TANGUY ET VÉRONIQUE CHARLÉTY

Symbole d'un monde alors divisé, Berlin doit la création de son festival international de cinéma *(Internationale Filmfestspiele Berlin)* à une initiative, en 1951, des trois Alliés occidentaux qui se partageaient la ville. De manière à présenter positivement sa situation politique, Berlin choisit de se définir comme une « une fenêtre sur le monde libre ». Six ans après la fin de la Seconde Guerre mondiale, il lui fallait retrouver son statut de métropole culturelle et renouer avec son prestigieux passé cinématographique. L'officier américain Oscar Martay, responsable de la politique cinématographique, organisa alors un congrès rassemblant les principaux décideurs politiques et économiques afin de préparer le festival. La première édition se tint le 6 juin 1951. Depuis cette date le festival de Berlin est devenu un important événement cinématographique et médiatique qui attire chaque année près de 15 000 spécialistes, parmi lesquels 3 500 journalistes.

Plus proche de nous, le festival de Deauville, créé par Lionel Chouchan et André Halimi, illustre certaines évolutions récentes du rôle attribué aux festivals de cinéma. Ambassadeur depuis plus de vingt ans du cinéma américain, le festival du mois de septembre 2003 est inauguré alors que les dissensions entre l'administration Bush et le gouvernement Chirac sont encore extrêmement vives. Les organisateurs présentent alors Deauville comme un trait d'union entre les deux pays, entre deux politiques opposées, annonçant dans une tribune : « Il est temps de redonner la parole aux artistes, ceux qui n'hésitent pas à interroger ouvertement leur société, à en dénoncer les mythes destructeurs et à en célébrer les vraies valeurs. »

Les films étant envisagés comme autant de bonnes raisons de dépasser les querelles stériles, le festival devient un passeur culturel autant que politique. Symboliquement, Roman Polanski, *persona non grata* sur le territoire américain depuis plus de vingt ans, était président du jury. À plus de cinquante années de distance, ces deux exemples témoignent de l'immixtion du politique dans le cadre des festivités cinématographiques, par un aller-retour entre, d'un côté, la décision politique de présenter une ville et un pays et, de l'autre, un festival indépendant s'affichant comme le trait d'union entre deux pays et deux visions géopolitiques divergentes.

Cette contribution présente une réflexion sur les origines et la portée politique de la production cinématographique, ses modalités de diffusion et de commercialisation. Ce préalable historique permettra d'aborder la multiplicité des enjeux liés aux festivals de cinéma à travers différents exemples. Les festivals jouent en effet un rôle structurant dans la définition d'un espace collectif, à la fois culturel, social et politique. Ils véhiculent des représentations du monde et des visions sociales s'inscrivant dans des configurations particulières permettant d'aborder les multiples facettes de la diplomatie culturelle non gouvernementale.

Aux origines : le cinéma comme projection nationale

À travers la création du festival de Berlin, comme à travers le positionnement du festival de Deauville, une caractéristique souvent oubliée du cinéma devient évidente : le cinéma constitue une arme diplomatique. De manière pragmatique, les États-Unis d'Amérique ont appliqué très rapidement des mesures utilisant ce medium.

Ils furent bien les premiers à allouer des moyens financiers au service d'une ambition clairement définie : créer une image étalon. En 1942, Hollywood produit des films dont les sources d'inspiration proviennent d'un bureau de liaison installé par le Pentagone à Hollywood, tandis que l'armée contribue à la réalisation par la fourniture de matériels, conseillers et figurants.

Aux lendemains de la Seconde Guerre mondiale, les États-Unis, conscients des enjeux liés au cinéma, poursuivent leurs efforts afin de favoriser la diffusion de leurs films. En échange d'une contribution financière à la reconstruction de la France, la signature des accords Blum-Byrnes en mai 1946 supprime le contingentement des films américains (qui, dans les salles françaises des années 1930, autorisait uniquement la diffusion de 188 films américains doublés et de 50 films supplémentaires en version originale). Aujourd'hui encore, un certain nombre d'analyses montrent les liens étroits qui subsistent aux États-Unis entre les structures narratives de l'*entertainement* et les démonstrations géopolitiques ou stratégiques.

C'est notamment l'objet de la démonstration conduite par Jean-Michel Valantin à travers l'étude de différents films à la réalisation extrêmement coûteuse (Valantin, 2000 et 2003). Il existerait ce qu'il nomme un « cinéma de la *National Security* », formé par des films policiers, de guerre ou d'espionnage qui mettent en scène des périls menaçant l'intégrité des institutions ou de la société civile, et obéissent à des typologies de menaces élaborées par le Pentagone ou certains *think tanks*. Ces mises en scène correspondent aussi à des mises en images de représentations issues de l'actualité stratégique d'ensemble et à des stéréotypes propres à la culture stratégique américaine.

Ce double effet permet de provoquer une forme de mobilisation nationale par le biais d'un spectacle populaire profondément américain, mais dont la substance comporte suffisamment d'invariants culturels pour pouvoir être appréciée à l'échelle internationale – devenant ainsi l'un des éléments de la globalisation des représentations américaines. Le cinéma serait, par conséquent, stratégique et ferait œuvre de catharsis. De plus, la visée universelle de ce cinéma permettrait de populariser et d'internationaliser des préoccupations et des représentations strictement américaines, telle la refondation du monde comme alternative à sa destruction.

Au cours de son histoire, le cinéma américain a pu contribuer – et contribue encore – à servir et à forger l'image des nations. C'est là une thèse défendue par Jean-Michel Frodon, critique de cinéma au *Monde*, selon laquelle le cinéma, comme la nation, se situe à la jonction de la réalité et d'une oeuvre imaginaire collective dont la projection est à la fois reconnue à l'intérieur du pays, par la population concernée, et au-dehors. Il serait, dès lors, pertinent de considérer le cinéma – tous les cinémas – comme une projection nationale (Frodon, 1998). Sous cet angle, le cinéma correspond à l'image qu'une nation offre d'elle-même au reste du monde et il constitue également le miroir à travers lequel la nation se regarde. D'où la nécessité, pour l'ensemble des pays, de continuer à développer un cinéma national qui posséderait ce double rôle d'ambassadeur et de miroir.

Les enjeux sont donc multiples. Le cinéma apparaît d'emblée comme un acteur majeur de la diplomatie culturelle : il est un instrument important de la politique extérieure puisqu'il permet de démontrer la capacité créatrice d'un pays, d'une part, et sa capacité à la mettre en relation avec celle du pays d'accueil, d'autre part. Enjeux nationaux, donc, mais aussi plus globaux, puisqu'il s'agit aussi de gagner à la fois en profondeur et en qualité, et ainsi, de rencontrer un public de plus en plus nombreux et divers.

Ces échanges interculturels doivent profiter autant à la connaissance et la stabilité interne du pays qu'à ses partenaires. En termes de présentation d'une culture et de sensibilisation à des problématiques précises, le rôle dévolu à certains festivals semble évident et justifie leur création. Il appartient ainsi à la mission du festival de cinéma allemand (qui est organisé par le *German Film Service and Marketing* en association avec l'*Institut Goethe* de Paris) de présenter et de représenter son pays. C'est pourquoi ce festival itinérant est repris à la Cinémathèque de Toulouse et à l'Institut Lumière de Lyon.

Cependant la majeure partie des festivals inscrit ces enjeux politiques dans une configuration locale, néanmoins porteuse d'une ambition plus globale. C'est le cas du festival du cinéma russe, se tenant à Honfleur depuis 1995, et qui entend contribuer au développement des liens culturels entre la France et la Russie, comme celui, dans une autre perspective, du festival de cinéma de Douarnenez, créé en 1977, qui invite chaque année des peuples et cultures minoritaires (Aborigènes, Amérindiens, Tibétains, Berbères, et aussi Basques, Tsiganes, Irlandais ou Yiddish) à présenter leur propre production.

Avec le désir de connaître d'autres cultures et de présenter des productions différentes apparaissent précisément certains enjeux politiques liés au cinéma et aux festivals de cinéma. C'est ainsi la veille de l'ouverture du festival de Cannes, le 15 mai 2003, que les ministres européens de la culture (13 sur 25) déclarent : « Le cinéma et la création sont au cœur de l'identité culturelle européenne. » Le choix de la date et du lieu entérine la valeur stratégique du festival comme caisse de résonance pour certaines décisions politiques.

Il reprend, sous un autre angle, les déclarations diplomatiques des organisateurs du festival de Deauville. Cannes héberge donc dorénavant la Journée du Cinéma européen, qui veut rappeler que la Communauté européenne s'est dotée d'une politique audiovisuelle ambitieuse fondée sur deux volets : un volet réglementaire, d'une part, avec la seconde révision de la directive Télévision Sans Frontières accompagné d'un volet financier ; d'autre part, le programme MEDIA, puis MEDIA Plus (2001-2005), complété par le lancement en janvier 2007 de la prochaine génération du programme MEDIA (Rojanski, 2006).

L'évaluation des programmes MEDIA, demandée expressément par la Commission européenne, met en lumière la contribution positive de ces actions en faveur du développement de l'industrie audiovisuelle européenne depuis le début des années 1990. Si la pertinence du programme est avérée et sa valeur ajoutée européenne indéniable, l'efficacité de MEDIA n'en reste pas moins proportionnelle à son enveloppe financière, souvent jugée insuffisante.

Les générations successives du programme communautaire ont néanmoins contribué à dynamiser la production cinématographique du continent européen et ont permis de faciliter la circulation des œuvres européennes. Comme le rappelle Vladimir Rojanski, l'Union produit actuellement autant de films que les États-Unis, soit environ 700 par an. Lors du Festival de Cannes en mai 2006, la sélection finale comprenait 17 films européens, qui ont tous bénéficié d'un financement dans le cadre du programme MEDIA.

Ces manifestations extra-gouvernementales constituent donc bien des passeurs politiques, contrairement à ce qu'affirme la citation de Jean Cocteau mise en exergue sur le site Internet du festival de Cannes et selon laquelle : « Le festival est un *no man's land* apolitique, un microcosme de ce que serait le monde si les hommes pouvaient prendre des contacts directs et parler la même langue. »

Festivals et politique

Derrière ces généreux propos se dessine une autre typologie : les festivals de cinéma appartiennent à des espaces géographiques bien définis, ancrés dans l'actualité et répondant à des besoins précis. La déclaration dite de Cannes met ainsi en avant les avantages pro-concurrentiels des systèmes nationaux d'aide à la production cinématographique. Celle-ci indique que « ces régimes d'aide n'ont pas pour effet d'assurer une position dominante aux films nationaux sur leur propre marché. Ils ont au contraire permis d'encourager et de renforcer la coopération cinématographique des États membres en permettant l'accès aux autres régimes d'aide nationaux par une politique d'accords bilatéraux, et par la mise en place de fonds multilatéraux ». Il s'agit d'une invitation à trouver un équilibre entre projections étrangères et nationales, et ce, partout dans le monde.

À travers elle, nous isolons le *credo* de la plupart des organisateurs de festival. Dans la lettre de présentation du *Festival des Films du Monde* (FFM) à Montréal, en 1997, Serge Losique justifie de la manière suivante son existence : « Le rôle d'un grand festival international est justement d'aider à la diversité et non pas à la standardisation de la culture cinématographique. Le Festival des Films du Monde a énormément contribué à cette diversité culturelle ». De fait, les films du FFM représentent, en moyenne, plus de cinquante nationalités. L'organisateur poursuit : « Il faut souligner que le Festival des Films du Monde est le seul festival d'importance, surtout en Amérique, qui soit né et se soit développé sans l'appui des majors américains. Le festival de Montréal a toujours accordé et donnera toujours sa chance au cinéma d'auteur (...) Un film purement commercial, un " blockbuster ", est un événement en soi : il n'a pas besoin d'un festival international. »

Le FFM serait donc une machine anti-américaine dans un pays « américainement » colonisé. Ce discours combattant prend racine dans une compétition féroce : situé trop proche de ceux de Venise et de Toronto, et dépassé par ce dernier, déjà moins attrayant que Locarno ou San Sebastian, le festival de Montréal est devenu une plateforme régionale après avoir été internationale. Qui plus est, un second festival se tient dorénavant à Montréal, le Festival du Nouveau Cinéma.

Ce cas illustre parfaitement le positionnement des festivals, à la fois artistique et commercial. Il s'accompagne d'un discours en faveur du *cinéma d'auteur*, avec l'objectif de faire émerger les nouveaux talents. Le positionnement culturel est donc bien politique. Ce qui prime, c'est l'usage du festival comme tribune d'expression. La revendication est celle d'un principe égalitaire – le droit d'être représenté et d'appartenir au patrimoine cinématographique par le biais du festival. Accéder et être représenté sont les deux formes d'une reconnaissance sociale et politique du pluralisme culturel.

Les grands festivals (Cannes, Sundance, Venise, Berlin, Toronto, Locarno mais aussi, dans une moindre mesure, ceux de Montréal) peuvent aussi être perçus comme des armes stratégiques dans le combat pour la validité des systèmes nationaux d'aide au cinéma et, partant, comme des représentations du monde. Comme l'écrivait Paul Ricoeur, toute histoire procède d'une élection et d'une exclusion (Ricoeur, 1983 : 143). Des personnages, des événements sont décrits au détriment d'autres. De plus, il appartient à la fiction de présenter des personnages monomaniaques et des événements porteurs d'un seul sens. C'est en quoi la fiction rejoint le propre du discours politique. Elle possède ses modèles, console et fixe des objectifs lointains. Elle met en rapport des expériences disparates et les destine, à travers son discours, à un auditoire choisi. L'effet loupe et la possibilité de caisse de résonance qu'offre la fiction fait d'elle un moyen d'éducation politique de premier plan.

La création en 2006 de la « Fête internationale de Rome », illustre magistralement la multiplicité des fonctions attribuées aux festivals (rebaptisés « forum » puis « fêtes »). Après les nombreuses polémiques et critiques interrogeant l'utilité d'un second festival succédant de quelques semaines à celui de Venise, la politique populaire du maire de Rome, Walter Veltroni, a été couronnée de succès : 56 000 billets vendus au grand public – dont une importante partie pour l'ensemble des avant-premières généralement réservées à la presse spécialisée – démontrent la volonté de « démocratisation du cinéma ».

Plus significatif encore, le choix des organisateurs de constituer pour les prix les plus importants un jury composé uniquement de spectateurs dont le palmarès, qui récompensa des films français, anglais, russe et italien, leur donna l'occasion de donner une définition du cinéma européen caractérisé par sa pluralité. Ce faisant, ils participent à la création d'un nouveau mode d'expression culturelle associant la fête populaire et les capacités de mobilisation financière. Car cet énième festival de cinéma international s'est aussi distingué par le montant des fonds investis : un budget considérable de près de 10 millions d'euros – soit supérieur de deux millions à celui de la Mostra. C'est à cette condition que le pari fut réussi, en réconciliant la démocratie culturelle et la culture démocratique.

Il existe donc un lien de dépendance de la politique à l'égard du cinéma et ce lien est particulièrement visible à l'occasion des festivals. Le festival constitue une vitrine politico-culturelle et un instrument utilisé à des fins économiques et/ou symboliques.

À propos de quelques usages du festival

« Il ne s'agit pas d'affirmer, d'un côté l'œuvre, de l'autre côté, l'industrie. L'industrie a pu s'approprier d'autres domaines artistiques, le livre ou la musique, mais il y a une époque où l'œuvre est industrielle à la source, cela s'appelle le cinéma. Là se situe la différence fondamentale entre le cinéma et le roman, la peinture, le théâtre, la sculpture, etc. Le cinéma procède initialement de l'industrie » (Bernard Stiegler, in Frodon, 2002 : 24).

S'il procède, certes, de l'industrie, le cinéma est aussi devenu un acteur déterminant de l'information et de la communication, du fait de la globalisation de l'économie et des possibilités de diffusion offertes. En tant que tel, il est à la fois un instrument et un véritable enjeu des relations économiques et politiques. Le moteur de recherche « Google » constitue un indicateur intéressant de cette activité avec, en décembre 2006, plus de 30 milliards d'entrées correspondant à la recherche « festival de cinéma ». Il existe donc indéniablement une activité et une actualité des festivals, qui constituent l'un des outils de diffusion majeurs de l'industrie cinématographique. Le nombre et la dispersion géographique de ces « festivités » témoignent de leur rôle particulier : loin de ne constituer qu'une vaste et luxueuse salle de présentation des films, les festivals revendiquent aussi un rôle réflexif (constitution de catégories cinématographiques, par exemple), mémoriel (hommages et rétrospectives) et enfin incitatif dans l'élaboration des politiques culturelles (remises de « prix découvertes », organisations de débats, etc.).

Il existe de très nombreux festivals de cinéma d'envergure principalement locale (festival du film de Colmar en Alsace, festival du film d'animation d'Annecy, festival du cinéma au féminin de Bordeaux, festival international du film de

Marseille, etc.), mais aussi des festivités médiatiques, de vastes machineries à la dimension industrielle – et donc politique – plus marquées. Parmi cette multiplicité, présentons ici trois festivals dont la portée et les objectifs diffèrent.

Le festival comme relais. Médiation culturelle et commerciale

Le *Festival des trois continents*, créé en 1979 à Nantes, est consacré aux cinématographies d'Asie, d'Afrique et d'Amérique latine et noire. Désireux de proposer une sélection capable de refléter les réalités sociales, historiques et culturelles, les organisateurs ont pour premier objectif de présenter « un monde souvent oublié ». Ils souhaitent ensuite susciter des échanges sur le contenu cinématographique, « débarrassés des modes et des débats politiques ». Et ils affirment : « Ni exotisme, ni tiers-mondisme, c'est tout autre chose – et bien plus – qui est proposé lors du festival. »

Or ce rejet du politique est déjà, en soi, une démarche politique, amplifiée par l'organisation d'échanges interprofessionnels rassemblant les cinéastes des pays des trois continents et leurs homologues occidentaux. La brochure de presse annonce que « le festival amorce des débuts de collaboration, favorise la naissance de nombreux projets, suscite l'achat de films (…) Carrefour annuel où artistes et spectateurs se croisent, s'interpellent et s'enrichissent mutuellement ». Le *Festival des trois continents* accueillait près de 500 professionnels venus du monde entier et plus de 40 000 spectateurs en novembre 2006. Les bénéfices tirés des échanges interculturels sont valorisés pour présenter ce festival comme une véritable plate-forme d'échanges culturels et commerciaux ; ce que montrait l'édition de 2006 avec le renforcement des actions de fond au service des films du Sud à travers *Produire au Sud* et la création du rendez-vous *Doc au Sud*.

L'ARME DE LA CULTURE

Découverte culturelle : favoriser l'interculturel

Le Festival de cinéma de Douarnenez, déjà évoqué, se tient chaque année dans un port de pêche de 16 000 habitants à l'ouest de la Bretagne. C'est un festival de petite taille, sans défilés de vedettes sur tapis rouge, qui se veut chaleureux et festif et où tout le monde se retrouve au bar tenu par l'association Diwan. Il présente à près de 25 000 spectateurs, une semaine durant, une centaine de longs ou courts métrages de fiction, de films d'animation ou de documentaires à la découverte d'un peuple différent, avec l'ambition de favoriser une meilleure connaissance des cultures, des histoires et des aspirations (les Belgiques en 2004, les Maoris de Nouvelle-Zélande en 2001, les peuples d'Occitan en 1981...).

Les films sont considérés comme les témoins de la culture et de la création de ces peuples. Ils traitent de leur histoire ou de leurs revendications particulières. Ce petit festival local a acquis une solide renommée et attire les médias de la presse écrite *(Ouest France, Le Télégramme, le Nouvel Observateur, Libération, Le Monde, Le Figaro)*, de la radio (Radio France Bretagne Ouest, France Inter, RFI, etc.) et de la télévision (France 3, ARTE). Des partenariats sont établis au fil des ans avec France Culture, ARTE ou CANAL+ et offrent, chaque année, entre 100 et 130 accréditations aux réalisateurs, professionnels du cinéma, ainsi qu'à de multiples partenaires.

Au cours du festival, des débats et des rencontres sont organisés et rassemblent des cinéastes, des écrivains, des personnalités politiques ou universitaires, qui apportent leurs connaissances et leurs visions sur les différents thèmes abordés. Particularité du festival, d'autres rencontres et projections ponctuelles sont organisées pendant l'année à Douarnenez ou dans la région. Ce festival, animé par une association et de nombreux bénévoles, met en avant les vertus de la découverte et de l'échange culturel.

Il joue ainsi pleinement son rôle médiateur. Par son programme établi contre l'économisation du culturel, le propos du festival appartient au registre du don : il encourage une forme de « socialité primaire »[1] (Godbout et Caillé, 2000 : 25) et le bien – ici le patrimoine cinématographique – circule au service du lien, en amont comme en aval du festival (Caune, 2000). Comme le précise Jacques Godbout, « les biens et les services ne circulent pas seulement selon la modalité du marché ou de redistribution étatique (dans le registre du donnant/donnant, de l'achat et de la vente d'une part, dans celui de l'impôt et du service public, de l'autre) ; il existe un troisième mode de circulation, aussi important, voire plus que les deux autres, la circulation par le don et le contre don » (Godbout et Caillé, 2000 : 313).

Ce type d'initiatives répond à une nouvelle appréciation de l'activité culturelle, dominée d'ordinaire par un système d'évaluation quantitative (Weil, 1995 ; Pearce, 1991) qui ignore la variété des pratiques et les mondes que ces pratiques supposent. Le festival soigne et revendique le fait d'être l'instigateur d'une forme de lien social, un lien de proximité que l'on pourrait dire hérité des analyses de Marcel Mauss sur le don – il propose un paradigme antithétique plus que complémentaire – comme alternative aux logiques fondées sur l'intérêt. Les pratiques de ce festival se situent à la croisée des chemins entre la démocratie participative et la démocratie représentative (interculturelle). Cette formule est d'autant plus efficace que le désintéressement est l'un des principes essentiels de légitimation du champ politique (Bourdieu, 1981).

---

[1] Celle où, « dans la famille, dans les relations de voisinage, de camaraderie, d'amitié, se nouent justement des relations de personnes à personnes », par opposition à la « socialité secondaire, celle qui relie des statuts et des rôles plus ou moins définis institutionnellement ».

Combat

De manière similaire mais plus radicale, le festival *Résistances* (10 000 entrées payantes en 2002) se présente comme un forum militant, revendiquant la projection de films qui n'auraient certainement pas été visionnés en salles, soit parce que leur sujet est sulfureux, soit parce qu'il s'agit de films d'auteurs rejetant résolument le cinéma hollywoodien accusé de « formater les imaginaires de toute la planète ». Pour citer la brochure de présentation, il s'agit de « permettre aux spectateurs de devenir les acteurs de leur propre histoire et non des consommateurs de la *Société de spectacle* afin de construire une utopie libertaire ». Ce radicalisme explique sans doute le déplacement du festival, de Tarascon-sur-Ariège où il était né en 1997, vers Foix, à l'issue d'une querelle avec la mairie composée majoritairement par un groupe socialiste dissident. Ce mouvement se pose donc en réaction aux processus de domination culturelle, politique et économique. Cette pratique culturelle est aussi une prise de position politique, examinant la question d'une justice redistributive et la notion d'égalité comme base d'une reconstruction et d'une réforme sociales. Il s'agit de résister à un système culturel dominant et de promouvoir la reconnaissance d'une forme de société plus différenciée et aussi plus complexe. La dimension sociale de la culture devient ici prépondérante et traduit un refus de l'uniformisation produite par les formes d'expression culturelles dominantes.

Dans la même veine, mais de manière plus structurée, le festival de cinéma d'ATTAC (Action pour une Taxe Tobin d'Aide aux Citoyens) *Images mouvementées* se tient pour la première fois en avril 2003 et présente dorénavant chaque année des films portant sur des thématiques sociales et politiques (2003 : développement durable et organisation du travail ; 2004 : la fabrique de l'opinion ; 2005 : la fabrique de l'exclusion ; 2006 : politique, l'à-faire de chacun ; 2007 : l'homme malade de son environnement). Organisée en partenariat avec l'AFCAE (Association Française des Cinémas d'Art et d'Essai), la manifestation se définit comme un outil culturel se fixant pour objectif la poursuite de la mission d'éducation populaire que s'assigne ATTAC depuis sa création. Ce sont ici les vertus intégratrice et éducative qui sont mises en valeur par le mouvement. Conformément à son slogan, « se réapproprier ensemble l'avenir de notre monde », ATTAC se donne pour ambition de mettre au service du public une information pointue et adaptée sur les thèmes économiques et sociaux. L'association œuvre pour le rapprochement et la création d'un conseil scientifique rassemblant des experts venus de différents horizons. Elle s'inscrit dans une volonté éducative populaire, en dehors de toutes obédiences politiques, sociales, syndicales, médiatiques. C'est pourquoi la programmation associe des longs métrages de fiction reconnus et des documentaires de diffusion parfois confidentielle, mais considérés pour leur vertu pédagogique : soit, au total, plus d'une trentaine de films et sept grands débats, auxquels s'ajoutent des séances de lecture et des animations. Il est intéressant que cette organisation, forte de près de 30 000 adhérents en France, représentée dans une cinquantaine de pays – également co-organisatrice du *Forum Social Mondial* et du *Forum Social Européen* – ait senti la nécessité de créer son propre festival cinématographique. Et ce d'autant plus qu'elle poursuit déjà un certain nombre de projets éditoriaux – plusieurs titres ont été publiés dans la collection *Mille et Une Nuits* – et présente également des réalisations concrètes par le biais du Forum Social Mondial (observatoire international des médias) associant d'autres acteurs du champ médiatique (journalistes, chercheurs, groupes citoyens et usagers de l'information).

La nécessité se fait jour ici, non pas d'être visible, mais de se situer sur l'échiquier des projections, de rassembler également des producteurs – au sens large – de cette industrie et, enfin, de bénéficier de l'effet rassembleur et cathartique (celui des grand-messes) des projections. Ce festival constitue en soi une projection sociale.

Inscription dans une dynamique démocratique

Tous ces festivals présentent donc, avec des moyens et sous des formes différentes, un objectif identique. Il s'agit de représenter un monde riche de différences, des modes de pensée divergents, voire alternatifs. Il s'agit également, dans le discours officiel des organisateurs, d'échapper à une vision unilatérale, à un récit trop uniforme. Ce discours pourrait relever de la philosophie chère à Michael Walzer, pour qui la justice réside dans le fait d'empêcher un critère de réussite – qui vaut pour une sphère d'activité déterminée – d'empiéter sur les autres sphères d'activité et de se substituer à leurs propres critères. Sa conception d'une justice redistributive affirme, en revanche, que l'affirmation de la pluralité conflictuelle de valeurs est constitutive de la dynamique démocratique (Walzer, 1983)[1].

Il s'agit ici d'imposer une nouvelle représentation, de refonder l'exigence démocratique. Entre leur vocation sociale et identitaire, et l'exigence de performance économique, les festivals cherchent à œuvrer pour la représentation plus démocratique de la différence sociale, pour le multiculturalisme de la société.

---

[1] Martin Walzer poursuit : « La pluralité des fins et des valeurs permet l'éclosion de hiérarchies inversées ou enchevêtrées dans laquelle une supériorité affichée dans tel domaine se transforme en une infériorité dans une autre. »

Il semble acquis que les festivals cinématographiques assument un rôle de médiateurs : ils auraient pour ambition de rétrocéder une part de légitimité aux différentes formes d'expression culturelles dans l'espace publie. Ils seraient donc des projections de projections. C'est pourquoi il est aussi fort intéressant de constater que de très nombreuses « festivités cinématographiques » récemment créées sont aussi appelées « forum » plutôt que « festival ». Le *Forum du Cinéma Européen* de Strasbourg en est un bon exemple. Il avait pour objectif de promouvoir la diffusion du cinéma européen afin, selon le programme officiel, « de permettre à tous les Européens de connaître les images de leurs voisins, voire de ne pas être privés un jour de leurs propres images ». Nous retrouvons donc la démarche commune à l'ensemble des festivals, démarche inscrite dans une volonté de représentation, politique et interculturelle.

Il semble particulièrement remarquable, dans ce dernier exemple, de noter combien le forum fut clairement imaginé comme un outil. Il constatait l'important taux de pénétration du cinéma hollywoodien et des téléfilms américains sur le territoire européen (respectivement 80 % et 60 %). À titre de comparaison, le taux de pénétration des films européens dans le marché américain est évalué à moins de 6 %). Fruit d'une volonté politique de résistance à une forme d'hégémonie, le forum rassemblait des ateliers de réflexion destinés à débattre des moyens à mettre en œuvre afin de soutenir le secteur audiovisuel européen. Ces ateliers réunissaient des professionnels, des représentants du Parlement européen et de la Commission européenne. Dès lors, son ancrage géographique – la capitale politique de l'Europe – était le reflet d'une symbolique particulière.

De manière plus générale, on peut souligner cette nécessité, pour des particuliers ou des associations, de créer ces festivals et d'en faire en quelque sorte des groupes de pression dépassant leurs dimensions culturelle, ponctuelle et localisée initiales. Se pencher sur les festivals cinématographiques permet aussi de souligner leur apport en termes de représentation identitaire, de rapprochement et de dialogue interculturels. Cela permet aussi d'observer ce qu'ils révèlent du contexte européen.

En 1957, l'identité de la Communauté européenne s'est structurée sur un mode défensif par rapport à l'ennemi commun. Dans ce contexte, la politique audiovisuelle et cinématographique présente d'emblée un double visage, commercial et culturel. Commercial car il s'agit de combler le déficit de programmes européens face à la concurrence américaine et de faire progresser une diffusion intra-européenne très faible desdits programmes culturels, à travers la promotion de la création européenne. La chute du mur de Berlin a symbolisé la disparition de cet ennemi commun, entraînant ainsi la disparition du mode de structuration identitaire de l'Europe. Le sommet européen de Laeken du 15 décembre 2001 a convoqué une Convention sur l'avenir de l'Union européenne, qui devait répondre à la question « quelle Europe voulons-nous faire ensemble ? » et proposer un Traité constitutionnel. Cette invitation voulait initier un acte refondateur afin de permettre à l'Europe élargie de relever son double défi : défi démocratique en son sein et défi devant la globalisation sur le plan extérieur. Le non apporté lors du référendum français sur le processus de ratification du Traité constitutionnel a fort symboliquement été précédé en 2001 de l'abandon du *Forum du Cinéma Européen* de Strasbourg.

Pour pallier sa disparition, une *Journée européenne du cinéma et de l'audiovisuel*, soutenue par le Parlement européen, fut organisée à Strasbourg le 18 décembre 2002. Ouverte au grand public, comme aux professionnels du cinéma et de l'audiovisuel, elle était composée principalement de grandes discussions toutes placées sous le thème suivant : « Pour une véritable diversité culturelle : des images faites par des Européens et vues par les Européens. » L'objectif étant « de faciliter la formulation d'une politique européenne du cinéma et de l'audiovisuel, d'assurer la convergence des actions développées par les institutions communautaires et de répondre aux attentes des différents secteurs de l'industrie ».

Ces formulations révèlent combien la question identitaire constitue un enjeu essentiel pour la construction de l'Europe démocratique. Comment l'Europe peut-elle instituer une identité culturelle dans une « Union des États européens, conservant leur identité nationale ? » Comment l'Europe peut-elle permettre d'accepter cette expérience de l'altérité et d'adhérer à cette communauté de destin ? Dans *Naissance de l'Europe démocratique*, Dominique Wolton précise que le renforcement des identités nationales apparaît comme la stratégie la plus opportune pour favoriser l'émergence ultérieure d'une identité européenne (Wolton, 1993).

En représentant l'histoire de la vie des hommes inscrite dans une réalité sociologique, on peut s'interroger sur la contribution du cinéma à la formation de cette identité culturelle européenne. Les institutions européennes, et en particulier la Commission européenne, tentent de préserver l'exception culturelle européenne ; ce faisant, elles encouragent (sur les plans législatif et incitatif) une forme d'identité culturelle européenne, hors des circuits nationaux traditionnels. Elles ont pour vocation de préserver le patrimoine et peuvent servir de relais à des aspirations ou des projets déjà existants. Dans une société de l'information où l'image détrône la lecture, le cinéma ne pourrait-il pas reprendre le flambeau du roman historique de Walter Scott pour contribuer à la formation et la continuité de ce tout social ? En filmant les faits sociaux, le cinéma représente cette *Kulturnation* qu'évoque Herder.

En projetant cette culture identité-miroir qui façonne notre comportement d'être au monde, le cinéma ne permettrait-il pas à ces peuples d'Europe de prendre conscience d'eux-mêmes et de leur appartenance à une « tribu ethnoculturelle » ? C'est donc dans ce rapport au sens, à l'explication de la vie collective avec ses symboles, que réside la grande force du cinéma, dans la formation et la perpétuation de la cohésion sociale. Dans cette perspective, l'Europe est étroitement liée à son cinéma pour relever son défi démocratique et réfléchir à une Europe des valeurs. Elle peine cependant à illustrer cette identité et à localiser un territoire symbolisant sa politique cinématographique ; ce dont témoigne l'échec du *Forum du Cinéma Européen* de Strasbourg et son remplacement effectif par une journée hébergée par le Parlement européen de Strasbourg. Ultime avatar de ce festival européen, la journée qui lui est dédiée à l'occasion du festival de Cannes, rendez-vous commercial, artistique et finalement politique.

Pour conclure

D'importantes modifications s'observent dans la définition des objectifs que se fixent les festivals comme dans la réorganisation de leur géographie. La défense du cinéma d'auteur ou bien, pour reprendre le titre d'un programme célèbre, « un autre regard », ne permet pas d'échapper à de nombreuses contradictions. Ainsi de la consultation du catalogue du FFM (Montréal), qui révèle des commanditaires comme Cinéplex Odéon, Famous Player, Twentieth Century Fox et Warner Bros. Les festivals sont, bien souvent, désignés de manière critique comme des tremplins utiles aux principaux distributeurs (souvent américains) cherchant à conquérir de nouveaux marchés lucratifs (tels ceux du Moyen-Orient et de l'Afrique).

Par conséquent, les probabilités de voir percer un film issu d'un pays étranger sont réellement faibles. Les festivals évoluent donc vers une forme de forum et de lieu d'échanges, de discussions voire de polémiques. Ces dernières pourraient permettre de dresser une typologie des festivals, de leur ancrage et sphère d'influence, des volontés premières qui ont présidé à leur fondation et de leur portée concrète. Recourant à l'image, travaillant les récits, les reprenant, les confrontant – parfois parallèlement aux rencontres commerciales – ces différents moments culturels assument et revendiquent toujours plus clairement l'ambition de jouer un rôle d'acteurs essentiels de l'industrie, de l'information et de la communication, ne se percevant plus uniquement comme relais d'influence en termes d'enjeux diplomatiques, mais comme des médiateurs essentiels cherchant à soulever des questions et à susciter des réponses.

Cette ambition est logiquement induite par le médium utilisé : les films. Mais, de même que les studios de cinéma se sont progressivement émancipés des structures politiques, le travail réalisé par les festivals est révélateur d'une forme d'émancipation : une véritable prise de parole et l'entrée, sur la scène politique, des individus et de leurs revendications. Ce projet culturel s'appuie sur une vision politique d'ensemble et cherche à restituer une place aux individus et aux liens sociaux. Elle procède de cette conviction que l'on peut reconstruire les structures sociales et les relations sociales pré-capitalistes, à l'intérieur même du système capitaliste. Ces idées émergent sous la forme d'une culture alternative au service de la démocratisation de la société. La multiplication des festivals introduit une réflexion sur un mode d'action périphérique par rapport à une action culturelle souvent orchestrée par le centre politique.

Les festivals sont aussi le reflet d'une conception décentralisée, élargie et participative de la culture.

Ils ne constituent donc plus uniquement des prismes au travers desquels sont sélectionnées des représentations du monde, mais aussi des interfaces à partir desquelles s'élaborent de nouvelles finalités politiques et une nouvelle définition de soi et de l'autre.

Le festival cultive plusieurs facettes qui peuvent être complémentaires, à la fois *symbolique* – glorification sociale ou politique, liée à la valeur ostentatoire ou exemplaire du cinéma –, une fonction *commerciale* (valeur marchande), une fonction *documentaire*, et enfin une fonction *esthétique*. Dans tous les cas, il est l'enjeu d'une lutte pour la représentation légitime de la culture et propose une lecture alternative, différenciée et périphérique (par rapport au contre politique) de la culture officielle.

Bibliographie

Bourdieu, P., 1981, « La représentation politique : éléments pour une théorie du champ politique », *Actes de la recherche en sciences sociales*, n° 36-37, 7-9.

Caune, J., 2000, « La médiation culturelle : une construction du lien social », article en ligne disponible sur www.u-grenoble3.fr/les enjeux/2000/Caune/Caune.pdf, consulté le 13 octobre 2006.

Collectif (J.-M. Frodon éd.), 2002, *Le Banquet imaginaire*, dans le cadre des travaux de l'association L'Exception, Paris, Gallimard.

Frodon, J.-M., 1998, *La projection nationale*, Paris, Odile Jacob.

Godbout, J. et Caillé, A., dir., 2000, *L'esprit du don*, Paris, La Découverte.

Pearce, S., *Museum, Economics and the Community*, London, the Athlone Press, 1991.

Ricoeur, P., 1983, *Temps et récit*, Tome 2, Paris, Le Seuil.

Rojanski, V., 2006, « La politique audiovisuelle de l'Union européenne », *Policy paper* de la Fondation Robert Schuman disponible en ligne sur le site : www.robert-schuman.org, « Questions d'Europe », n° 46, décembre 2006.

Valantin, J.-M., 2000, « Cinéma américain et représentations stratégiques », *Débat Stratégique*, n° 51, juillet 2000.

Valantin, J.-M., 2003, *Hollywood, le Pentagone et Washington. Les trois acteurs d'une stratégie globale*, Paris, Autrement frontières.

Walzer, M., 1983, *Spheres of Justice : A Defence of Pluralism and Equality*, New York, Basic Books.

Weil, S. E., 1995, « Progress report from the field : the Wintergreen Conference on Performance Indicators for Museums », in Weil, S. E., dir., *A Cabinet of Curiosities*.

Wolton, D., 1993, *La dernière utopie. Naissance de l'Europe démocratique*, Paris, Flammarion.

Le musée Guggenheim, entre économie et diplomatie ?

JEAN-MICHEL TOBELEM

La fondation Solomon R. Guggenheim représente aujourd'hui – à travers ses différents visages – un cas extrême de l'évolution des institutions muséales (identifié en particulier à la personnalité flamboyante de l'ancien directeur du musée, Thomas Krens, désormais chargé des relations internationales de la fondation). Une mutation qui nous a conduit à proposer le concept d'« organisation culturelle de marché » pour qualifier certaines de ces institutions, voulant signifier par là que sans devenir pour autant des institutions marchandes ou des entreprises commerciales, certaines organisations culturelles sont néanmoins influencées de multiples façons et selon des configurations inédites par des mécanismes de marché (Tobelem, 2005b).

Le cas de la fondation Guggenheim s'inscrit par ailleurs dans une réflexion sur les voies nouvelles d'une diplomatie culturelle qui ne passerait pas seulement par des institutions étatiques, mais également par des canaux plus informels ; ceux notamment d'établissements développant une intense activité internationale, à l'instar du musée du Louvre (cf. les projets d'Atlanta et d'Abou Dhabi) ou du Centre Georges Pompidou (cf. les projets d'implantation en Asie, notamment à Shanghai). De fait, si l'expérience du musée Guggenheim a été principalement analysée jusqu'à présent à travers un prisme économique, suscitant par là-même de vives controverses, il convient semble-t-il également de l'étudier sous l'angle des relations internationales et des nouveaux enjeux de la diplomatie culturelle (Tobelem, 2005a).

Le précurseur d'un nouveau modèle de musée ?

La fondation Solomon R. Guggenheim, créée en 1937, donna naissance deux ans plus tard au musée de « peinture non objective », situé sur la 54ème rue à New York, consacré à des artistes tels que Kandinsky, Mondrian ou Paul Klee. Le « temple de l'esprit » voulu par Frank Lloyd Wright marqua de façon décisive non seulement l'histoire des musées, mais également celle de l'architecture, dès son ouverture en 1959. Peggy Guggenheim, une nièce de Solomon R. Guggenheim, fit ensuite don à la fondation de sa collection (comprenant des œuvres cubistes, surréalistes et expressionnistes) et de sa demeure vénitienne, le palais Venier dei Leoni, situé sur le Grand Canal, dans les années 1970. Devenu directeur de la fondation en 1988, Thomas Krens engagea sur ces premières bases transatlantiques une politique délibérément tournée vers le développement international, marqué par l'ouverture d'un musée affilié à Bilbao en 1997 (*Guggenheim Museum Bilbao*) et d'une galerie d'exposition fonctionnant sous l'égide de la Deutsche Bank à Berlin (*Deutsche Guggenheim Berlin*).

Dans une métropole artistique internationale de l'importance de la ville de New York, dotée de musées aussi prestigieux que le Metropolitan Museum of Art, la Frick Collection, le Museum of Modern Art ou encore le Whitney Museum of American Art, le musée Guggenheim se singularise par une histoire originale et un bâtiment devenu une icône de l'architecture moderne. À la différence de ces deux derniers musées toutefois, le musée Guggenheim – « institution aux racines européennes » (Messer, 1989 : 148) – a toujours possédé un ancrage international et marqué un intérêt soutenu pour l'art de l'Europe et de l'Amérique latine notamment, comme en témoignent les rétrospectives consacrées au fil de son histoire à des artistes tels que Bacon, Alechinsky, Fontana, Beuys, Tapiès, Michaux ou de Staël.

Aujourd'hui, la fondation Guggenheim inscrit ses actions dans certaines des grandes tendances de l'évolution de la consommation culturelle dans les sociétés contemporaines, qu'il s'agisse de tourisme, d'architecture ou encore de politique de « marque ». Bien plus, après avoir suscité un grand nombre de réserves de la part de professionnels des musées, son approche semble inspirer à présent de grandes institutions muséales désireuses de s'adapter aux nouvelles réalités de la mondialisation des arts et de la culture.

La mondialisation du marché du tourisme culturel

Selon Thierry Quintrie La Mothe, le développement du tourisme culturel dans un contexte de concurrence accrue entre les destinations touristiques doit se comprendre à la lumière de la mondialisation des marchés : « La société mondiale moderne cherche constamment (…) à imposer au monde entier des produits convenablement normalisés, choisis surtout quand des prix agressivement bas sont liés à la qualité et à la fiabilité (…) Le " global marketing " génère un tourisme international d'affaires en connexion directe avec le " global business " financier et commercial ». Le secteur culturel semble également concerné : « Les nouvelles formes de loisirs, parcs récréatifs ou à thème, mobilisent des capitaux importants pour atteindre une dimension mondiale. Musées, festivals, Maisons de la Musique, golfs, parcs d'attraction et aqualands se multiplient pour le meilleur et le pire… » (Quintrie La Mothe, 1987 : 97-104). Jeremy Rifkin estime même que le tourisme – à travers la commercialisation de la production culturelle – pourrait être la métaphore ultime du marché : « Les reconstitutions de sites historiques ou naturels, les villes " à thème ", les vacances dans un environnement " authentique " sont autant d'avatars d'une industrie touristique florissante qui installe la production culturelle au cœur même de l'activité économique (…) La sphère culturelle mondiale, à travers ses merveilles naturelles, ses cathédrales, ses musées, ses palais, ses parcs, ses cérémonies et ses fêtes, est de plus en plus colonisée par le marché, qui en transforme chaque expression en production culturelle destinée à la distraction et à l'édification des membres les plus riches de la population mondiale » (Rifkin, 2000 : 195).

Alors que de nouvelles destinations cherchent à s'imposer sur la carte du tourisme international à travers la création de musées ou la présentation d'expositions de grande envergure – à l'exemple de Bilbao ou encore d'Abou Dhabi (Pataud Célérier, 2005) – l'essor du tourisme culturel peut toutefois constituer une source de fragilité pour certains musées fortement internationalisés. En cas de trouble ou de retournement économique conjoncturel, l'impact de la baisse de la fréquentation sur leurs recettes propres (entrées, boutique, restaurant…) peut en effet se traduire par des difficultés budgétaires, voire par une réduction des heures d'ouverture du musée et/ou des fermetures de salles[1]. Ainsi, le musée Guggenheim a dû se séparer de plusieurs membres de son personnel et annuler des projets d'exposition à la suite des événements du 11 septembre 2001. Dès lors, pour James Cuno (directeur de l'Art Institute de Chicago et ancien directeur des musées d'Harvard), il s'agit de la démonstration des risques que comporte l'implication croissante des musées dans les mécanismes de l'économie touristique et leur attrait pour les grandes expositions destinées à un large public[2].

---

[1] Bernard Stamler, « New York's Showcases Are Facing Shortfalls », *The New York Times*, 24 avril 2002.

[2] « The alternative to the tourism model, says Mr Cuno, is a focus on building collections, endowments, and ties to the city of one's institution » (David D'Arcy, « Lay-offs and retrenchment in New York's museums due to slump in tourism », *The Art Newspaper*, n° 120, décembre 2001).

Une architecture instrumentalisée ?

Alors que Pierre-Jean Foulon se demande si le musée doit apparaître comme une « coque », « réceptacle d'œuvres et documents dont le caractère minimaliste n'influe en rien sur une appréhension libre et directe des objets présentés » ; ou si, au contraire, la structure architecturale du musée « doit devenir œuvre d'art à son tour, au risque de provoquer des difficultés, voire des impossibilités de vision et de lecture des œuvres rassemblées dans l'" œuvre " » (*Architecture et musée*, 2001 : 6), l'architecte Frank Gehry – maître d'œuvre du musée Guggenheim de Bilbao – défend quant à lui le principe d'une architecture de musée qui agit comme un symbole de l'importance et du rôle de l'art[1]. Reste qu'il paraît établi que le rôle prééminent récemment attribué à l'architecture dans les projets de musées[2] possède deux origines : le bâtiment de Frank Lloyd Wright pour le musée Guggenheim à New York, d'une part, et le Centre Georges-Pompidou construit par Renzo Piano et Richard Rogers[3], d'autre part.

---

[1] « I don't have an idea of how it should look, as much as a sense that it should have an iconic presence. I think that's human nature ; that artists like to be in an important place. It's normal, and the neutral building style that came after the war is antithetical to that » (David D'Arcy, « Gehry takes Manhattan », *The Art Newspaper*, 12 mai 2000).

[2] À Abou Dhabi, il est prévu de faire appel, pour les différents musées en construction, à Tadao Ando, Frank Gehry (pour une antenne du musée Guggenheim), Jean Nouvel (pour le « Louvre-Abou Dhabi ») et Zaha Hadid (Hassan Fattah, « Celebrity Architects Reveal a Daring Cultural Xanadu for the Arab World, *The New York Times*, 1er février 2007 »).

[3] « Pour ce qui est du spectre des associations qu'ils suggèrent, du contraste qu'ils introduisent avec la ville existante, de la mémorisation facile qu'ils autorisent d'une architecture fondée sur l'image, ils restent en définitive un témoignage de l'instrumentalisation institutionnelle qui aura conclu le cycle fondateur de l'architecture moderne » (Cohen, 1999 : 26).

Il semble même parfois que s'il est « important d'avoir des œuvres à la mesure du bâtiment, ce n'est désormais pas tant l'art qui compte que l'œuvre architecturale » (Jodidio, 2001 : 128). En effet, certains musées sont désormais conçus comme des « attractions architecturales », les collections et la programmation culturelle n'étant pas forcément à la hauteur des bâtiments proposés[1]. Robert Campbell souligne quant à lui l'interpénétration entre architecture, image et « marque » (*cf. infra*), dans un monde dominé par l'essor de la communication et la prégnance du modèle de la consommation culturelle de masse[2]. C'est toutefois la fondation Guggenheim qui symbolise le mieux, pour certains observateurs, l'alliance entre l'architecture et la communication, ainsi que la recherche de l'impact d'un bâtiment spectaculaire auprès des publics, au service du marketing du musée et de la cité qui l'accueille. À cet égard, Deborah Solomon estime que la politique de la fondation Guggenheim doit être comprise dans le contexte d'un « pragmatisme » tout américain[3], sachant qu'à la différence de l'Europe la faiblesse du financement public direct ouvre la porte à des relations plus fréquentes avec le monde économique (Saltz, 2002 ; Solomon, 2002 ; Tobelem, 1990).

---

[1] « Museums are becoming architectural attractions in and of themselves (…) But when it comes to programming, expansion often brings dissipation, or worse : stupidity. Gigantic edifices are built, then filled with junk » (Jerry Saltz, 2000, « Living Large : Thinking About Museums Thinking About Themselves », *The Village Voice*, 6-12 décembre 2000).

[2] « In today's global information culture, a world of images rather than authentic places, every style comes to be perceived as a brand of some kind (…) Call it Archibranding. Or Branditecture » (Campbell, 2002).

[3] « The Guggenheim can seem like a model of frankness and American pragmatism. At times it's crass, but on the plus side, it is free of piety. It does not pretend that art is religion or that the museum is church » (Solomon, 2002).

S'agissant du musée Guggenheim de Bilbao par exemple, « pour les autorités basques, le musée doit revitaliser l'économie, en diversifiant les activités par le développement du tourisme, et donner un signe fort du renouveau de la ville et de la région. Pour cela, la dimension architecturale du projet est fondamentale. Il faut un chef-d'oeuvre architectural, un bâtiment comparable au musée dessiné à New York par Frank Lloyd Wright, un nouvel Opéra de Sydney »[1]. Mais bien d'autres édiles ne cachent pas leur souci d'utiliser l'architecture au profit d'objectifs économiques et touristiques[2], au profit d'un vedettariat accentué (Benjamin Forgey parle de « *starchitects* »[3]). L'ampleur de ce phénomène permet désormais de parler de « tourisme architectural »[4]. À propos du musée Guggenheim de Bilbao ou de la Tate Modern à Londres, James Culham évoque également la notion d'« *architourism* », qui constituerait une tendance à la mode en matière touristique[5].

---

[1] *Circular*, n° 10, New Series, juillet 1999, p. 6.

[2] « Museum directors, acutely aware that donors want to use museums as tools for economic development, are competing with one another to produce the most striking buildings » (Stephen Kinzer, 2001, « From Virginia to Louisiana, a Building Boom for Museums », *The New York Times*, 18 décembre 2001).

[3] « Architects who had long labored on the fringes, tinged with the ambivalent label of the avant-garde, found themselves in demand. They became " starchitects " » (Forgey, 2002).

[4] J.-M. Tobelem et alii, 2001, *Étude exploratoires des publics de la Cité de l'architecture et du patrimoine*, Option Culture, ministère de la Culture. J.-M. Tobelem et alii, 1998, *Les publics et les utilisations du patrimoine écrit des bibliothèques municipales*, Option Culture, ministère de la Culture.

[5] « It started in previously ignored Bilbao. Then last year, more than five million people thronged London's Tate Modern. Now Rem Koolhaas has designed a Guggenheim in Vegas. It's called " architourism " and it's the hottest trend in travel » (James Culham, 2001, « If they build it, you will come », *The Globe and Mail*, 3 novembre 2001).

Quoi qu'il en soit, qu'il s'agisse des architectes Rem Koolhaas, Jean Nouvel, Frank Gehry ou encore Hans Hollein, la fondation Guggenheim s'appuie autant qu'il est possible sur la notoriété du gotha de l'architecture internationale dans ses projets d'expansion.

« Guggenheim », une marque mondiale ?

Pour Fiona McLean, qui analyse le secteur des musées, l'identité de l'organisation peut devenir un atout précieux en termes de différenciation, de changement, de communication et de promotion (McLean, 1998). À terme, la maîtrise d'un actif immatériel, la marque, peut même permettre à une organisation de devenir une entité presque virtuelle[1]. Ce phénomène offre matière à une comparaison avec le déploiement de la stratégie internationale de certains musées (cf. la cession de la marque « Louvre » à Abou Dhabi, pour une durée de trente ans et quelques centaines de millions d'euros, en vue de la construction d'un nouveau musée avec l'aide d'institutions muséales françaises[2]) ; tandis que d'autres musées – comme le British Museum – poursuivent une voie reposant sur des programmes d'échange et de coopération, y compris avec des pays en développement[3].

D'une certaine manière, « Guggenheim » deviendrait une marque comparable à celle de Nike, par exemple, qui a abandonné la fonction manufacturière et de production

---

[1] « À tous points de vue, Nike est une entreprise virtuelle (…) Ce que vend Nike, ce sont des concepts » (Rifkin, 2000 : 66).

[2] Emmanuel de Roux, « Le Louvre a signé le " contrat du siècle " », *Le Monde*, 8 mars 2007 et « Le Louvre d'Abou Dhabi rapportera 1 milliard d'euros à la France », *Le Monde*, 7 mars 2007.

[3] Rencontre avec Neil MacGregor, *Les Échos*, série limitée, n° 52, avril 2007. Voir également : Neil MacGregor, « Britain is at the centre of a conversation with the world », *The Guardian*, 19 avril 2007.

directe (sous-traitée) pour se concentrer (et se recentrer) sur les fonctions de recherche, de stratégie, de conception, de marketing, de distribution et de commercialisation, devenant avant tout le gestionnaire d'un actif principal, une image mondiale.

Selon certains observateurs, l'ambition de la fondation Guggenheim est de devenir la « marque globale » la plus importante du monde de l'art, dans l'objectif d'une domination mondiale de son « empire » muséal[1], en s'appuyant pour cela sur des expositions temporaires populaires, une architecture flamboyante et une communication ambitieuse[2]. Ainsi, pour Niall G. Caldwell, si peu de musées se sont jusqu'à présent aventurés dans cette direction (rappelons toutefois les ambitions du musée du Louvre et du Centre Pompidou dans ce domaine), la fondation Guggenheim est devenue la première marque globale dans le secteur des musées à appliquer au tourisme culturel les techniques de gestion de cet actif immatériel (tout à la fois précieux et fragile), grâce à un système de « franchise »[3]. Philippe Durey déplore à ce sujet l'apparition d'une « logique de marque et de réseau commercial à l'échelle planétaire », un système qui – dit-il – « paraît vouloir exploiter économiquement les biens culturels des musées, par nature

---

[1] « Unofficially, their aim is to become the biggest and hottest global art brand (...) The sixth branch of the Solomon R. Guggenheim Foundation's empire, to be opened in Las Vegas, will confirm the foundation's ambition of world domination in modern art » (Butler, 2000).

[2] « The Bilbao effect is viewed by many as a triumph of style over substance, a type of global branding that used to be confined to items such as fashionable shoes and whatnot » (Forgey, 2002).

[3] « The current director of the Guggenheim has used a strategy taken from customer product marketing which uses a developed brand identity as a means of gaining a wider audience/customer base through a program of franchising » (Caldwell, 2000 : 29).

fragiles et chargés de sens, avec les mêmes méthodes que celles utilisées pour des objets ordinaires » (Durey, 2001).

Dans le même esprit, les villes ne cherchent-elles pas à attirer les musées comme elles s'efforcent d'ores et déjà de capter les investissements des entreprises, les usines de production, les laboratoires et les centres de recherche ? Même une ville dotée d'un patrimoine muséal aussi important que la ville de Lyon a pensé se rapprocher de la fondation Guggenheim, dans le but d'installer une antenne dans la capitale des Gaules : « En 1999, M. Barre avait dû, à regret, abandonner son idée d'un " super Bilbao " à Lyon. Cette fois, Thomas Krens, le directeur de la Fondation Guggenheim, a proposé aux Lyonnais de réfléchir à une opération d'envergure internationale " low cost, big impact. " »[1] En dehors du cas lyonnais, non abouti (comme celui de Vienne en Autriche notamment), on observe toutefois que, grâce à ses qualités d'entrepreneur, de négociateur et de visionnaire (Kimmelman, 1998 ; Vogel, 2005 ; Ward, 2005), Thomas Krens – avec l'appui de son conseil d'administration – a conduit la fondation Guggenheim sur des sentiers jusqu'alors inédits dans le monde de la culture.

Le phénomène de la mondialisation

L'internationalisation des musées

Christina Carrillo rappelle utilement que la « globalisation » fait partie de l'esprit de l'art et de la culture, qui – comme la science – ne connaissent (en principe) pas de frontières[2].

---

[1] Sophie Landrin, « Gérard Collomb (PS) fait de la sécurité la " priorité " de son mandat à Lyon », *Le Monde*, 19 juin 2001.

[2] « Art has always been moved by individuals. Before businessmen, artists were the precursors in breaking down frontiers. Globalisation is the essential spirit of art » (Carrillo, 2002).

De fait, François Tremblay souligne les avantages procurés par ce mouvement, y compris en termes de pratiques professionnelles, en notant que « l'interconnexion des systèmes et l'accélération des moyens de communication a aussi profondément changé nos pratiques. L'accès instantané à des renseignements sur tous les grands musées du monde et leurs collections, la possibilité de monter et de croiser des bases de données dans des domaines de recherche précis ne sont que quelques exemples de la puissance des outils issus de la mondialisation » (Tremblay, 2002 : 5). Élargissant la perspective à la question de l'art actuel, Catherine Francblin observe que « le succès et le développement des biennales décentralisées (…), la place croissante accordée par le marché et les institutions aux artistes non occidentaux (…), l'autorité nouvelle consentie à des critiques ou commissaires de couleur (…), la multiplication, enfin, des déplacements des professionnels de l'art au cours de ces dernières années, révèlent une évolution indiscutable de la scène artistique – une évolution caractérisée par un élargissement sans précédent de l'aire géographique et culturelle concernée par l'art dit contemporain » (Francblin, 2001 : 163-166).

S'agissant des musées, Caroline Varga suggère que leur internationalisation permet de programmer « des expositions itinérantes d'un musée-satellite à l'autre, et de prendre contact avec des mécènes très en amont. De plus, les échanges internes réduisent les coûts de transport et d'assurance, ainsi que le temps de montage à partir d'œuvres connues et répertoriées. L'accroissement du nombre de musées permet également de démultiplier les canaux de distribution des produits dérivés (…) La Fondation Guggenheim est au centre d'un foisonnement de projets. Ceux-ci, reposant sur des financements publics et privés, lui ont permis de mettre en œuvre une croissance accélérée et de créer la première " chaîne " mondiale de musées » (Varga, 2001 : 27-38).

Quant à la collection Ludwig, François-René Martin estime qu'elle repose sur un autre type de modèle, puisqu'« à bien des égards, l'exemple de la collection de l'industriel allemand Peter Ludwig et de ses implantations croisées dans des villes des deux Allemagnes d'avant la réunification, et aujourd'hui dans les anciens " Pays de l'Est ", a préparé l'institution muséale à ce nouveau mode de développement en réseau, jouant sur des implantations permanentes comme à Cologne ou provisoires (...) Il reste, à la différence des Guggenheim, que la mobilité même de formation de groupements d'œuvres et leur implantation, par Ludwig, répondait plus qu'à un pur objectif capitaliste, à une logique assez classique d'évergétisme, voire de prosélytisme esthético-politique dans le cadre des deux Allemagnes » (Martin, 2002 : 157).

En partenariat avec le musée de l'Ermitage de Saint-Pétersbourg, la fondation Guggenheim[1] a ouvert en octobre 2001 un musée commun (« *The Hermitage Guggenheim Museum* ») – conçu par l'architecte Rem Koolhaas – dans un hôtel-casino de 3000 chambres (« *The Venetian Resort Hotel-Casino* ») à Las Vegas[2]. Des œuvres de Matisse, Picasso, Gauguin et Cézanne, notamment, qui proviennent des collections des deux musées, y sont exposées.

---

[1] « In what is being hailed as the most comprehensive alliance between two of the world's leading museums, the Hermitage and the Guggenheim Museum in New York have agreed to a strategic partnership where both institutions will forge a common vision to develop their museums jointly » (Varoli, 2000).

[2] La première exposition (« *Masterpieces and Master Collectors : Impressionist and Early Modern Paintings* ») a présenté une cinquantaine d'œuvres des deux musées.

Selon Thomas Krens, les deux institutions peuvent en effet utilement joindre leurs forces, leurs compétences et leurs collections[1].

Dans les objectifs de leur contrat, d'une durée initiale de cinq années, ils déclarent souhaiter bâtir ensemble un réseau de lieux d'expositions à l'échelle internationale[2] et Thomas Krens estime qu'il s'agit de l'un des plus passionnants projets muséaux dans le monde[3]. Quant au directeur de l'Ermitage, Mikhaïl Piotrovsky, il assure que les chances de succès du projet reposent sur le fait que les deux musées se complètent l'un l'autre ; et il observe que le musée Guggenheim possède une compétence reconnue dans le domaine de la planification de projets, dans l'organisation d'expositions et dans la conception d'espaces destinés à accueillir l'art contemporain, domaine dans lequel Saint-Pétersbourg dispose de peu d'expérience, sans oublier naturellement sa pratique du parrainage et de la collecte de fonds. À partir de ces deux « marques », Mikhail B. Piotrovsky est même allé jusqu'à évoquer la création d'un « modèle pour les musées du XXIe siècle »[4].

---

[1] « By combining our expertise and drawing from two great collections, the Hermitage and Guggenheim can create a brand new range of superb cultural narratives and exhibitions » (Stolyarova, 2001).

[2] « The Guggenheim, with museums in New York and three European cities, has long had an interest in sharing the Hermitage's world-class collection of old master, Impressionist and Post-Impressionist works, antiquities and decorative arts. The Hermitage, with severe budgetary problems, has envied the Guggenheim's financial resources and entrepreneurship » (Vogel, 2000).

[3] « After the success in Bilbao, we understand that cooperation on an international scale can be very successful » (Varoli, 2000).

[4] « We have two brands and can cooperate in different kinds of activities in different parts of the world (...) This is not just about fund-raising and development. It's about creating the model for museums of the 21st century » (Vogel, 2000).

L'influence du « modèle » Guggenheim

Thomas Krens, dans un discours pour le *Jupiter Interactive Knowledge Forum* de New York (21 septembre 2000), expliquait ainsi les nouveaux objectifs du Guggenheim : « Imaginez un musée en perpétuel mouvement. Le Guggenheim n'est pas un lieu, le Guggenheim est un point de vue. Le Guggenheim est tout ce que vous avez envie d'imaginer. Le Guggenheim est l'agent de la culture pour tous. » Toutefois, la controverse concernant l'orientation considérée comme trop commerciale de certains musées a précisément été suscitée, dans la période récente, par l'action du même Guggenheim[1], jugé également responsable de profiter des difficultés rencontrées par certaines institutions prestigieuses[2]. Hasard du calendrier peut-être, on pouvait du reste visiter au même moment les expositions *The Art of the Motorcycle* à Las Vegas, *Armani* à Bilbao et *Norman Rockwell* à New York…, ce qui ne semble guère conforme aux orientations artistiques des fondateurs du musée.

Le musée Guggenheim – qui a fait aboutir le projet d'un établissement à son nom à Abou Dhabi (comme le musée du Louvre du reste) – demeure quoi qu'il en soit courtisé par plusieurs pays, d'Asie et d'Amérique latine notamment. Dès 1999, Thomas Krens avait ainsi rencontré le gouverneur de la région de Sao Paulo, qui proposait d'offrir un terrain destiné à accueillir une antenne de la fondation, sachant par ailleurs que les musées Guggenheim de New York et de Bilbao ont

---

[1] « Mr Krens (…) is pioneering a trend towards marketing museums as places of entertainment rather than as depositories of crusty " accepted " works of art. His methods are aggressive, even by New York standards » (« When merchants enter the temple », *The Economist*, 19 avril 2001).

[2] « What is now the Guggenheim's principal mission in the 21st century : to become the McDonald's of the international museum trade » (Kramer, 2001).

accueilli respectivement en 2001 et en 2002 l'exposition « Brésil, corps et âme », consacrée à cinq cents ans d'art au Brésil, d'un coût de 15 millions de dollars et d'abord présentée à Sao Paulo. Thomas Krens indiquait à cette occasion qu'il souhaitait également visiter l'Argentine et le Chili. Enfin, à propos d'une sollicitation australienne (non aboutie à ce jour), dans un possible lieu situé à environ une heure de Melbourne, David D'Arcy écrit qu'elle répond aux critères de la fondation Guggenheim : une localisation qui sort des sentiers battus, une source de financement, de grands espaces et une utilisation des collections du musée contre un paiement substantiel[1].

Au-delà des appréciations contrastées portées par les acteurs du monde des musées, l'expansion globale de la fondation Guggenheim a assurément conduit la plupart des directeurs de grands musées à se poser la question de leur éventuelle internationalisation, y compris le musée du Louvre (à Atlanta et dans la péninsule arabique) ou encore le centre Georges-Pompidou, avec ses projets d'implantation en Asie, en commençant par Shanghai (Kaufman, 2005). C'est aussi ce qu'indiquait le directeur du Victoria & Albert Museum, déclarant ressentir la nécessité de s'interroger sur le développement de partenariats à l'échelle internationale[2].

---

[1] « The vague plans fit the Guggenheim pattern – a location off the beaten path, an outside source of funding, a large space to accommodate travelling temporary exhibitions, and a rotating collection provided mostly by dragging things out of the Guggenheim storerooms – for a substantial fee, just like in Berlin and Bilbao » (David D'Arcy, « Is that koala in the Armani suit riding a motorcycle ? », *The Art Newspaper*, 21 janvier 2000).

[2] « It has been shown that you can have global museums, like the Guggenheim. The V&A needs to ask itself where does it stand (...) We do need to look at how we can really develop international partnerships » (Martin Bailey, « The V&A : In search of global partners », *The Art Newspaper*, 9 octobre 2001).

Ainsi, bien qu'avec une orientation sensiblement différente, que le British Museum, dont le directeur estime que « les grands musées encyclopédiques doivent faire voyager leurs collections. Ils doivent devenir des bibliothèques de prêt mondiales »[1].

Le « modèle » Guggenheim a transformé les codes traditionnels régissant le monde des musées, en particulier par la création d'« antennes » en dehors de ses frontières ; mais également par un ensemble de traits caractéristiques du monde contemporain : le rapprochement avec le secteur des loisirs, l'objectif d'un impact économique maximal, l'importance accordée à la dimension financière, le rôle attribué à l'image, à la communication et à l'architecture, la recherche de l'expansion et de la croissance, le management d'une marque globale et la création de « franchises », y compris à l'échelle internationale. Selon Michael Kimmelman, ce modèle de développement – fondé sur les échanges, la mobilité et les réseaux – était lié aux années 1990, marquées par la croissance de la bourse, le financement par emprunt du développement, la « nouvelle économie » et l'éclatement de la « bulle financière »[2]. Les évolutions actuelles semblent pourtant montrer que cette orientation demeure à l'ordre du jour. À cet égard, Eric Gibson n'hésite pas à parler d'« *Enronification* » du monde culturel, en référence à la faillite et à la disparition de l'entreprise américaine Enron (Gibson, 2002), dont les symptômes seraient à rechercher dans la

---

[1] « *A contrario* des projets exclusivement commerciaux, il prône une action en faveur des communautés et des pays déshérités » (Vincent Noce, *Libération*, 10 février 2007, « Les collections du British Museum sont un patrimoine de l'humanité »).

[2] « A sleepy modern art museum with a crumbling landmark building before Mr. Krens arrived, it became an international brand name and lightning rod under his management » (Kimmelman, 2002).

gestion intrépide de certains *endowments*[1], dans l'existence de conflits d'intérêt et dans la conception d'expositions temporaires au contenu scientifique douteux[2]. S'agissant de la fondation Guggenheim en particulier, Jerry Saltz stigmatise quant à lui ce qu'il appelle le « *GuggEnron* » tout en dénonçant une forme de « *McDonaldization* »[3].

Pour Yves Michaud, la politique d'un « conservateur-économiste mutant » comme Thomas Krens au Guggenheim perturbe au plus profond les perspectives d'une profession qui doit désormais se situer entre la culture, l'innovation commerciale et le marketing de la beauté : « Il y a plus que jamais une dynamique du musée, mais on ne sait si c'est celle d'un parc d'attraction, d'une réserve indienne ou d'un magasin de luxe. Il n'est pas du tout à exclure que ce doive être les trois à la fois » (Michaud, 1999 : 103). Pour sa part, après les remarques de Rosalind Krauss, qui évoquait dès 1990 l'idée d'un « *industrialized museum* »[4], François-René Martin assure que « ce sont toutes ces affinités qui fondent alors l'idée d'un musée davantage défini par ses projets que par ses collections ; un musée isomorphe à un capitalisme

---

[1] Alimentée par des dons (de particuliers, de fondations ou d'entreprises), cette dotation en capital produit des revenus permettant de financer une partie plus ou moins importante des activités du musée (Tobelem, 1990 : 133-145).

[2] « The museum bubble has been fuelled in part by the notion that civic pride can be bought and that cultural tourism will pay for it » (Plagens, 2002).

[3] « In an attempt to juice up, globalize, and glamorize the museum, to market it, turn it into a worldwide entertainment network, boost audience share, stage spectaculars, and pad the pockets of this institution, Krens hoped to transform the Guggenheim into a brand » (Saltz, 2002).

[4] « This industrialized museum will have much more in common with other industrialized areas of leisure – Disneyland say – than it will with the older, preindustrial museum. Thus it will be dealing with mass markets, rather than art markets, and with simulacral experience rather than aesthetic immediacy » (Krauss, 1990 : 17).

mondialisé et " rhyzomatique ". Et un musée qui épouse d'autant plus facilement le nouvel esprit du capitalisme que la création et la culture peuvent se concevoir désormais dans une relation de simultanéité et de co-présence à l'échelle de la planète » (Martin, 2002 : 158).

Conclusion

Finalement, plutôt qu'à un simple modèle économique de développement du musée, il semble que la fondation Guggenheim souscrive à un mouvement qui conduit désormais certaines institutions culturelles à mettre en œuvre ou à s'inscrire (à l'exemple du Louvre, de l'Ermitage ou du Centre Georges-Pompidou) dans des stratégies de nature diplomatique (Tobelem, 2006), et ce à travers des négociations conduites à l'échelle internationale avec des autorités politiques, l'intervention de diplomates professionnels et la prise en compte d'intérêts non exclusivement culturels des États concernés. La presse américaine a ainsi interprété le partenariat du musée du Louvre avec celui d'Atlanta comme un succès de la diplomatie française, dans un contexte de tension dans les relations franco-américaines ; quant au ministre français de la culture, il y voyait le symbole d'une solide amitié entre deux pays alliés, la France et les États-Unis[1].

S'agissant de l'accord de coopération entre le musée de l'Ermitage et la ville de Ferrare, il a été signé lors du sommet intergouvernemental russo-italien à Bari en mars 2007, en présence de Vladimir Poutine et de Romano Prodi. Le même Vladimir Poutine affirmait, lors de l'inauguration de l'exposition « Les Amazones de l'avant-garde » au musée Guggenheim de New York en 2000, que « la seule forme

---

[1] *The Miami Herald*, 22 novembre 2005.

d'expansion que la Russie puisse se permettre de nos jours est l'expansion culturelle »[1]. À l'inverse, le projet d'implantation d'une antenne du musée Guggenheim dans la ville de Taichung, à Taiwan, a suscité des protestations en termes d'« invasion culturelle » et de danger d'« hégémonie culturelle » américaine (Wu, 2003). Thomas Krens s'en défend toutefois en assurant à propos du projet d'Abou Dhabi : « Nous sommes engagés dans un échange culturel mondial à travers le développement de musées, de collections, de programmes qui rapprochent, tout en étant respectueux des différences. Le gouvernement américain dépense un milliard de dollars tous les quatre jours en Irak. Donnez-moi un mois de cet argent et je construis des centres culturels exceptionnels dans quatre pays du Proche-Orient. Cela n'aura rien à voir avec l'exportation de la culture américaine, mais beaucoup avec la création d'une identité locale » (Leser, 2007).

L'actuel rapprochement entre institutions culturelles et diplomatie – outre qu'il ne constitue pas une nouveauté – incite toutefois à soulever plusieurs types de questions. En particulier, comment concilier les intérêts culturels, scientifiques ou artistiques des musées (qui doivent primer en dernier ressort, car ils correspondent à leur mission) avec les objectifs diplomatiques que poursuit légitimement chaque État pour accroître ou maintenir son influence, favoriser le rayonnement de ses valeurs et – plus largement – défendre ses intérêts économiques et militaires ? C'est probablement le risque d'instrumentalisation des institutions culturelles qui suscite le plus de réserves. Dans ce cas, au lieu d'une possible rencontre entre le souhait de circulation d'une production ou d'un bien culturel, d'une part et, d'autre part, les actions

---

[1] David Ebony, « Russia's Cultural Expansion », *Art In America*, novembre 2000.

relevant des intérêts diplomatiques gouvernementaux, la mission de l'institution culturelle risque d'être reléguée au second plan (sans qu'elle cesse pour autant d'exister) en étant subordonnée à une raison étatique qui la dépasse. En tout état de cause, la croissance des grands musées (devenus, dans le cas français, des établissements publics, non pas indépendants mais autonomes) et le développement des actions à l'étranger des collectivités locales et de leurs entités culturelles semblent devoir conduire à une prise en compte plus affirmée de leurs actions internationales dans la définition des priorités de la diplomatie culturelle étatique.

Soulignons en outre que le rayonnement des institutions muséales ne passe pas nécessairement par la création d'antennes à l'étranger, sachant que des programmes d'échange, de formation et de coopération peuvent répondre à de réels besoins – sans préjudice des intérêts bien compris du pays d'origine. D'autant que pèse sur ce type d'opération le soupçon d'une approche mercantile des échanges culturels et d'une marchandisation des biens artistiques, possiblement en contradiction avec la mission universaliste des grands musées. Une chose est en effet de reconnaître que les institutions culturelles peuvent jouer un rôle dans le domaine économique, touristique ou diplomatique, et de chercher à le valoriser ; une autre est de fragiliser cette démarche en faisant passer des objectifs étrangers à la mission des institutions culturelles devant ce qui constitue leur raison d'être (la conservation, la recherche, l'éducation, la diffusion).

Reste que les enjeux de la diplomatie culturelle ne sauraient aujourd'hui relever des seuls États, ce qui impose un travail de mise en cohérence et de concertation d'acteurs aux priorités distinctes, mais dont la convergence apparaît vivement souhaitable, avec la possibilité d'une intégration et d'une mutualisation des projets internationaux des établissements publics (dotés d'importants moyens humains et financiers) et des institutions culturelles décentralisées (soutenues par les collectivités territoriales), voire ceux des fondations et des grandes entreprises (s'agissant de leurs actions de mécénat) dans le cadre plus large de la diplomatie culturelle gouvernementale. Les échanges artistiques, les expositions internationales et les programmes de coopération entre musées peuvent assurément jouer un rôle décisif dans l'affirmation de la diversité culturelle, le dialogue entre les cultures et la collaboration entre les nations, à l'opposé de la recherche d'une domination culturelle ou d'un impérialisme de l'Occident.

La création d'antennes muséales à l'étranger par de grands musées, si elle n'est fondée que sur l'exploitation (financière) d'une marque sur le modèle des industries culturelles, pourra donc voir sa légitimité contestée au nom même de l'universalité des productions de l'esprit humain ; mais si elle signifie le maintien de l'autonomie des institutions sœurs et le renforcement des scènes culturelles locales, elle pourrait tout aussi bien consolider l'influence et l'image dans le monde des pays qui mettront en œuvre cette démarche.

Bibliographie

Architecture et musée, 2001, Actes du colloque organisé au musée royal de Mariemont les 15 et 16 janvier 1998, coordonnés par Pierre-Jean Foulon, La Renaissance du Livre, Tournai.

Butler, Katherine, 2000, « Guggenheim is determined to be the hottest brand in the modern art world », *The Independent*, 24 octobre 2000.

Caldwell, Niall G., 2000, « The Emergence of Museum Brands », *International Journal of Arts Management*, vol. 2, n° 3, printemps 2000.

Campbell, Robert, 2002, « When building becomes " branding " », *The Boston Globe*, 4 août 2002.

Carrillo, Cristina, 2002, « The Spaniard, Vicente Todoli, takes over this month as director of Tate Modern », *The Art Newspaper*, 25 octobre 2002.

Cohen, Jean-Louis, 1999, « Monuments pour un culte de masse. Le Solomon R. Guggenheim et le Centre Georges Pompidou », *Les Cahiers du Mnam*, musée national d'Art moderne, n° 67, printemps 1999.

Durey, Philippe, 2001, « La Réunion des musées nationaux — un exemple de mutualisation des ressources économiques des musées au service de la diffusion commerciale et des valeurs culturelles », *Les Nouvelles de l'ICOM*, numéro spécial, volume 54, n° 3, 2001.

Forgey, Benjamin, 2002, « Beyond Bilbao : Revisiting a Special Effect », *The Washington Post*, 20 octobre 2002.

Francblin, Catherine, 2001, « Paradoxes de la mondialisation », *art press*, n° 22 spécial « Écosystèmes du monde de l'art ».

Gibson, Eric, 2002, « The Enronification Of a Museum Near You », *The Wall Street Journal*, 8 février 2002.

Jodidio, Philip, 2001, « États-Unis : le musée-spectacle », *Connaissances des arts*, n° 583, mai 2001.

Kaufman, Jason Edward, 2005, « World's top museums compete for Hong Kong development », *The Art Newspaper*, 15 décembre 2005.

Kimmelman, Michael, 1998, « The Globe Straddler of the Art World », *The New York Times*, 19 avril 1998.

Kimmelman, Michael, 2002, « An Era Ends for the Guggenheim », *The New York Times*, 6 décembre 2002.

Kramer, Hilton, 2001, « Russians, Guggenheim Make Big Mac Museum », *The New York Observer*, 27 août 2001.

Krauss, Rosalind, 1990, « The Cultural Logic of the Late Capitalist Museum », *October*, n° 54, MIT Press, automne 1990.

Leser, Éric, 2007, Un Guggenheim pour Abou Dhabi, *Le Monde*, 25 janvier 2007.

Martin, François-René, 2002, « Le " nouvel esprit du capitalisme " dans le musée ? », in *Politique et musées*, Groupe de recherche sur les musées et le patrimoine (GRMP), L'Harmattan, Paris.

McLean, Fiona, 1998, « Corporate Identity in Museums : An Exploratory Study », *International Journal of Arts Management*, vol. 1, n° 1, automne 1998.

Messer, Thomas, 1989, « Le musée Guggenheim à New York : un essai de " vulgarisation assumée " », *Museum*, n° 163 (vol. XLI, n° 3).

Michaud, Yves, 1999, « La dynamique des musées », *Connaissance des Arts*, n° 559, mars 1999.

Pataud Célérier, Philippe, 2005, « Les grands musées, multinationales du tourisme », *Enjeux Les Échos*, n° 218, novembre 2005.

Plagens, Peter, 2002, « Museums went on a building binge in the 90's. Now they're facing reality », *Newsweek International*, 12 août 2002.

Quintrie La Mothe, Thierry, 1987, « Le phénomène de mondialisation de l'industrie du tourisme », *Revue française du marketing*, n° 114, 1987/4.

Rifkin, Jeremy, 2000, *L'âge de l'accès, la révolution de la nouvelle économie*, La Découverte, Paris.

Saltz, Jerry, 2002, « Downward Spiral. The Guggenheim Museum Touches Bottom », *The Village Voice*, 13-19 février 2002.

Solomon, Deborah, 2002, « Is the Go-Go Guggenheim Going, Going… », *The New York Times*, 30 juin 2002.

Stolyarova, Galina, 2001, « The Hermitage is Planning to Take over the World », *The St. Petersburg Times*, 12 octobre 2001.

Tobelem, Jean-Michel, 1990, *Musées et culture, le financement à l'américaine*, Presses Universitaires de Lyon.

Tobelem, Jean-Michel, 2005a, « Towards a non governmental cultural diplomacy : the case of museums », Institute for Cultural Diplomacy, Université Goethe / ZENAF, Francfort, 19-21 décembre 2005.

Tobelem, Jean-Michel, 2005b, *Le nouvel âge des musées. Les institutions culturelles au défi de la gestion*, Armand Colin, Paris.

Tobelem, Jean-Michel, 2006, « Internationalisation des grands musées ou renforcement de leur domination culturelle ? », *Les relations culturelles internationales au XXᵉ siècle*, Bibliothèque nationale de France, Paris, 11-13 mai 2006.

Tremblay, François, 2002, « Nous ne sommes plus seuls », *Les Nouvelles de l'ICOM*, vol. 55, n° 1.

Varga, Caroline, 2001, « L'internationalisation des musées », *Espaces*, n° 188, décembre 2001.

Varoli, John, 2000, « Guggenheim and Hermitage forge an alliance », *The Art Newspaper*, 10 juillet 2000.

Vogel, Carol, 2000, « Guggenheim In Pact With Hermitage », *The New York Times*, 20 juin 2000.

Vogel, Carol, 2005, « A Museum Visionary Envisions More », *The New York Times*, 27 avril 2005.

Ward, Vicky, 2005, « A House Divided », *Vanity fair*, 13 juillet 2005.

Wu, Debby, 2003, « Cultural invasion by Guggenheim Museum feared », *The Taipei Times*, 23 novembre 2003.

603749 - Avril 2015
Achevé d'imprimer par

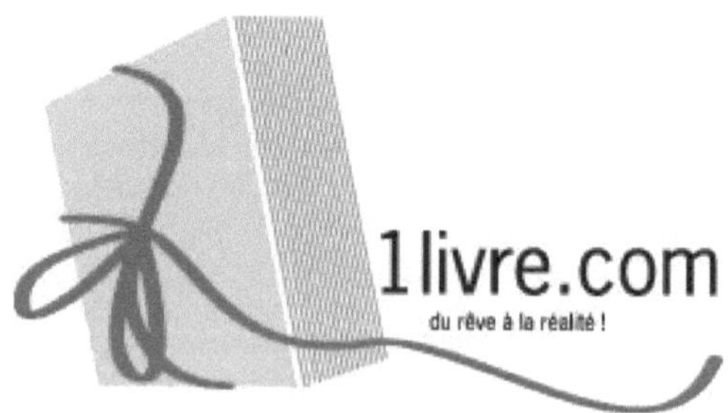